図解 装飾品

F FILES No.037

池上良太 著

新紀元社

はじめに

　人類が装飾品でその身を飾るようになったのは、文化の発生とほぼ同時期と考えられている。なぜ、装飾品を身につけるようになったのかについては、諸説ありハッキリとしていない。護符として超自然的なものから身を守るため、権威や社会的身分を表すため、そして純粋に自らの身を飾ることを楽しむため……。いずれにせよ人類は装飾品を生み出し、民族や時代のニーズに合わせて発展させ現在にいたっている。

　本書で扱うのはそうやって人類が作り出してきた多くの装飾品についてである。もっとも、装飾品を扱う専門家でもつかみきれない装飾品の歴史とその実態を本書で語りつくすには少々無理があるだろう。そこで、本書は世界の装飾品全般とそうした装飾品が生み出されるにいたった過程を簡単に解説することに焦点を絞っている。専門書を読んでも難しくて理解しづらい部分や、想像できない部分を補うために読んでいただければ幸いである。

　紙面の都合上取り扱えなかった部分も多く、専門に装飾品について学んでいる方々にとっては物足りない部分もあるかもしれないが、そこはイメージをつかむための入門書としてご容赦いただきたい。また、機会があれば、書ききれなかった部分に関しては補っていければと考えている。

　最後に本書を書くにあたり、ご迷惑をおかけした皆様に感謝とお礼をさせていただきたい。都合により途中で交代なされることになった前担当のK女史、遅々として進まない原稿に胃を痛めたであろう新担当のT氏、膨大なイラストを描くことになったイラストレーター様、そして様々な面で協力してくれた家族と友人。皆様の協力があって本書を書き上げることができました。

池上　良太

目次

第1章 装飾品の基礎知識　7

- No.001 装飾品とは？ — 8
- No.002 頭飾りの分類と各部の名称 — 10
- No.003 耳飾りの分類 — 12
- No.004 首飾りの分類 — 14
- No.005 腕輪、足輪の分類 — 16
- No.006 指輪の分類 — 18
- No.007 装飾品の素材1　貴石 — 20
- No.008 装飾品の素材2　半貴石1 — 22
- No.009 装飾品の素材2　半貴石2 — 24
- No.010 装飾品の素材3　金属 — 26
- No.011 装飾品の素材4　ガラス・焼き物 — 28
- No.012 装飾品の素材5　動物 — 30
- No.013 装飾品の素材6　植物 — 32
- No.014 金属加工技術 — 34
- No.015 宝石のカット技法 — 36
- コラム　ヨーロッパの職人たち — 38

第2章 古代の装飾品　39

- No.016 古代メソポタミアの装飾品の歴史 — 40
- No.017 古代メソポタミアの主な装飾品1 — 42
- No.018 古代メソポタミアの主な装飾品2 — 44
- No.019 古代ペルシアの装飾品の歴史 — 46
- No.020 古代ペルシアの頭飾り — 48
- No.021 古代ペルシアの耳飾り — 50
- No.022 古代ペルシアの首飾り — 52
- No.023 古代ペルシアの腕輪 — 54
- No.024 古代ペルシアの指輪 — 56
- No.025 古代ペルシアのその他の装飾品 — 58
- No.026 古代エジプトの装飾品の歴史 — 60
- No.027 古代エジプトの頭飾り — 62
- No.028 古代エジプトの耳飾り — 64
- No.029 古代エジプトの首飾り — 66
- No.030 古代エジプトの腕輪、足輪 — 68
- No.031 古代エジプトの指輪 — 70
- No.032 古代エジプトのその他の装飾品 — 72
- No.033 ミノア、ミケーネ、エトルリアの装飾品の歴史 — 74
- No.034 ミノア、ミケーネ、エトルリアの主な装飾品 — 76
- No.035 古代ギリシア・ローマの装飾品の歴史 — 78
- No.036 古代ギリシア・ローマの頭飾り — 80
- No.037 古代ギリシア・ローマの耳飾り — 82
- No.038 古代ギリシア・ローマの首飾り — 84
- No.039 古代ギリシア・ローマの腕輪 — 86
- No.040 古代ギリシア・ローマの指輪 — 88
- No.041 古代ギリシア・ローマのその他の装飾品 — 90
- No.042 古代インドの装飾品の歴史 — 92
- No.043 古代インドの主な装飾品 — 94
- No.044 スキタイの装飾品の歴史 — 96
- No.045 スキタイの主な装飾品 — 98
- No.046 ケルトの装飾品の歴史 — 100
- No.047 ケルトの主な装飾品 — 102
- No.048 ゲルマン民族の装飾品の歴史 — 104
- No.049 ゲルマン民族の主な装飾品 — 106
- コラム　高価な宝石は手に入らないが…… — 108

第3章 ヨーロッパの装飾品　109

- No.050 中世前期から盛期の装飾品の歴史 — 110
- No.051 中世前期から盛期の頭飾り — 112
- No.052 中世の耳飾り — 114
- No.053 中世前期から盛期の首飾り — 116
- No.054 中世の腕輪 — 118
- No.055 中世前期から盛期の指輪 — 120
- No.056 中世前期から盛期のその他の装飾品 — 122
- No.057 中世後期の装飾品の歴史 — 124
- No.058 中世後期の頭飾り — 126
- No.059 中世後期の首飾り — 128

目次

No.060	中世後期の指輪	130
No.061	中世後期のその他の装飾品	132
No.062	近世の装飾品の歴史	134
No.063	近世の頭飾り	136
No.064	近世の耳飾り	138
No.065	近世の首飾り	140
No.066	近世の腕輪	142
No.067	近世の指輪	144
No.068	近世のその他の装飾品1	146
No.069	近世のその他の装飾品2	148
No.070	近代の装飾品の歴史1	150
No.071	近代の装飾品の歴史2	152
No.072	近代の頭飾り	154
No.073	近代の耳飾り	156
No.074	近代の首飾り	158
No.075	近代の腕輪	160
No.076	近代の指輪	162
No.077	近代のその他の装飾品	164
コラム	宝石にまつわる話	166

第4章 アジア・新世界の装飾品 167

No.078	中国の装飾品の歴史	168
No.079	中国の頭飾り	170
No.080	中国の耳飾り	172
No.081	中国の首飾り	174
No.082	中国の腕輪	176
No.083	中国の指輪	178
No.084	中国のその他の装飾品	180
No.085	中世以降のインドの装飾品の歴史	182
No.086	中世以降のインドの頭飾り	184
No.087	中世以降のインドの耳飾り	186
No.088	中世以降のインドの首飾り	188
No.089	中世以降のインドの腕輪、足輪	190
No.090	中世以降のインドの指輪	192
No.091	中世以降のインドのその他の装飾品	194
No.092	イスラム教文化圏の装飾品の歴史	196
No.093	イスラム教文化圏の主な装飾品	198
No.094	日本の装飾品の歴史	200
No.095	日本の頭飾り	202
No.096	日本の耳飾り	204
No.097	日本の首飾り	206
No.098	日本の腕輪	208
No.099	日本の指輪	210
No.100	日本のその他の装飾品1	212
No.101	日本のその他の装飾品2	214
No.102	北米の装飾品の歴史	216
No.103	北米の主な装飾品	218
No.104	中南米の装飾品の歴史	220
No.105	中南米の主な装飾品	222
No.106	東南アジア、オセアニアの装飾品の歴史	224
No.107	東南アジア、オセアニアの主な装飾品	226
No.108	アフリカの装飾品の歴史	228
No.109	アフリカの主な装飾品	230

用語集 ―― 232
索引 ―― 236
参考文献 ―― 241

第1章
装飾品の基礎知識

No.001
装飾品とは？

古来、権力者を飾るいかめしい存在だった装飾品。それはやがて、民衆の暮らしを明るく彩るものへと姿を変えていく。

●装飾品の持つ意味

「装飾品」は本来、室内装飾なども含む飾り物全般を指す言葉である。しかし、本書では身につける飾り物全般を指す「装身具」、英語でいう「オーナメント（ornaments）」、「アクセサリー（accessory）」、あるいは「ジュエリー（英国ではjewellery、米国ではjewelryと表記する）」の意味で用いている。日本では貴金属や宝石類を用いた装身具を特に「宝飾品」と呼び、こちらを「ジュエリー」と訳す場合もある。また、安価で簡単なおしゃれのための装身具は「コスチューム・ジュエリー」とも呼ばれている。本書ではこれらをまとめて「装飾品」と表記しているが、これはこうした言葉に馴染みがない人もいるためで、ご容赦いただきたい。

装飾品の歴史は古く、はるか有史以前から用いられてきた。人々が装飾品を用いた理由は様々である。それを身につける人の権威の象徴として、超自然的な力から身を守り様々な利益を得るための護符として、身につけることで簡単に持ち歩ける財産として、そして単純に美しいものを身につけることで自らを飾るため……。しかし、なぜ人間が装飾品を身につけるようになったのかについては、今もわからない謎とされている。

もっとも、現在のように自由に誰でも装飾品を身につけることができるようになったのは、ごく最近のことだった。**18世紀以前**、ヨーロッパでは装飾品はあくまで王族や貴族のためのものであり、庶民は禁令によって華美な装飾品を身につけることを禁じられていたのである。人々は、それだけ権威の象徴としての装飾品の威力を感じていたということだろう。現在、装飾品は主に女性の身を飾るものであるが、**近世**に入るまではむしろ男性のほうがより多く装飾品を身につけていた。このことも、装飾品の持つ権威の象徴としての力を表している。

装飾品とは？

装飾品
室内装飾なども含む飾りもの全般。

オーナメント（ornaments）
アクセサリー（accessory）

装身具
身につける飾りもの全般。

宝飾品
貴金属や宝石類を使った装身具。

ジュエリー
（英国ではjewellery、米国ではjewelryと表記）

安価で簡単なおしゃれのための装身具は、コスチューム・ジュエリーと呼ぶこともある。

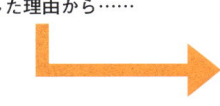

装飾品を身につける主な理由

- 身につけるものの権威の象徴
- 超自然的な力から身を守り利益を得るための護符
- 簡単に持ち運べる財産
- 身を飾るための装飾品

なぜ、人間が装飾品を身につけるようになったかは今も謎。

こうした理由から……

- 近世に入るまでは男性の方が装飾品を多く身につけた。
- 18世紀になるまでヨーロッパでは庶民が華美な装飾品を身につけることを禁じていた。

関連項目
- 中世前期から盛期の装飾品の歴史→No.050
- 中世後期の装飾品の歴史→No.057
- 近世の装飾品の歴史→No.062

No.001 第1章●装飾品の基礎知識

No.002
頭飾りの分類と各部の名称

人間にとって重要な器官が集まる頭部。その頭部を飾る装飾品は、身につけるものの権威や富を表すものだった。

●頭上を飾る権威の象徴

　装飾品が生まれたときから人は頭を飾ってきた。ごく初期は実用品だったかもしれないが、やがて頭飾りは権威の象徴へと変化していく。

　権威の象徴としての頭飾りは、一般的に冠として一括りにされることが多い。もっとも、時代や文化圏が変われば材質も形状もまちまちだった。

　中世以降の西洋の冠は主にサークレット、クラウン、コロナル、コロネット、そしてティアラに分類することができる。サークレットはごく初期の頭飾りで、サークル（円）の名のとおり頭にかぶる単純な円形の頭飾りだった。しかし時代が下るにつれ様々な権威づけがなされ、ビロードのキャップやアーチが追加されたクラウンが誕生する。コロナルやコロネットはクラウンを単純化したもので、アーチなどの飾りを省略したものがコロナル、小型化しかぶるのではなく頭に載せるのがコロネットである。

　ティアラは本来円錐形の大型の冠のことを指した。**古代西アジア**の王族が身につけた冠も、**カソリックの教皇**が身につける冠も、分類上はティアラに含まれる。しかし、現在は**額を覆う程度の小型の冠**の呼び名として用いられ、古代の小型の頭飾りをティアラと呼ぶことも多い。そこで本書では便宜上、前者をティアラ（大）、後者をティアラ（小）として扱う。

　このほかギリシア、ローマなどの古代社会ではディアデム、バンドーと呼ばれる帯状の頭飾りが用いられていた。また、帯状の飾りには花を編んだ花冠のガーランドがある。これらは後のヨーロッパでも用いられた。

　実用品としての頭飾りには、ヘアバンド、簪（かんざし）を含むヘアピン、櫛（くし）、ヘアネット、帽子、頭巾、鬘（かつら）などがある。こうした実用品の中には、時代が下るにつれ豪勢な飾りがつけられ権威の象徴として扱われるものもあった。なお、カチューシャはヘアバンドの一種で日本特有の呼び名である。

頭飾りの分類

冠

権威の象徴。文化圏によって形状は様々。

エジプトの冠

日本の冠

古代社会の頭飾り

額に巻きつける帯状の頭飾り。

ディアデム／バンドー

中世以降の西洋の冠の分類

サークレット
単純な円形の頭飾り。

ティアラ（小）
額を覆う小型の冠。

- アーチ
- キャップ

クラウン
アーチやキャップが追加され権威づけされたもの。

ティアラ（大）
古代西アジアの冠や教皇の冠もティアラと呼ぶ。

コロナル
アーチなどを簡略されたクラウン。

コロネット
頭に載せる小型のクラウン。

帽子

頭巾

ヘアネット

ヘアバンド

本来実用品だったものが、次第に権威の象徴になることも。

鬘

ヘアピン

櫛

関連項目

- 古代メソポタミアの主な装飾品1→No.017
- 中世前期から盛期にかけての頭飾り→No.051
- 中世後期の頭飾り→No.058
- 近代の頭飾り→No.072

No.003
耳飾りの分類

耳を飾る装飾品の歴史は古い。そしてその歴史は、耳飾りに様々なバリエーションを生み出すことになる。

●視線を集める耳元の輝き

耳飾りは古くから洋の東西を問わず、装飾品のひとつとして愛されてきた。**古代エジプト**、**古代メソポタミア**といった古代文明の多くでは身分の象徴としても用いられている。初期の耳飾りは耳たぶなどに直接穴をあけて固定するものがほとんどだった。ネジやクリップで固定するタイプの耳飾りが一般的になるのは**17世紀末**、ヨーロッパでこうした耳飾りが用いられるようになって以降のことである。

現在、耳に穴をあけて固定する耳飾りを**ピアス**（ピアスド・イヤリング）、ネジやクリップで固定する耳飾りをイヤリング（クリップ・オン・イヤリング）と呼び分けることが多い。

このほか耳飾りの形状は、大まかに分けて3つの種類に分類できる。耳たぶにぴったりとつけるタイプの耳飾りをボタン・イヤリングという。通常は装飾部分を耳たぶの前面につけるが、中には耳たぶに大きく穴をあけその穴にはめ込むようなものもあった。

フープ・イヤリングは、輪を象った耳飾りの総称である。単純に金属製の輪から、重厚な装飾を施した装飾板が輪を描いているものまで形状は様々である。チャームと呼ばれる小型の飾りを輪につけることもあった。

垂れ飾りのついた耳飾りは、ドロップ・イヤリングと呼ばれている。ビーズを連ねた飾りを垂らすものや、大型の飾り板を吊るすものなど、こちらも様々な種類があった。小さな飾りを連ねたものは、特にシャワー・タイプと呼ばれることもある。

一風変わった耳飾りとしては、イヤ・カフスがある。耳の外周の軟骨を挟むような形状のもので、これは耳に穴をあけずにつけられた。

耳飾りの分類

17世紀以前	17世紀以降
耳に直接穴をあけて固定する。西ヨーロッパでは衰退。	クリップやネジで固定するイヤリングが登場！ 西ヨーロッパでも用いられるように。

ボタン・イヤリング

耳にぴったりとつけて固定するタイプの耳飾り。耳たぶにはめ込むものも。

イヤ・カフス

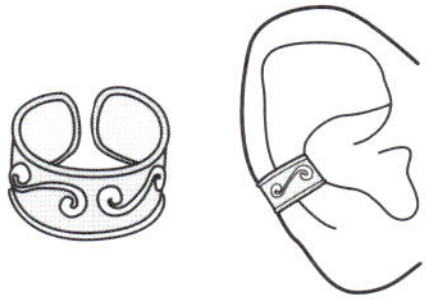

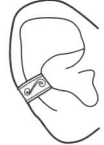

耳の軟骨を覆うようにつける耳飾り。

フープ・イヤリング

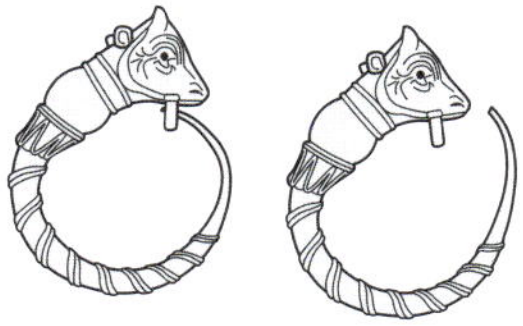

輪のような形状の耳飾り。小さなチャームと呼ばれる飾りをつけることもある。

ドロップ・イヤリング

垂れ飾りをつける耳飾り。複数のビーズを連ねた飾りをつけたものはシャワー・タイプともいう。

チャームつき耳飾り

シャワー・タイプ

関連項目
- 古代メソポタミアの主な装飾品1→No.017
- 古代エジプトの耳飾り→No.028
- 近世の耳飾り→No.064
- 近代の耳飾り→No.073

No.004
首飾りの分類

超自然の存在から身を守るための護符。首から下げられた牙や貴石は、やがて胸元や首を彩る華やかな存在へと姿を変える。

●お守りから装飾品へ

　首飾りは、旧石器時代には既に存在が確認されている古い装飾品のひとつである。そもそもの始まりとしては、超自然的なものから身を守るための護符、つまり**お守り**としての役割が強かった。しかし、次第に権力の象徴として、富の象徴として、そして何よりも胸元を飾るおしゃれの道具として用いられるようになっていく。そのため、装飾品として様々な技法が凝らされるようになるが、首にかけて首や胸元を飾るという構造自体は変化していない。

　首飾りを単にネックレスといった場合は、鎖やビーズなどを連ねた首飾りのことである。鎖状のものはチェーンタイプ、ビーズを連ねたものは連タイプ、金属製のワイヤーをベースにしたものはワイヤータイプという。

　ペンダントはこうしたネックレスにペンダント・ヘッドをつけたものである。ペンダント・ヘッドには様々な種類があり、中に物が入るものはロケットもしくはロケット・ヘッドと呼ばれる。ロケットは紀元前から存在するが、**18世紀**のヨーロッパで大流行し、ペンダントにかかわらず様々なものにつけられた。

　チョーカーは、首にぴったりと巻きついた首飾りである。折り返さずに高く立てた襟などもチョーカーと呼ばれ、どちらも息をつまらせるように首にぴったりとしているところからその名がとられた。

　ビブ・ネックレスは、チョーカーよりも若干長めで胸元にパーツが広がるものである。シャワータイプと呼ばれることもある。

　ネックロープは極端に長い首飾りで、好みに合わせて長さを調節して身につけた。首飾りとはいうものの、腰まで垂らして身につけるようなこともある。

首飾りの分類

ネックレス

- チェーンタイプ（鎖状のもの）
- 連タイプ（ビーズを連ねたもの）
- ワイヤータイプ（一体形成のもの）

- ペンダント（ペンダント・ヘッドのついたもの）
- ロケット（ペンダント・ヘッドに物が入れられるもの）

- ネックロープ（極端に長いもの）
- ビブ・ネックレス（胸元で広がるもの）
- チョーカー（首にぴったりのもの）

No.004　第1章●装飾品の基礎知識

【関連項目】
- ●古代メソポタミアの主な装飾品2→No.018
- ●中世前期から盛期の首飾り→No.053
- ●近世の首飾り→No.065
- ●中世以降のインドの首飾り→No.088

No.005
腕輪、足輪の分類

富の象徴、持ち運べる財産として用いられてきた腕輪や足輪。初めは革帯や貝殻にすぎなかったこれらも、今では多様な種別がある。

● **四肢を飾る富の象徴**

　腕輪、足輪は石器時代から存在する古い装飾品のひとつである。初期の段階では大きめの貝殻の中央に穴をあけたものを腕や足に通すという簡単な作りのものであったが、次第に様々な素材のビーズを糸で連ねたものや、金属を加工したもの、革ひもや布地で輪を作ったものなどが登場した。

　腕輪は、手首につけるブレスレット、腕につけるアームレットの2種類に分けることができる。一体形成のものは特にバングルと呼ばれ、アームレットに多い。腕輪は初期のうちは超常的なものから身を守るための護符や、権力、富の象徴として用いられており、複数身につけることが多かった。しかし、服飾が発展し、腕を覆う服装が増えた地域では、互いに干渉しあうことから次第にその数を減らすようになっていく。

　腕輪であるブレスレットに対して、足輪はアンクレットという。奴隷の足輪が起源とする説もあるが、実際には様々な古代文明で用いられており、正確とはいえない。足輪も腕輪同様に服装と干渉しあうものであるため、ズボンのように足全体を覆う服装の地域ではあまり用いられていなかった。逆に、足全体の露出が多い服装の**古代インド**や**古代メソポタミア**、**古代エジプト**などでは盛んに用いられており、遺物も豊富である。

　腕を覆う装飾品としては、手袋の存在も忘れることはできない。手袋は古代ペルシアで作業用に用いられていたものが古代ギリシア・ローマに伝わり、次第にキリスト教の僧侶のものとして用いられるようになった。それが7世紀以降になると、王侯貴族の装飾品として用いられるようになっていく。初期の手袋は親指のみが独立したミトンであったが、**11世紀**になると各指が独立したグローブが登場する。手全体を覆うため、指輪と相性が悪いが、指輪を大きく作るなど様々な工夫によって両立が試みられた。

腕輪、足輪の分類

- ブレスレット（手首につけるもの）
- アームレット（肘から上につけるもの）
- アンクレット（足首につけるもの）
- バングル（一体形成のもの）　アームレットに多い。

手袋の分類

ミトン（親指のみ独立） → 11世紀ごろに分化。 → グローブ（5指が独立）

関連項目
- 古代メソポタミアの主な装飾品2→No.018
- 古代エジプトの腕輪、足輪→No.030
- 古代インドの主な装飾品→No.043
- 中世前期、後期の腕輪→No.054

No.006
指輪の分類

装飾品の王ともいえる指輪。古より貴人や女性の手に彩りを与え続けてきただけに、その種類も美しいものから実用品まで様々である。

●指輪の持つ役割

指輪は装飾品の中でも特に身近なもので、洋の東西を問わず多くの地域で連綿と用いられ続けてきた。

指輪は飾り部分のベゼル、それを支えるショルダー（肩）、指にはめるフープ（腕）の3つの部分に分けることができる。宝石を使った指輪の場合、宝石本体であるメイン・ストーン（中石）、メイン・ストーンを固定するプロング（爪）とマウント（石座）、さらにマウントを支えるベース（腰）などベゼルをさらに細かく分類する場合もある。

指輪のデザインにはベゼルを中心とした分類とフープを中心とした分類があり、その形状からより細かく分類されている。ベゼルが中心の場合、ベゼルの中央にメイン・ストーンをはめ込んだソリティア、その両脇に宝石をはめ込んだサイドメレー、さらにメイン・ストーンの周囲を小さな宝石で囲む取り巻き、小さな宝石を散りばめるクラスター、メイン・ストーンのないマルチ・ストーンといった具合である。フープが中心の場合は、一文字、ひねり腕、割り腕、V字、クロスオーバー（抱き合わせ腕）、スパイラルなどの分類がある。

指輪には、さらにその目的による分類もある。古代から権威の象徴として用いられた、ベゼルに印鑑の機能のある**印章指輪**。お守りとしての効果を期待された**護符指輪**。結婚指輪や死者への追悼の意味を持つモーニング・ジュエリー、戦勝記念など社会的な儀礼に用いられた記念指輪。ファッションのための装飾指輪。変わったところでは古代ギリシアやローマで用いられた**鍵つき指輪**、香水や薬品などを入れることができる**カプセル指輪**（毒殺にも用いられたためポイズン・リングとも）といった指輪もある。さらに**弓を引くための指輪**など、武器として用いられた指輪もあった。

指輪の分類

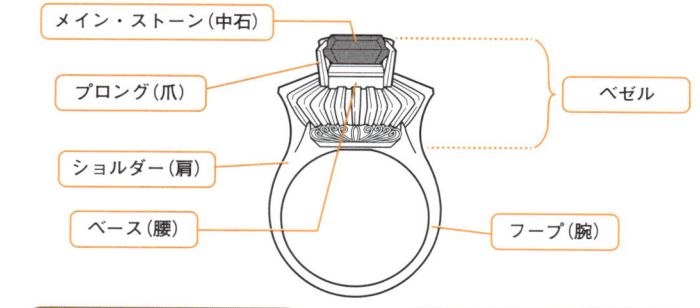

- メイン・ストーン（中石）
- プロング（爪）
- ショルダー（肩）
- ベース（腰）
- ベゼル
- フープ（腕）

宝石を中心とした分類

- ソリティア
- クラスター
- サイドメレー
- マルチストーン
- 取り巻き

フープを中心とした分類

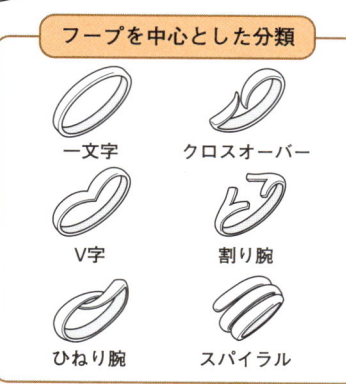

- 一文字
- クロスオーバー
- V字
- 割り腕
- ひねり腕
- スパイラル

その他の分類

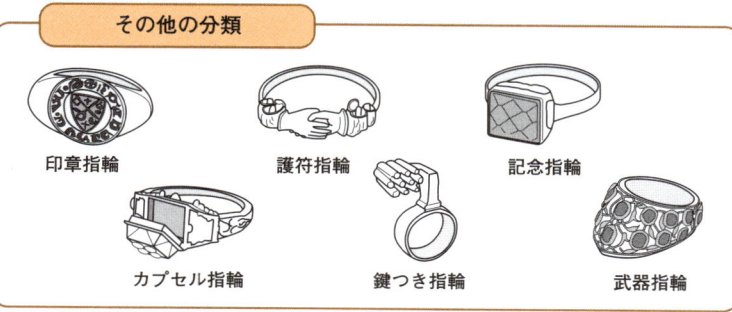

- 印章指輪
- 護符指輪
- 記念指輪
- カプセル指輪
- 鍵つき指輪
- 武器指輪

【関連項目】
- 古代ペルシアの指輪→No.027
- 古代エジプトの指輪→No.031
- 古代ギリシア・ローマの指輪→No.040
- 中世前期から盛期の指輪→No.055
- 中世後期の指輪→No.060
- 中世以降のインドの指輪→No.090

No.007
装飾品の素材1 貴石

光り輝く美しい宝石たち。中でも貴石と呼ばれる硬く、透明感のある石たちは様々な時代、場所で珍重されてきた。

●古代から愛された貴重な石

装飾品の素材とされる宝石類は、貴石（Precious Stone）と、それ以外の半貴石（Semi-Precious Stone）に分類できる。貴石の基準はまちまちだが、一般的にはモース硬度（各硬度の標準石で傷がつくかどうかで判断する硬さの基準）7以上の宝石、特にダイヤモンド、ルビー、サファイア、エメラルドの4つの宝石を指すことが多い。

ダイヤモンドは、炭素が高熱と高圧力によって圧縮された結晶で、色は様々なものがある。モース硬度10という極端な硬さから、古代インドやギリシアなど様々な地域で護符として珍重された。もっとも、本格的に装飾の素材として注目されるようになるのは15世紀以降、ダイヤモンドの**カット技法**が確立されて以降のことだった。

ルビーとサファイアは、古代から装飾品の素材として愛された貴石である。両者ともモース硬度9のコランダムという鉱石で、色の違いは含有される異物の差にすぎない。クロムによって赤くなったものはルビー、それ以外の色はサファイアと呼ばれる（青いサファイアは鉄やチタンを含む）。ルビーは、その血のような色から護符としての効果を期待されていた。一方、サファイアは神の言葉「十戒」を刻んだという伝承から、**キリスト教聖職者**に用いられている。また、毒消しの効果があるとも信じられていた。

エメラルドはベリルという鉱石の一種で、アクアマリンなどもその仲間である。モース硬度こそ8と高いものの脆い宝石であり、天然で産出されるものに無傷なものは少ない。特徴的な緑は含有するクロムやバナジウムによるもので、その色から**古代エジプト**では栄光の石として、古代ローマでは目に良いと珍重されたという。**15世紀**にスペイン人によって南米の鉱山が発見されるまで、ヨーロッパではほとんど流通していなかった。

装飾品の素材1　貴石

貴石
モース硬度7以上で、半永久的に美しい宝石が貴石。それ以外を半貴石という。

モース硬度
標準石で擦ったときに傷がつくかどうかで硬さを表す基準。

ダイヤモンド

| ダイヤモンド | 硬度10 | 色は様々。古代インドや古代ギリシアでは護符。15世紀以降カット技法が確立し装飾品の素材に。 |

コランダム

| ルビー | 硬度9 | 色は赤。古代から装飾品の素材として愛された宝石。血のような色から護符としての効果も期待される。 |

| サファイア | 硬度9 | 色は青を基本に様々。「十戒」の文字を刻んだという伝承から聖職者の装飾品に。解毒の効果も期待される。 |

ベリル

| エメラルド | 硬度8 | 色は緑。古代エジプト、古代ローマでは珍重されるが、ヨーロッパで知られるようになるのは15世紀以降。脆い。 |

関連項目
- 宝石のカット技法→No.015
- エジプトの装飾品の歴史→No.026
- 中世後期の指輪→No.060
- 近世の装飾品の歴史→No.062

No.008
装飾品の素材2 半貴石1

軟らかく、艶やかな輝きの半貴石。その中にも高い評価を受け、貴石をしのぐ評価を得たものは多い。

●古代社会で愛された輝き

　宝石は貴石（Precious Stone）と半貴石（Semi Precious Stone）に分けられているが、実際には両者の境は曖昧である。その基準は主に7以上のモース硬度と希少価値であるが、ダイヤモンド、ルビー、サファイア、エメラルドの4つの石以外にも、高い硬度と希少性を持った宝石は多い。

　その代表のひとつが翡翠（ひすい）で、中国や日本などのアジアでもてはやされた。硬玉（こうぎょく）と呼ばれるモース硬度7のジェーダイト、軟玉（なんぎょく）と呼ばれるモース硬度6.5のネフライトの2種類があり、ジェーダイトは緑や白を中心に赤、黄など様々な色、ネフライトは緑やクリーム色をしている。

　水晶はガラスと同じ石英の結晶である。モース硬度7の透明な石で、紫のものをアメジスト、黄色のものをシトリン、ピンクのものをローズクオーツなどと呼び分ける。この石英の半透明と不透明のものの結晶が玉髄（ぎょくずい）（カルセドニー）で、色が均一のものを玉髄、帯状の模様があるものを特に瑪瑙（めのう）（アゲート）という。玉髄には赤橙色の紅玉髄（こうぎょくずい）（カーネリアン）、不透明で様々な色があるジャスパー、瑪瑙には平行な縞模様を持つオニキス、赤と白で縞模様が構成されているサードニクスなどがある。

　ガーネットは鉄などの金属とアルミニウム珪酸塩（けいさんえん）の結晶で、鉄やマグネシウムを含むものは赤、カルシウムを含むものは緑となることが多い。モース硬度7と比較的硬めだが、鮮やかな赤が愛され古代から用いられた。

　トパーズはアルミニウム、フッ素、水酸珪酸塩（すいさんけいさんえん）の結晶でモース硬度は8と非常に硬い。透明で色は無色のものや黄色のものが中心なため、黄玉とも呼ばれる。無色のものはその硬さのためにダイヤモンドと混同されることもあり、かつて最大のダイヤモンドとされたポルトガルの王冠に使われたブラゴ・ダイヤモンドも、トパーズだったのではないかといわれている。

装飾品の素材2　半貴石1

翡翠

ジェーダイト	硬度7	緑、白、黄、赤など。硬玉と呼ばれる。
ネフライト	硬度6.5	緑、クリーム色など。軟玉と呼ばれる。

石英

水晶	硬度7	基本は透明。紫はアメジスト、黄色はシトリン、ピンクはローズ・クオーツなどと呼び分けられる。

玉髄

玉髄

紅玉髄	硬度7	赤橙色で半透明。
ジャスパー	硬度7	不透明で様々な色合いがある。

瑪瑙

オニキス	硬度7	平行に走る縞模様を持つ。
サードニクス	硬度7	赤と白の縞模様を持つ。

ガーネット

ガーネット	硬度7	鉄やマグネシウムを含むものは赤、カルシウムを含むものは緑。鮮やかな色が古来より愛されている。

トパーズ

トパーズ	硬度8	基本は黄色や透明。高い硬度と色からダイヤモンドと混同されることも多かった。

関連項目
- 古代メソポタミアの装飾品の歴史→No.016
- 古代エジプトの装飾品の歴史→No.026
- 古代インドの装飾品の歴史→No.042
- 中国の腕輪→No.082
- 日本の首飾り→No.097
- 中南米の装飾品の歴史→No.104

No.009
装飾品の素材2 半貴石2

半貴石には鉱物的な輝きを持つもの以外にも、独特の色彩を持つものや、鉱物とは違う組成を持つものも数多く存在する。

●加工のしやすさと美しさから愛された様々な宝石

　半貴石（Semi-Precious Stone）には、現在宝石としてイメージする透明な色石（いろいし）ばかりではなく、独特の魅力を持つ美しい石も含まれている。

　ラピス・ラズリは、古代エジプトや古代メソポタミアで魔除けの力があると愛された石で、紺色のラズーライト、ソーダライト、白色の方解石（ほうかいせき）、金色の黄鉄鉱（おうてっこう）など不透明な石が複雑に入り混じっている。モース硬度は5と軟らかく、紺地に白と金の斑紋が出たものが好まれた。

　トルコ石は含水銅、アルミニウムなどの結晶である。不透明ながらスカイブルーや緑の鮮やかな色彩、モース硬度6の加工のしやすさによって、古代から盛んに用いられた。一説には最古の宝石ともいわれている。

　真珠（しんじゅ）と**珊瑚**（さんご）は、ともに動物由来の宝石でモース硬度は3と低い。真珠はアコヤ貝などの貝に入り込んだ異物が真珠層でくるまれたもので、天然のものに綺麗な形のものは少ない。珊瑚は珊瑚ポリープと呼ばれる生き物の骨格で、色は赤やピンク、黒、白など様々である。特に鮮やかな赤のものの価値が高く、古代から愛好されてきた。珊瑚も真珠もともに鉱物由来の宝石に比べて脆く、また乾燥や酸などにも弱い。

　琥珀（こはく）は植物の樹液が化石化したもので、琥珀色から黄金色（おうごん）、緑、赤、黒といったものまで様々な色をしている。モース硬度2.5と極端に脆く、温度変化や乾燥に弱いため、古代の装飾品で保存状態が良いものは少ない。

　一風変わった石がオパールである。珪酸ゲルが硬化したもので、動植物由来の素材と同じように乾燥に弱く、硬度も6と低いのだ。しかし、虹色の不思議な光沢を持つモザイク模様が愛され、様々な地域で用いられた。

　なお、モース硬度1の基準の**凍石（滑石）**（とうせき）、グラニット（花崗岩）、ラーヴァ（溶岩）は加工が容易なため、古代では宝石代わりに用いられている。

装飾品の素材2 半貴石2

ラピス・ラズリ

| ラピス・ラズリ | 硬度5 | 紺色のラズーライト、ソーダライト、白色の方解石、金色の黄鉄鉱など不透明な石が複雑に入り混じった石。 |

トルコ石

| トルコ石 | 硬度6 | スカイブルーや緑の鮮やかな色彩を持つ不透明の石。最古の宝石とも。 |

真珠、珊瑚

| 真珠 | 硬度3 | 色は様々。貝の分泌した真珠層が固まったもの。乾燥、酸に弱い。 |
| 珊瑚 | 硬度3 | 赤、白、黒、ピンクなど。真珠ポリープの残存骨格。乾燥、酸に弱い。 |

琥珀

| 琥珀 | 硬度2.5 | 琥珀色、黄金色、緑、赤、黒など。植物の樹液が化石化したもの。極端に脆く、温度変化と乾燥にも弱い。 |

オパール

| オパール | 硬度6 | 珪酸ゲルが硬化した石。虹色のモザイク模様を持つ。乾燥に弱い。 |

その他の石

凍石	硬度1	モース硬度1の基準。凍石。
グラニット	ー	花崗岩のこと。
ラーヴァ	ー	固まった溶岩。

関連項目
- 古代メソポタミアの装飾品の歴史→No.016
- 古代エジプトの装飾品の歴史→No.026
- 中南米の装飾品の歴史→No.104
- 近世の首飾り→No.065

No.010
装飾品の素材3 金属

人類の技術の進化は、金属という素材をもたらした。硬く、独自の輝きを放つそれらは武器に、道具に、そして装飾品へと姿を変えていく。

●人々を魅了した硬質な輝き

　金属は加工の容易さや丈夫さ、その美しさから装飾品の素材として古い時代から用いられてきた。もっとも、金属を装飾品の素材とするには、豊かな鉱物資源や鉱石採掘技術、さらに金属精錬技術などが必要となるため、人類の初期においてはごく限られた地域にのみ許された技術だった。

　金属の王様ともいわれる金は、その美しさや精錬に必要な温度の低さ、あらゆる化学的変化に強いという不変性、そしてよく伸びるがゆえの加工の容易さもあって、多くの地域で古くから用いられてきた。銀は古代においては産出量の少ない希少品であったが、酸化によって黒ずむため装飾品の素材としての扱いは金より一段劣ることが多い。金と銀を混ぜた合金エレクトラムや金と銅の合金も、装飾品の素材として好まれた。

　銅とその合金も素材としての歴史は古い。銅自体も磨きぬくと赤銅色の美しい金属であるが、銅と錫の合金青銅は黄金、赤銅、白金など様々な色になり丈夫なため（青銅色は酸化した状態）、盛んに装飾品の素材として用いられている。銅3、銀1の割合で混ぜ、特殊な溶液で煮沸処理した緑がかった灰色の合金**四分一**や、小量の金と銀を銅と混ぜ煮沸処理した紫がかった合金の赤銅は、日本独自の金属だった。

　意外なことに、鉄、鋼鉄も装飾品の素材として用いられている。主に庶民の装飾品の素材であったが、近代に入ると意外な使われ方をするようになった。特殊なカットを施してダイヤの代わりに用いたのだ。さらに磁石は、その引きあう力から恋人たちの装飾品として用いられたという。この他、青灰色の鉛や青銀色の亜鉛などが安価な素材として用いられた。

　なお、白金色の**プラチナ**、銅と亜鉛の合金で黄金色の真鍮の歴史は浅い。加工が難しく、近世まで素材として用いることができなかったのである。

装飾品の素材3 金属

加工が容易で丈夫で美しい金属を装飾品にしたい！

しかし……
- 豊かな鉱物資源が必要。
- 鉱石採掘技術が必要。
- 金属精錬技術が必要。

金、銀、金の合金

金	美しい黄金色や普遍性が愛される。化学変化に強く、加工しやすい。
銀	美しい銀色。酸化して黒ずみやすいため、金より価値が低いことが多い。
エレクトラム	金と銀の合金。金の色味を変えるために様々な割合で混合された。

銅、銅の合金

銅	赤銅色。
青銅	銅と錫の合金。黄金、赤銅、白金と様々な色になり丈夫。
四分一	銅3、銀1の割合の合金を特殊な溶液で煮沸した日本独自の合金。緑灰色。
赤銅	金と銀を混ぜた銅の合金を煮沸処理した日本独自の合金。紫。

比較的新しい金属

プラチナ	白金色。加工が難しい。
真鍮	黄金色。銅と亜鉛の合金。加工が難しい。

その他

鉄、鋼鉄
安価な庶民のための素材。近世に入りダイヤモンドの代用品としても用いられた。

磁石
変わり種。引き合う力から恋人同士の装飾品用に。

鉛、亜鉛
青灰色、青銀色。安価な素材として用いられた。

第1章●装飾品の基礎知識

関連項目
- 近代の装飾品の歴史2→No.071
- 日本のその他の装飾品→No.101

No.011
装飾品の素材4 ガラス・焼き物

宝石と違い熱を加えることで自在に姿を変えるガラス、そして熱で硬化し、独自の光沢を放つ焼き物は古代から装飾品として珍重された。

●炎と土が生み出した美しい素材

　ガラス、焼き物は、金属以上に古い時代から装飾品の素材として人類とともにあった。天然ガラスは素材として美しく、比較的加工は容易、人造のガラスも加工技術さえ確立できれば材料には事欠かなかったからである。もっとも、ガラスは金属に比べれば脆く破損しやすい。そのため、装飾品の素材として価値を見出さない地域もあった。

　ガラスを用いたビーズは、紀元前4000年ごろの古代エジプトや古代メソポタミア、古代インダスといった先史時代の遺跡から発掘されている。ごく初期には天然ガラスを磨いたものであったが、次第に型にガラスを流し込む技法や着色技法も確立された。トンボ玉といわれている複数の色ガラスを組み合わせたビーズなども作られている。もっとも、この時代のガラスはまだ貴重品。安価なガラスが出回るのは、古代ローマで吹きガラスの技法が確立して以降のことだった。

　焼き物、特に粘土を焼いて固めただけの素焼きとなると、その歴史は石器時代にまでさかのぼる。その後、釉薬を用いて焼き上げられた光沢を持つ陶器（透明ではない）や磁器（半透明でガラス質）など様々な焼き物の技術が開発されると、装飾品の素材として盛んに用いられるようになった。古代エジプトで用いられた**ファイアンス**は、石英の粉末に天然炭酸ソーダを混ぜたものにアルカリ質の釉薬をかけて焼き上げた陶器の一種である。

　こうしたガラスや焼き物の技術を応用して作られたのが七宝細工である。金属にガラス質の釉薬やガラス粉末で模様を描き、焼き上げることで定着させる技法で、エナメル、エマイユともいう。金属線の仕切りをした**クロワゾネ**、表面をへこませ釉薬を流し込むシャンルヴェ、裏面に金属がなく透けているプリカジュール、線刻の上に塗るギロシェなどの技法がある。

装飾品の素材4　ガラス・焼き物

ガラス

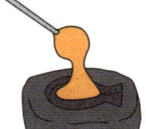

トンボ玉

古代ローマの吹きガラス

美しく、比較的加工が容易。材料にも事欠かない。

しかし……
- 加工技術を確立する必要がある。
- 金属に比べると脆い。

焼き物

素焼き	単に粘土を焼いて固めたもの。石器時代からある。
陶器	釉薬を用いて焼き上げた焼き物。透明ではない。
磁器	釉薬を用いて焼き上げた焼き物。半透明でガラス質。
ファイアンス	石英、炭酸ソーダを混ぜたものをアルカリ質の釉薬を用いて焼いたもの。

七宝細工

金属に釉薬で絵を描き、焼き上げて定着させる技法。エナメル、エマイユともいう。

クロワゾネ	金属線の仕切りを使う技法。
シャンルヴェ	表面をへこませ釉薬を流し込む技法。
プリカジュール	裏に金属が無く透けている技法。
ギロシェ	線刻の上に釉薬を流し込む技法。

関連項目
- 宝石のカット技法→No.015
- 古代メソポタミアの装飾品の歴史→No.016
- 古代エジプトの装飾品の歴史→No.026
- 古代インドの装飾品の歴史→No.042

No.012
装飾品の素材5 動物

狩猟や採集よって暮らしの糧を得てきた人類にとって、その獲物の骨や牙、そして毛皮は最も身近な素材だった。

●力強く美しい牙や羽根

　特殊な加工技術が必要なく、身近な動物から得ることのできる動物素材は、古代から最も身近な装飾品の素材だった。強い動物、愛する者の一部を身につけることは、超自然的なものから身を守る護符になるという考えもあり、地域、時代を問わずこうした素材は愛されている。もっとも、動物保護の観点から、現在は入手が困難な素材が多い。

　動物由来の素材の中でも特に人々に愛されたもののひとつが象牙である。俗に象牙色とも呼ばれる乳白色は、様々な地域で装飾品の素材として古くから愛されてきた。こうした牙や角、骨といった素材は、独特の柔らかい光沢や色を愛され、装飾品の素材とされることが多い。また、草食動物の蹄を薄く削ぎ、ガラスや後述の鼈甲（べっこう）の代用品にされることもあった。

　美しい鳥の羽根も装飾品の素材として珍重されたものである。ヨーロッパや中東、インドでも羽根飾りとして用いられたが、アメリカ大陸やオセアニアでは特に権力者の象徴として用いられた。

　美しい貝殻も古代から愛されてきた素材である。特に女性器に似たタカラガイや大型の巻貝は権力や富の象徴とされ、時には貨幣としても用いられた。さらに、東洋では貝殻は**螺鈿細工**（らでんざいく）の素材としても用いられている。螺鈿細工は貝殻の裏の真珠層（しんじゅ）を漆（うるし）で貼り合わせたもので、様々な模様を描くことができた。

　海亀の一種、タイマイの背甲から作られる**鼈甲**も東洋で好まれた素材のひとつである。鼈甲飴の由来ともなった半透明で黄褐色に濃黒色の雲状紋がある甲羅は、柔らかい光沢で広く愛され、様々な装飾品に用いられた。

　なお、人間の髪や骨、歯なども装飾品の素材として用いられたこともあった。聖人の遺物や愛する人の形見などが、装飾品に加工されたのである。

装飾品の素材5　動物

「身近な素材で加工が容易！」

「超自然的な力から身を守る護符としても期待できる！」

しかし……　→　動物保護の観点から、現在では使用できない素材も多い。

象牙などの動物の角、爪、骨
独特の柔らかい光沢を愛され、装飾品の素材とされる。

草食動物の角や蹄
薄く削いで、ガラスや鼈甲の代用品として使われる。

鳥の羽根
アメリカ大陸やオセアニアでは権力の象徴。ヨーロッパ、中東、インドなどでも愛された素材。

貝殻
貨幣としても用いられた素材。螺鈿細工の材料としても用いられる。

鼈甲
海亀タイマイの甲羅を加工した素材。半透明で黄褐色に濃黒色の雲状紋があり、軟らかい光沢から広く愛され様々な装飾品に用いられた。

人間の骨、遺髪、歯
聖人の一部を護符として持ったり、愛する人の一部を形見として持ったりするために装飾品として加工する。

関連項目
- 北米の装飾品の歴史→No.102
- 中南米の装飾品の歴史→No.104
- 東南アジア、オセアニアの装飾品の歴史→No.106

No.013
装飾品の素材6 植物

植物素材は、人類が文化を持ち始めたころから長く使われ続けてきた。
だが、その独自の魅力は鉱物由来の素材になんら劣ることはない。

●美しい木目と心くすぐる香り

　加工も容易で入手しやすい植物は、最も身近な装飾品の素材といえるかもしれない。花々を編んで作った**花冠**や首飾りは、古代から現代にいたるまで、そして子供の遊びから重要な儀礼にまで用いられている。

　植物は主に幹、樹皮、蔓、種子、花、葉や樹皮から採れる繊維、樹液などが素材として用いられた。木材として人気があったのは、黒檀（こくたん）や紫檀（したん）、柘植（つげ）、樫（かし）といった丈夫で木目の美しいものや匂いの良い香木が多い。この他、様々な特徴を持った植物が装飾品の素材として用いられている。

　竹はイネ科の植物で、日本や中国、東南アジアなどのアジア方面でかなり早くから用いられていた。繊維が一定方向に走り丈夫な幹の部分が櫛（くし）や簪（かんざし）などの素材となる他、節くれだった根の部分を杖の素材とすることもある。この根は、近代のヨーロッパでも**ステッキの柄**などに用いられた。

　瓢箪（ひょうたん）はウリ科の植物である。独特な形状を利用して器にされる他、アフリカや東南アジアでは装飾品の素材としても用いられている。

　漆（うるし）は主に漆科の植物の樹液から採れる塗料で、主にアジア方面で装飾品の塗料や接着剤として用いられた。近代に入り、漆器（しっき）がヨーロッパに知られるとジャパンとしてもてはやされ、アール・ヌーヴォー期には装飾品の塗料としてヨーロッパでも用いられた。

　一風変わっているのがジェット、ボグ・オークといった植物化石である。ジェットは黒玉とも呼ばれ、その名の通り磨くと漆黒の輝きを放つ。近代ヨーロッパでは**モーニング・ジュエリー**の素材として人気があった。一方、ボグ・オークは沼地に沈んだ樫の埋もれ木で、表面は炭化して黒くなっているものの磨くと美しい木目が出てくる。やはり近代ヨーロッパで装飾品の素材として用いられた。

装飾品の素材6　植物

> 入手しやすくて加工が容易！

> 古代から現代にいたるまで、子供の遊びから重要な儀式まで様々な場面で活躍！

装飾品に使われる主な部位

幹、樹皮、蔓、種子、花、葉や樹皮から取れる繊維、樹液など。

→ 木材として好まれたのは、黒檀、紫檀、柘植、樫といった丈夫で木目の美しいものや匂いの良い香木。

特徴的な植物素材

竹

イネ科の植物。アジア圏では幹の部分が櫛や簪の素材とされる他、根の部分が杖の素材に。ヨーロッパでもステッキの素材に。

瓢箪

アフリカ、東南アジアなどで装飾品の素材に。

漆

漆科の植物の樹液。装飾品の塗料、接着剤としてアジア圏で用いられた。ヨーロッパでも近代以降、素材として人気に。

ジェット、ボグ・オーク

植物化石。ジェットは黒玉とも呼ばれる全体的に炭化して黒くなったもの。ボグ・オークは樫の埋もれ木で、磨くと木目が現れる。

関連項目
- 近世のその他の装飾品2 → No.069
- 近代の装飾品の歴史1 → No.070
- 中世以降のインドの頭飾り → No.088
- 日本のその他の装飾品2 → No.101
- 東南アジア、オセアニアの主な装飾品 → No.107

No.013　第1章●装飾品の基礎知識

No.014
金属加工技術

金属を手にして以降、人々は様々な試行錯誤を重ねその加工技術を生み出していった。

●金属を芸術品に変える様々な技術

装飾品に用いられる金属加工技術には、**鍛金**、**彫金**、**鋳造**を中心に、ろう付け、**細線細工**、**粒金細工**、**鍍金**など様々な技法が存在している。

鍛金は金属を叩いて加工する技術で、古い時代の金属板は金属の塊からこの鍛金の技術で作り出されたものも多い。板状に加工することを板金、裏側などから模様を打ち出すものを**打ち出し**という。

彫金は鍛造、もしくは鋳造された金属に鏨や鋸などで加工を加え、模様をつける技術のことである。線を刻みこむ線刻、余計な部分を切り取って模様を作る透彫、ベースとなる金属に他の金属などをはめ込んで模様を描く象眼などがある。この他魚々子と呼ばれる技法があり、これは先の丸い小さな鏨で魚の卵のような細かい丸模様をつけるものだった。

鋳造は高温で溶かした金属を鋳型に流し込んで形を作るものである。最も単純なものには、型に原型を押しつけ、そこに金属を流し込む踏返鋳造がある。より細かい細工を施したものを作りたい場合は、蝋で作った原型を元に型を作成する蝋型（ロストワックス）が用いられた。

ろう付けは「ろう（鑞）」と呼ばれる低温で溶ける合金を接着剤として、金属のパーツを接合するための技法である。パーツを保護し、ろうの伸びをよくするフラックスと呼ばれる薬剤とともに用いるのが一般的である。

細線細工、**線条細工**は、その名の通り金属を細い針金状に加工し、それを用いて模様や形を作り出す技法である。粒金細工も同様で、細かい金属の粒をベースとなるパーツにろう付けした。

鍍金は金属などの表面に別の金属を付着させて覆う技法である。金や銀は水銀と混ぜ合わせた液体をパーツに塗りつけ、加熱して水銀を蒸発させるやり方が一般的だった。

金属加工技術

鍛金

板金
金属塊を打ち延ばして板にする。

打ち出し
金属板を叩き、模様を打ち出す。

彫金

魚々子の一例

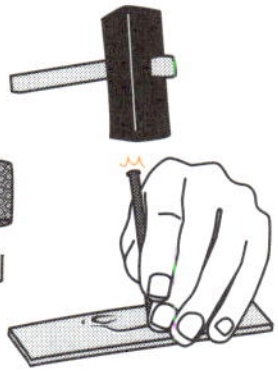

線刻
金属板に線を掘りこむ。

透彫
不要な部分を切り取って模様を描く。

象眼
金属板に別の金属などを埋め込み模様を描く。

魚々子
丸く小さな鏨で模様を打ち出す。

鋳造

＜蝋型鋳造の一例＞

踏返鋳造
押しつけて作った型に金属を流し込む。

蝋型鋳造
蝋を原型に型を作る。

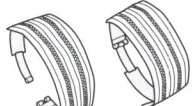

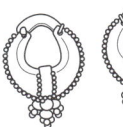

ろう付け
低温で溶ける合金でパーツを接着する。

細線細工
針金を加工して模様を描き出す。

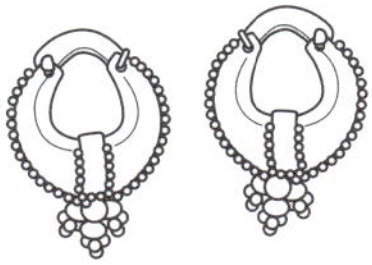

粒金細工
細かい金属の粒をろう付けする。

鍍金
金属の表面に別の金属を付着させて覆う。

関連項目
- 古代ペルシアの装飾品の歴史→No.019
- 古代ギリシア・ローマの首飾り→No.038
- ミノア、ミケーネ、エトルリアの装飾品の歴史→No.033
- 中南米の装飾品の歴史→No.104

No.015 宝石のカット技法

磨き上げられた宝石はそれだけでも美しい輝きを放つ。しかし、カット技法はそれをより際立たせることができる。

●宝石に更なる輝きを与える技術

　古代社会や**イスラム教文化圏**、**インド**、アジアなどでは、宝石はその他の素材と変わることなく様々な形状に加工されることが多い。しかし、ヨーロッパでは古代から中世を通じて、多くの宝石はカボション・カットという全体的に丸みをつけて磨き上げるカット技法で仕上げられていた。

　もっとも、その他の技法がなかったわけではなく、**カメオ**、**インタリオ**、クロワゾネなどの技法も用いられている。カメオは宝石に浮きぼりで模様を描くもの、インタリオは宝石を彫り込んで模様を描くものをいう。クロワゾネは本来**七宝細工**の技法で、金属製の細線で仕切りを作り、薄くカットした宝石をはめ込んだものである。

　現在のようなファセット（カット面）を作る技法は、ヨーロッパでは13世紀ごろから用いられ始めた。しかし、本格的に用いられるようになるのは15世紀、ダイヤモンドの加工に用いられて以降のことである。硬度の高い**ダイヤモンド**は、中世のヨーロッパでは原石のまま用いられていた。その後、15世紀に入り原石の形を生かしつつ表面にファセットを作ったポイント・カットという技法が登場する。これによりダイヤモンドは美しい宝石として認識されるようになった。さらに、上面、下面にファセットを作るテーブル・カットもダイヤモンドの評価を高いものとしている。

　ダイヤモンドの評価を決定的なものとするのは、17世紀に登場するローズ・カットである。浅いドーム状の上面にファセットを多く作ることで反射を多くしている。さらに屈折率を研究したブリリアント・カットの登場によりダイヤモンドの地位は不動のものとなった。その後、ファセット・カットは他の宝石にも用いられるようになった。19世紀には宝石の固定方法にも様々な工夫が凝らされるようになり現在にいたっている。

初期の宝石のカット技法

古代社会やイスラム教文化圏、インド、アジアなどでは、様々な形状に加工されることも。

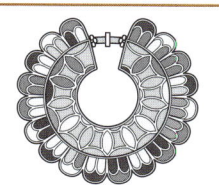

インタリオ
宝石に彫刻を掘りこむ技法。

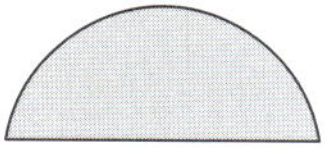

カメオ
宝石に彫刻を浮き彫りにする技法。

クロワゾネ
金属の細線の仕切りに、薄く割った宝石をはめ込む技法。

カボションカット
単純に宝石に丸みをつけて磨き上げる技法。

インドの宝石細工
花や葉の形に彫刻。

複雑なカット技法の誕生

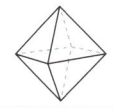

ポイント・カット
15世紀、ダイヤモンドの結晶の形を生かしたカットが誕生。

テーブル・カット 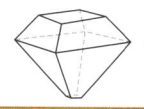
研磨技法が確立し、さらに上下を研磨するように。

ローズ・カット
ダイヤモンドの輝きを生かすローズ・カットが登場。

様々なカット技法

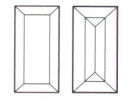

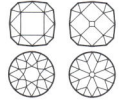

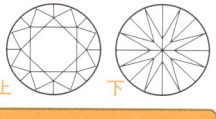

ブリリアント・カット（上／下）
ブリリアント・カットでダイヤモンドの地位は不動に！

関連項目
- 装飾品の素材1　貴石→No.007
- 装飾品の素材4　ガラス・焼き物→No.011
- 古代ギリシア・ローマの装飾品の歴史→No.035
- 中世後期の装飾品の歴史→No.057
- 中世以降のインドの首飾り→No.088
- イスラム教文化圏の主な装飾品→No.093

ヨーロッパの職人たち

　ごく初期の中世ヨーロッパにおいて、装飾品の分野を牽引したのは教会に所属する人々だった。当時、貴金属や宝石類は教会や王侯貴族など、ごく限られた層のために用いられたためである。特に教会はその権威を高めるために大量の貴金属や宝石類を消費した。そのため、専門に装飾品の加工を行う修道士や、教会から依頼された職人が育成されることになったのである。

　中世も時代が下ってくると、ヨーロッパ各地で金細工職人や宝石細工職人の組合、ギルドが作られるようになった。イングランドのロンドン、フランスのパリ、ブルージュ、ストラスブール、オランダのアムステルダム、ユトレヒト、ドイツのリューベック、ケルン、イタリア半島のフィレンツェ、ヴェネチアといった都市では、宝石類の流通増加に伴い様々な装飾品が生み出されることになる。こうした職人組合の主なパトロンとなったのは王侯貴族であり、職人たちは彼らの注文に合わせて様々な技法を発展させていった。

　ルネサンスに始まる近世、職人ギルドは芸術家たちの修行の場としても活用された。様々な技法を学ぶためである。逆に、金細工職人や宝石細工職人たちも芸術家たちの影響を強く受けるようになる。ルネサンスの芸術家の１人として名高い画家のアルブレヒト・デューラーは、装飾品のデザインを多く残している。彼らのような芸術家によって生み出されたデザインは、当時の最新技術である銅版画によって急速に各地に広がっていく。こうしたデザイナーの中で特に有名だったのが、イングランド国王ヘンリー８世の宮廷画家ハンス・ホルバインだった。ドイツ出身の彼は宮廷画家の傍ら余技として様々な装飾品デザインを手掛けており、そのデザインは１９世紀に入ってもその名を冠した装飾品を生み出すほどのものだった。

　近代は多数の優れた装飾品デザイナーが登場する時代である。古代の技術を復活させたイタリアのカステラーニ一族、帝政ロシアで活躍し独自の様々な技法を生み出したカール・ファベルジェ、アール・ヌーヴォーの旗手として独創的な装飾品を生み出し、後にガラス工芸の分野に移ったルネ・ラリック、同じくアール・ヌーヴォーのデザイナーであり画家のアルフォンス・ミュシャとそのデザインを次々と形にしていったジョルジュ・フーケなどである。現在も人気のジュエリーブランドもこのころ生まれたものだった。カルティエの始祖、ルイ・カルティエは端正なガーランドスタイルを生み出したことでも知られ、アール・ヌーヴォー、アール・デコも柔軟に採り入れて常に最先端のデザインを先取りしている。ティファニーのルイス・Ｃ・ティファニーも、アメリカにおけるアール・ヌーヴォーの担い手であった。

第2章
古代の装飾品

No.016 古代メソポタミアの装飾品の歴史

古代メソポタミアは人類の歴史において非常に重要な役割を果たした土地である。そこで生まれた装飾品は、後の世に大きな影響を与えた。

●古代西アジアで育まれた装飾品

　最古の文明のひとつとされるシュメールの文明が、南メソポタミアの地に花開いたのは、紀元前3500年ごろのことである。シュメールは、**インダス**や**エジプト**といった諸外国と盛んに交易を行っていた。そして、その富と資源を背景に目覚ましい勢いで装飾品を発展させていったのである。発掘された遺物の多くは金や宝石類を組み合わせたものが中心である。モチーフは自然物、特に植物が多く、その他には動物や天体、幾何学模様なども用いられた。動物は双獣文と呼ばれる向かい合った動物や、翼を持った有翼獣などが多い。

　シュメールの装飾品は、全体的に繊細で華麗な作りで工芸的にも優れていた。また、肌の露出が少ない衣服を身につけていたため、装飾品は衣服を際立たせるように作られていたとする説もある。

　その後、シュメールは異民族の度重なる侵攻により崩壊した。代わって南メソポタミアの支配者となったのが、メソポタミア西北部から侵攻したアムル人によるバビロニアである。バビロニアはシュメールの文化を受け継いでおり、装飾品もシュメールの延長上にあった。

　その後、北メソポタミアで勢力を広げていたアッシリア人がバビロニアを滅ぼし、メソポタミア全土を支配下に置く。アッシリア人もバビロニア同様、先人の文化を吸収したが、装飾品の好みには若干の違いがあった。装飾品の作りは全体的に大型化し、重厚なものが好まれた。また、シュメールではあまり重視されなかった貴石、半貴石といった宝石類が用いられるようになった。モチーフも花を円形にディフォルメした円花文などの図案化された記号的な模様や幾何学模様などが中心になっていく。もっとも、動物のモチーフは引き続き用いられている。

古代メソポタミアの装飾品の歴史

```
メソポタミアに文明誕生
        ↓
┌─────────────┬─────────────┐
南メソポタミア              北メソポタミア
```

植物／向かい合う動物／有翼獣

シュメール
・交易の拠点として繁栄。
・交易による富で様々な装飾品を作り出すように！

・素材は金が中心。
・繊細で華麗。
・植物、幾何学模様、天体、向かい合う動物や有翼獣がモチーフ。

シュメール滅亡 ← 異民族が南メソポタミアに侵攻。

バビロニア ← アムル人
・アッカドに代わって南メソポタミアを支配。
・装飾品はシュメールの延長。

バビロニア滅亡 ← アッシリア人が南メソポタミアに侵攻。

円花文　　その他のモチーフの一例

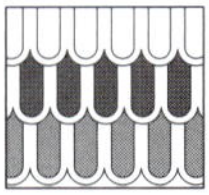

アッシリア
・メソポタミア全土を支配。
・支配した民族の技術を吸収して装飾品を作成。

・金属に加えて宝石類を使用。
・大型で重厚。
・図案化した自然物や幾何学模様がモチーフ。

関連項目
●古代エジプトの装飾品の歴史→No.026　　●古代インドの装飾品の歴史→No.042

No.017
古代メソポタミアの主な装飾品1

鉱物資源に乏しい古代メソポタミアでは、その豊かな食料や財を用いて輸入した貴金属を装飾品の素材としていた。

●王族たちを飾った権力の象徴

　古代メソポタミアの装飾品は、シュメール第1王朝のころにはほぼ完成されており、続くバビロニア、アッシリアといった国々にも強い影響を与えた。主な**金属加工技術**は、打ち出しと彫金であり、溶接や鋳造、粒金細工といった技術はやや時代が下ってから登場する。素材には金、銀、銅、ヒ素と銅の合金のヒ素青銅などの金属、**ラピス・ラズリ**、**紅玉髄**、瑪瑙などの半貴石が用いられた。もっとも、こうした素材の多くはメソポタミアでは産出せず、外国からの輸入に頼っていた。そのため装飾品の多くは、宗教的目的や身分の高い人物の身を飾るためのものだったと考えられる。

　20世紀初頭に発掘されたメスカラムサ王とその妃プ・アビの墓所から発見された装飾品は、こうした装飾品の代表といえるだろう。王やその殉死者たちは、実に様々な頭飾りを身につけていた。男性の多くは単純な金の額当てだったが、中には額にラピス・ラズリ、紅玉髄、瑪瑙のビーズを配した金のチェーンのような豪勢なものもある。この他、鉢巻型の**ディアデム**、布や革で作られた冠**ティアラ（大）**、縁が広く頭頂部の丸い帽子も身につけられた。一方、女性は鬘を金のリボンや金銀の輪で固定し、その上から金、ラピス・ラズリ、紅玉髄、瑪瑙のビーズを連ね、柳の葉やブナの葉を写実的に打ち出した金の装飾板をつけた頭飾りを何重にも巻いた。後頭部には先端に花、もしくは星をあしらった簪をつけている。女性の耳飾りは舟形、もしくは月形で、細くなった上部を耳にあけた穴に通して固定した。男性のものはより単純で、金の針金を螺旋状に巻いたリングである。時代が下り、バビロニア、アッシリアのころになると耳飾りは男性の権威の象徴となり、棒状で下部に円錐形の飾りのついた大型のものが身につけられるようになった。

古代メソポタミアの主な装飾品1

シュメール初期王朝

メスカラムサ王の墓所から発見された装飾品群。

主な素材	金、銀、ヒ素青銅、ラピス・ラズリ、紅玉髄、瑪瑙など。
モチーフ	幾何学模様、植物、月など。
技法	打ち出し、彫金など。鋳造、粒金細工は時代が下ってから。
その他	素材のほとんどは遠い外国からの輸入品。

女性の装飾品

女性の耳飾り

耳飾りはバビロニア、アッシリア時代の権威の象徴のひとつ。

アッシリア時代の人頭有翼ライオン像（部分）

男性のディアデム

男性の額当て

縁の広い帽子（シュメール時代）

ティアラ（大）（アッシリア時代）

関連項目
- 頭飾りの分類と各部の名称→No.002
- 装飾品の素材2　半貴石1→No.008
- 装飾品の素材2　半貴石2→No.009
- 金属加工技術→No.014

No.018
古代メソポタミアの主な装飾品2

シュメールで誕生した首飾りや腕輪、指輪のデザインは、後にメソポタミアの地を治めた各国に連面と受け継がれている。

●権力の象徴として受け継がれた装飾品

　古代メソポタミアの首飾りや腕輪、指輪もシュメールからバビロニア、アッシリアといった国々に受け継がれたものだった。

　シュメールの初期王朝の王メスカラムサとその妃プ・アビの墓所から発見された首飾りには、ラピス・ラズリと金で作られた三角形の装飾板を上下交互に入れ替えて連ねた**チョーカー、ラピス・ラズリ、紅玉髄**、瑪瑙、金のビーズを連ね、一定間隔で円形の垂れ飾りをつけたもの、同様のビーズを数列重ねて模様を描き、半貴石で象眼を施した装飾板のペンダントを下げたもの、樽形の半貴石のビーズを連ねたものなど様々なものがあった。シュメールから時代が下り、バビロニア、アッシリア時代になると**粒金細工**なども盛んに用いられるようになり、粒金細工で花を象った装飾板や女神像などをあしらった見事な金の首飾りなども発見されている。

　メスカラムサの墓所からは、腕輪も多数出土している。もっとも、その形状はビーズを多数連ねて数列重ねたものや、単純に金の針金を螺旋形に巻き上げたような単純なものが多い。しかし、時代が下るにつれ凝った作りのものも増えていった。バビロニア時代の発見物は、金に青いガラスの象眼で模様を描いている。また、アッシリア時代の彫像やレリーフでは、王や神々の像の腕に円形の装飾板に花を丸くディフォルメした**円花文**のついたブレスレットや、螺旋状のアームレットがつけられている。

　指輪はシュメールの時代から手の込んだものが作られていた。メスカラムサの墓所で見つかった指輪には、金の針金を捻じって数列重ねて金の枠にはめ込んだもの、金の仕切り板で波模様を描いてその隙間にラピス・ラズリを象眼したものなどがある。アッシリア時代には指輪のモチーフにも円花文が用いられ、円花文の散りばめられた金の指輪が発見されている。

古代メソポタミアの主な装飾品2

首飾り

粒金細工が施された装飾板。こうした技法は時代が下るにつれ盛んに用いられた。

シュメール時代

バビロニア時代

腕輪

レリーフに描かれた腕輪は主に螺旋型のアームレット、円花文をつけた装飾板のついたブレスレットの2種類。

シュメール時代

バビロニア時代

鳥頭有翼神像
（アッシリア時代）

指輪

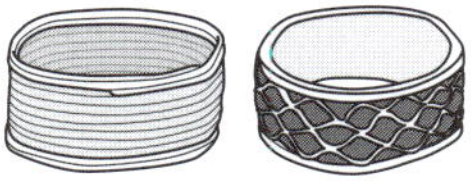

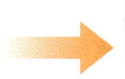

シュメール時代  → アッシリア時代

関連項目
- 首飾りの分類→No.004
- 装飾品の素材2　半貴石1→No.008
- 装飾品の素材2　半貴石2→No.009
- 金属加工技術→No.014
- 古代メソポタミアの装飾品の歴史→No.017

No.018
第2章●古代の装飾品

No.019 古代ペルシアの装飾品の歴史

西アジアを平らげた古代ペルシア。彼らは独自の文化を守りつつも、各地の装飾品を受け入れ自分たちなりの改良を加えていく。

●失われた古代の装飾技法

都市国家が絶え間なく分裂と統一を繰り返してきた中東世界を、アケメネス朝ペルシア帝国が支配したのは紀元前6世紀ごろのことである。アケメネス朝は中東を中心に拡大を続けるが、アレクサンダー大王の遠征を受け滅びた。その後、アレクサンダー大王が倒れると、セレウコス朝、アルサケス朝、ササン朝が興り中東を支配していく。

こうした過程の中、古代ペルシアの人は服装こそ独自のものを守ったが、装飾品については自分たちの服装に合うように、支配した国々や周辺の国々のものを取り入れた。**アッシリア**の首飾り、腕輪、**ヘレニズム文化圏**の**フィブラ**(衣服を固定するためのブローチ)といった具合である。古代ペルシア人の服装は、布地を多く使ったたっぷりとしたもので、アッシリアの重厚な装飾品などと相性が良かったのである。こうした装飾品の多くは、自分たちの好みに合わせて支配した国々の人々に作らせた。また、戦争時の戦利品の多くもそのまま用いられている。

古代ペルシアの人々が好んだ装飾品のモチーフは、野生の山羊、鹿、牛、その他伝説上の生き物や神話的場面などが中心である。多くは高度に抽象化、様式化されており、宗教的、護符的な意味合いが強かった。

古代ペルシア人が好んだ装飾品の素材は、金や銀などの貴金属と、貴石、半貴石などの宝石類である。中でも特に**ラピス・ラズリ**や**真珠**(しんじゅ)が好まれた。この他、**トンボ玉**と呼ばれる複数の色ガラスを溶かし合わせるガラス製のビーズなども盛んに用いられている。

古代ペルシア人たちの装飾品で特に特徴的なのが、**粒金細工**(りゅうきんざいく)と呼ばれるものである。これは、金の細かい粒を作り、装飾品の表面を飾ったもので、近代に入るまでヨーロッパでは再現することができないというものだった。

古代ペルシアの装飾品の歴史

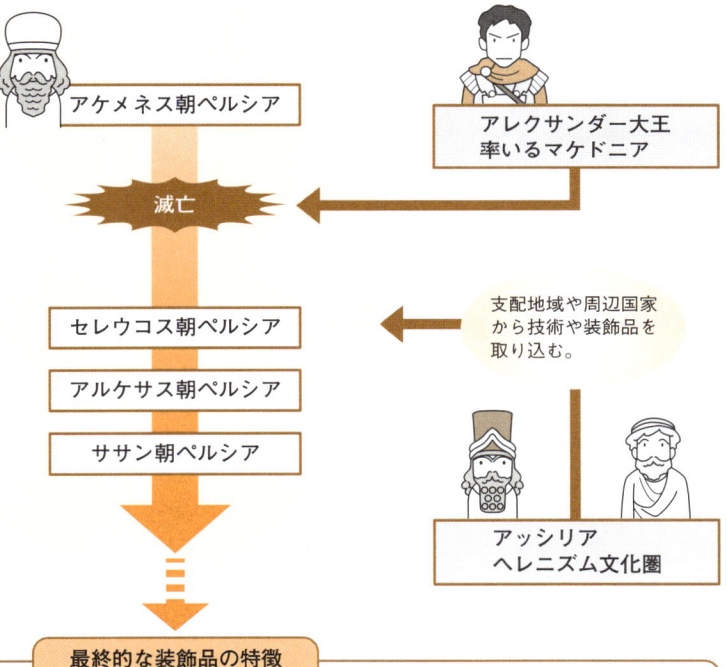

```
アケメネス朝ペルシア          アレクサンダー大王
                              率いるマケドニア
        ↓
       滅亡 ←――――――――――――――

セレウコス朝ペルシア ←―― 支配地域や周辺国家
                          から技術や装飾品を
アルケサス朝ペルシア       取り込む。

ササン朝ペルシア
        ↓                 アッシリア
                          ヘレニズム文化圏
```

最終的な装飾品の特徴

・金、銀、宝石類（特にラピス・ラズリや真珠など）、トンボ玉などのガラス、焼き物。
・野生や神話上の動物、宗教上の場面を高度に抽象化したものがモチーフ。
・金の粒を連ねた粒金細工など、独特の技法が発展。

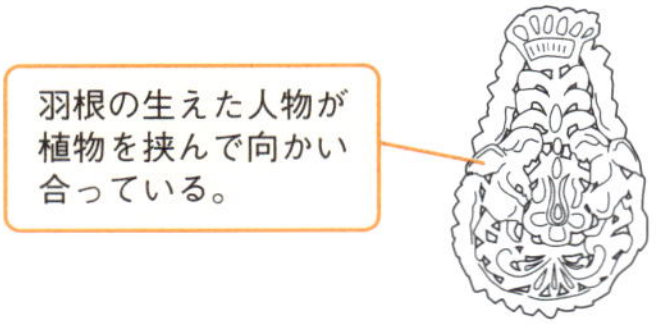

羽根の生えた人物が植物を挟んで向かい合っている。

古代ペルシアの胸飾り

神話上の動物が向かい合っている。

古代ペルシアの腕輪

関連項目

- ●装飾品の素材2　半貴石2→No.009
- ●装飾品の素材4　ガラス・焼き物→No.011
- ●金属加工技術→No.014
- ●古代メソポタミアの装飾品の歴史→No.017
- ●古代ギリシア・ローマの装飾品の歴史→No.035
- ●古代ギリシア・ローマのその他の装飾品→No.041

No.020
古代ペルシアの頭飾り

強大な権力を誇った古代ペルシア。その王の権威の象徴たる冠は、それぞれの王ごとに用意された個性あふれるものだった。

●王個人を象徴する冠

古代ペルシアの王族たちは、現在キリスト教の法王がかぶるような**法王冠**に似た背が高く上の開いた**ティアラ（大）**、鉢巻状の頭飾りディアデム、円筒形(えんとうけい)の帽子など様々なものをかぶっていた。詳しい材質についてはわかっていないが、硬い布製、もしくは金属製だったと考えられている。古代ペルシアでは金貨や銀貨、その他の彫刻などに王の姿と名前が残されていることが多い。例えば、アルケサス朝の王シナトルケスの銀貨には、頬あてのようなものがついたティアラ（大）を身につけた王の横顔が描かれている。フラーテス4世はピッタリとしたディアデムを身につけており、頬あてのような表現は見られない。

こうした傾向はササン朝ペルシアに顕著で、必ず違う形状の冠で描かれるため、容易に区別することができたという。例えば、2代皇帝シャープール1世は前後の高い凸形の装飾板を連ねた冠に、円形の飾りと頬あてがついている。一方、10代目のシャープール2世の冠は、同じ高さの凸形の装飾板を連ねた冠に球状の飾りがついているといった具合である。さらに別の王を象った銀細工では、冠より大きな球を乗せたものもあった。

ペルシアで最も普及していたかぶり物は、柔らかいフェルトや革製の帽子であったと考えられている。形状はつばがなく背の高い円筒形をしたトーク帽や尖った頭巾などがあった。これで髪の毛をすっぽり覆い、紐で顎の部分に固定したのである。身分が高い人物の場合、さらに耳あてのようなものをつけることがあった。

女性の頭飾りについてはあまり記録が残っていないが、女性は髪を長いベールで覆うか、後ろに長く垂らしたディアデム、ヘアピンなどで固定した様子が銀食器などの彫刻に残されている。

古代ペルシアの頭飾り

ペルシアの王族の王冠は、時代ごとに特徴的な形状をしていた。特にササン朝の王は形状で人物が特定できるほど。

シャープール1世

シャープール2世

ササン朝の王を象った銀細工

シナトルケス

フラーテス4世

その他のかぶり物

トーク帽　　尖った頭巾　　長いベール　　長く垂らしたディアデム

関連項目

●頭飾りの分類と各部の名称→No.002　　●中世後期の頭飾り→No.058

No.020 第2章●古代の装飾品

No.021 古代ペルシアの耳飾り

現代では女性が身につけることが多い耳飾り。しかし、古代ペルシアでは男性の権力の象徴だった。

●権威を示す耳飾り

　古代ペルシアにおいて耳飾りは男性に盛んに用いられる装飾品のひとつだった。現存するレリーフの多く、特に身分の高い男性のレリーフには必ずといっていいほど耳飾りがつけられている。**古代メソポタミア**のアッシリアなどと同じく、権力の象徴として用いられたためである。一方、女性に関してはレリーフなどが少なく、実際にはどのようなものを身につけていたのか、ほとんど情報がない。

　レリーフの耳飾りは、単純な**フープ・イヤリング**として描かれることが多い。しかし、実際に出土している古代ペルシアの耳飾りには、凝った装飾が施されていた。

　耳飾りの素材は金が中心であるが、宝石類を用いたものも少なくない。フープの表面には細かい金の粒をつける**粒金細工**や細い金属線で模様を描く**細線細工**が施され、フープの下部に飾りをつけたものもある。フープの下部の飾りには幾つかの種類があり、宝石などのビーズに金属製のシャフトを通して固定したもの、卵形の大きめの金属に大小様々な粒金細工などの装飾を施したもの、大きめの粒金で葡萄の房状の飾りを作ったものなどがある。フープ本体やフープ下部の表面に施されている模様には幾何学模様が多い。

　古代ペルシアの耳飾りは、単純に耳にあけた穴に通して固定するC字形のタイプのものの他、穴に通す部分が稼働するように加工された凝った作りのものも存在した。C字形のタイプの場合、穴に通した後に変形させるなどして固定するため取り外しが面倒であったが、稼働加工を施されたものは取り外しが容易であったと見られる。また、変形させないため、フープ部分を太くし、装飾を施すことができた。

古代ペルシアの耳飾り

金の細線で装飾する細線細工。

金の粒をつける粒金細工。

宝石類は垂れ飾りにせず固定。

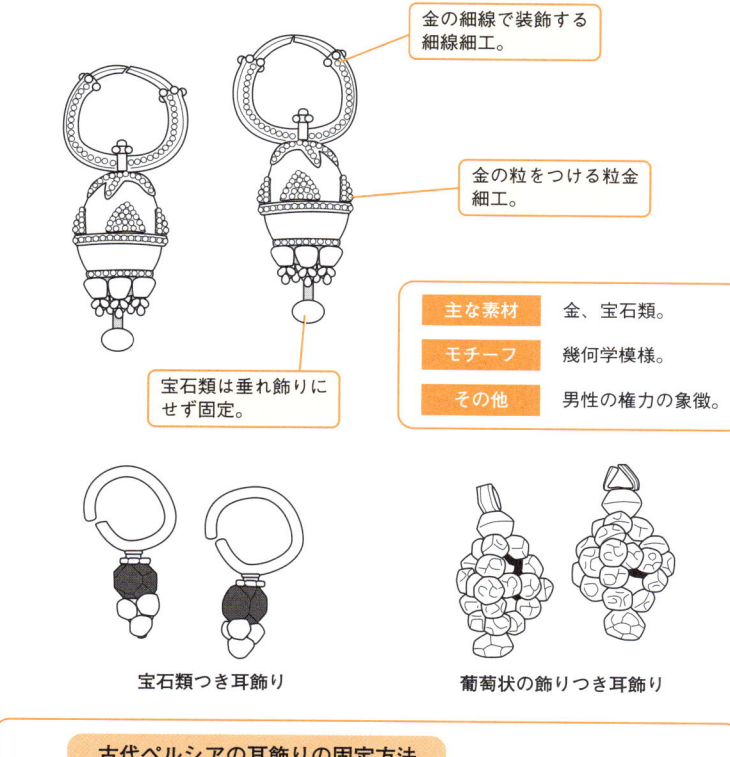

主な素材	金、宝石類。
モチーフ	幾何学模様。
その他	男性の権力の象徴。

宝石類つき耳飾り

葡萄状の飾りつき耳飾り

古代ペルシアの耳飾りの固定方法

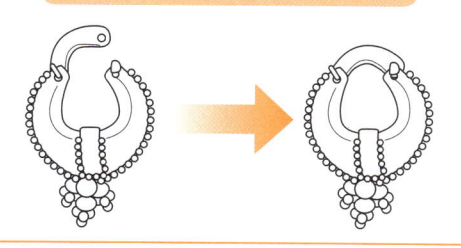

古代ペルシアの耳飾りには、耳に固定する部分が稼働するものが数多く存在している。

関連項目
- 耳飾りの分類→No.003
- 金属加工技術→No.014
- 古代メソポタミアの主な装飾品1→No.017

No.021

第2章 ● 古代の装飾品

No.022 古代ペルシアの首飾り

主に女性の身につけるものだった古代ペルシアの首飾り。その作りは色ガラスやビーズを用いた繊細なものが多い。

●トンボ玉の首飾り

　古代ペルシアの首飾りは、**古代メソポタミア**のアッシリアなどの影響を受けたものだったと考えられている。男女ともに身につけていたが、男性、特に王族のレリーフでは身につけていないことも多い。

　男性が首飾りを身につけている例としては、イランのナクシュ・ロスタムにあるアケメネス朝ペルシアの王墓に、装飾を施した四角い金属板と思われるパーツを連ねた大型の首飾りをつけた男性のレリーフが残されている。また、アパダナのレリーフでも網状の首飾りをつけた男性が描かれている。

　こうした大型で重量感のあるレリーフの首飾りと違い、出土している古代ペルシアの首飾りの多くは繊細な作りのものが多い。特に凝ったものになると、細かい金のビーズに**七宝細工**（しっぽうざいく）を施したものを連ね、一定間隔ごとに、やはり七宝細工を施した金の垂れ飾りをつけたものなどもあった。この他、そろばんの玉形の金のビーズを連ね一定間隔ごとに装飾を施した楕円形の大型のビーズを挟んだもの、細い樽形に加工した宝石類のビーズを金のビーズで挟んで連ねた首飾りもある。もっとも、庶民が用いたであろう首飾りは、色のついた石で作ったビーズに簡単な装飾を施したものを連ねた素朴なものも多かった。

　モチーフとしては幾何学（きかがく）模様やディフォルメされた植物などが用いられている。素材としては、金、銀、**ラピス・ラズリ**、**瑪瑙**（めのう）、**紅玉髄**（こうぎょくずい）、ガラス、七宝細工などが中心だった。

　古代ペルシアの首飾りで特に特徴的なのが、色ガラスを使って作った**トンボ玉**を加工したビーズを連ねたものである。模様や形状は自由であり、様々な工夫を凝らしたものが作られた。

古代ペルシアの首飾り

七宝細工を施した垂れ飾り。

七宝細工を施したビーズ。

古代ペルシアの首飾り

凝った作りが多い。

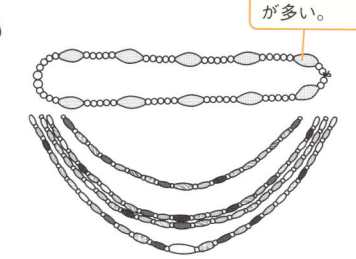

宝石や金を用いた首飾り

大型で重厚。

男性の首飾りのレリーフ

主な素材	金、銀、ラピス・ラズリ、瑪瑙、紅玉髄、ガラス、七宝細工など。
モチーフ	幾何学模様や植物をディフォルメしたもの。
その他	男女ともに身につけたが男性が身につけているレリーフは少ない。

色ガラスを溶かし合わせたトンボ玉は、様々な工夫を凝らしたものが作られた。

トンボ玉

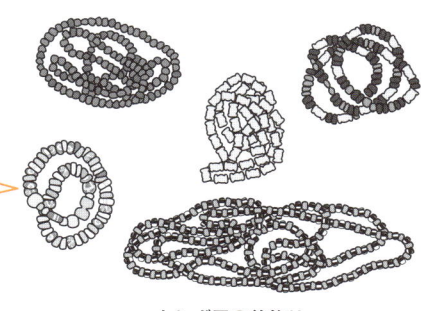

トンボ玉の首飾り

No.022 第2章 ● 古代の装飾品

関連項目
- 装飾品の素材2　半貴石1→No.008
- 装飾品の素材2　半貴石2→No.009
- 装飾品の素材4　ガラス・焼き物→No.011
- 金属加工技術→No.014
- 古代メソポタミアの主な装飾品1→No.017

No.023 古代ペルシアの腕輪

古代ペルシアから出土した腕輪は重厚なものが多い。これは儀式的なものや象徴的なもので、獣をモチーフとしていた。

●腕輪を飾る力強いものたち

　古代ペルシアの腕輪は、支配下に置いた**アッシリア**の重量感のある豪勢な腕輪を採り入れたものだったとされている。実際、出土している古代ペルシアの腕輪は、非常に豪勢なものが多い。古代メソポタミアや地中海の**エトルリア**由来の粒金細工(りゅうきんざいく)の技術が施されたものや、**七宝細工**(しっぽうざいく)を施したもの、腕輪のモチーフに合わせて宝石をはめ込んだものなどである。素材はほとんどの場合は金で、まれに銀やその他の金属が用いられた。しかし、アッシリアにはあった足輪は古代ペルシアには採り入れられなかったらしく、出土品は見られない。

　腕輪のモチーフとして好まれたのは、鳥獣、もしくは空想上の動物である。古代ペルシアの腕輪の多くは、それらの動物が頭を突き合わせるような形状で作られていた。特に有名なのはトルキスタンのオクサスで発見されたオクサスの遺宝(いほう)と呼ばれる一連の出土物（アケメネス朝ペルシアの遺物と考えられている）の中のひとつで、U字形の腕輪の両端に角と翼を持つドラゴンのような動物の彫刻が施されている。この他、3重の螺旋(らせん)を描くようにして腕に巻きつける形状で、両端に獅子の顔が彫刻されたものや並んだ獅子が向かい合うもの、鳥が向かい合うものなどもあった。

　もっとも、こうした腕輪が実際に身につけられていたかどうかについて、疑問視する声もある。腕輪を身につけたレリーフは少なく、代わりにこうした腕輪を手に持ったレリーフが存在しているからである。

　一風変わったものとしては、イランのクルジスタン周辺で出土した女性用の金で作られた手袋というものもあった。これは手のひらと手の甲を覆う精巧なもので、細い金の鎖をダイヤ形の網目に編んで作られている。人差し指と小指に指輪がつけられており、手首の部分は鎖で固定した。

古代ペルシアの腕輪

腕輪以外の使われ方をした可能性も……

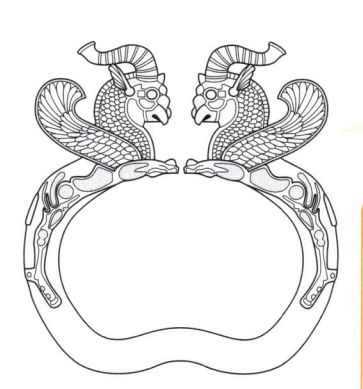

オクサスで発見された腕輪

主な素材	金、銀、その他金属、宝石類、七宝細工。
モチーフ	鳥獣、空想の動物。
その他	古代メソポタミアのアッシリアなどの影響から重量感のある豪勢なものが好まれる。

古代ペルシアのその他の腕輪

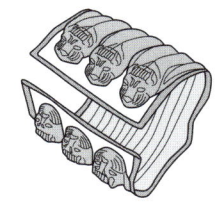

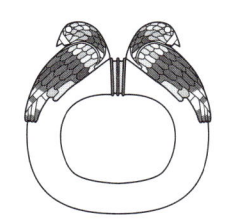

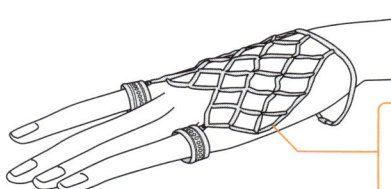

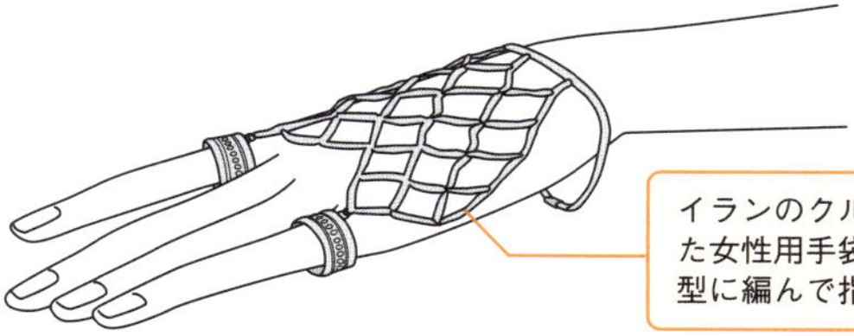

イランのクルジスタンで出土した女性用手袋。金の鎖をダイヤ型に編んで指輪で固定する。

関連項目
- 金属加工技術→No.014
- 古代メソポタミアの主な装飾品2→No.018
- ミノア、ミケーネ、エトルリアの装飾品の歴史→No.033

No.024 古代ペルシアの指輪

古代メソポタミアの諸王朝の伝統を引き継いだ古代ペルシアの指輪。周辺諸国との貿易の影響もあり、その種類は様々である。

●古代ペルシアで用いられた多様な指輪

　古代ペルシアでも**古代メソポタミア**同様に様々な指輪が用いられていた。指輪は男女ともに用いられた装飾品であり、様々な種類、形状のものが出土している。古代ペルシアでは貿易が盛んであり、周辺諸国からも様々な様式や指輪自体がもたらされた結果だろう。

　古代ペルシアの指輪として最も有名なものが、オクサスで発見された一群の金の装飾品のひとつである。この指輪は、中東で好まれた死にゆくライオンをモチーフとしたもので、独特のディフォルメで描かれたライオンが**ベゼル**の部分を飾っていた。

　シャムシャラで発見されたアルケサス朝の金の指輪は、飾り部分であるベゼルに宝石をはめ込んだものである。宝石の周囲には**粒金細工**が施され、本体部分の**フープ**にも装飾が施されている。セレウキアで発見された同時代の金の指輪は、指輪のベゼル部分が透彫で装飾され、花を円形にディフォルメした**円花文**が施された円盤がベゼルの上ではなく指輪の側面に接続されていた。この指輪で用いられている円花文もライオン同様中東で好まれたモチーフである。

　古代ペルシアでは**印章指輪**も用いられていた。ベゼル部分に模様を彫り込んだ装飾板をつけるものから、宝石類に模様を彫り込んだ**インタリオ**をつけるもの、ショルダーからベゼルにかけて一体型になったものまで、実に様々な種類が作られている。

　このような金属を加工した指輪の他に、色ガラスを用いた指輪も見つかっている。これはベゼル部分に宝石類や宝石類を模した色ガラスをはめ込んだもので、フープ部分は全体的に捻りを加えたようなデザインとなっている。

古代ペルシアの指輪

古代メソポタミアの装飾品の伝統を引き継ぎ、さらに交易によって周辺諸国の装飾品も取り込んだためか、古代ペルシアには様々な形状の指輪があった。

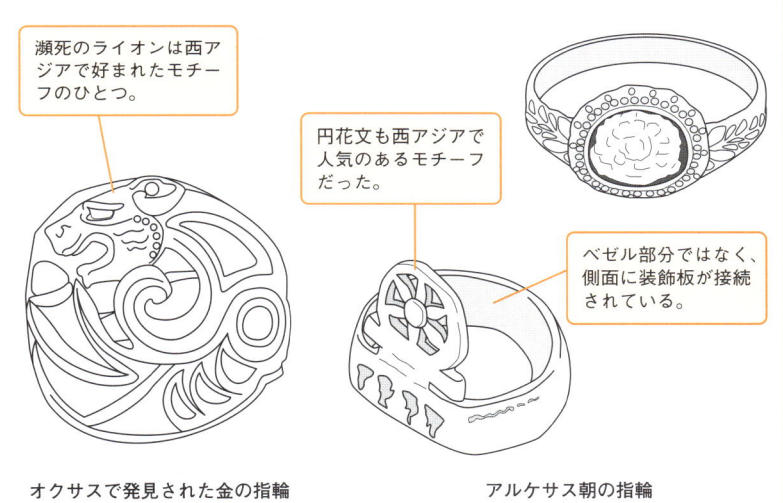

瀕死のライオンは西アジアで好まれたモチーフのひとつ。

円花文も西アジアで人気のあるモチーフだった。

ベゼル部分ではなく、側面に装飾板が接続されている。

オクサスで発見された金の指輪　　アルケサス朝の指輪

ベゼル部分に宝石、もしくは宝石を模した色ガラスがはめ込まれている。

印章指輪各種　　色ガラスの指輪

関連項目
- 指輪の分類→No.006
- 金属加工技術→No.014
- 宝石のカット技法→No.015
- 古代メソポタミアの装飾品の歴史→No.016
- 古代メソポタミアの主な装飾品2→No.018

No.024 第2章●古代の装飾品

No.025 古代ペルシアのその他の装飾品

衣服を留めるためのピン、現代でもインドなどで見られる鼻輪。古代ペルシアではこのような装飾品も用いられていた。

●衣類を飾る貴金属の数々

　古代ペルシアで用いられていた装飾品には、衣服を固定する固定具の類いも多い。代表的なものとしては安全ピンや、各種ベルトを固定するためのバックルが挙げられる。衣服を固定する安全ピンとしては古代ギリシアや古代ローマなどで用いられた**フィブラ**があるが、弓状のフィブラと違い古代ペルシアの安全ピンは動物を象った装飾板にピンを固定した形状のものが多い。例えば、イランで出土した紀元前1世紀から紀元前3世紀ごろの青銅製の安全ピンは、抽象化された鳥を象ったものである。これは時代が下ってからもあまり変わらなかったようで、5世紀のササン朝のものと思われる銀の安全ピンは翼のある馬を象ったプレートの後ろにピンがつけられている。もっとも、フィブラも早い時期から古代ペルシアに入っており、こちらも長く使われていたともいう。

　ベルトの留め具も装飾品として用いられている。形状は現在のベルトバックルに似たもの、環形の金具にベルトの端を通すものなどがあった。ベルト自体に装飾を施すことも多い。

　古代ペルシアでは**鼻輪**も用いられていたようである。ワルカで発見されたアルケサス朝の鼻輪は、大きめの金の粒がつけられた一種の**粒金細工**がなされている。こうした金の粒をつけた装飾品は耳飾りなどに多く見られるため、一揃いのものとして扱われていたと思われる。

　衣服へのアップリケも盛んに行われていた。オクサスで発見された一連の黄金の装飾品には、そうしたアップリケも多く含まれている。モチーフは雑多で、動物を象ったものから当時交流のあった地域の神像まで様々である。これらは打ち出しの技法で表現され、独特のディフォルメがなされている。

古代ペルシアのその他の装飾品

古代ペルシアの安全ピンは装飾板の後ろにピンをつけたものが長く用いられた。この他、交流のあった古代ギリシア、古代ローマのフィブラなども取り入れられている。

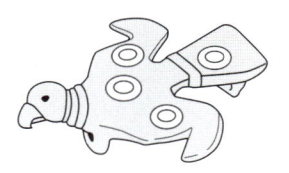

鳥形安全ピン

ササン朝の有翼馬形安全ピン

ベルトの留め具各種

ベルトの装飾板

粒金細工で装飾されている。大粒の粒金細工は、当時の耳飾りにも用いられた手法。

アルケサス朝の鼻輪

アップリケのモチーフは古代ペルシア独自のものから、交流のあった外国の神まで様々。ディフォルメは独特。

オクサスで発見されたアップリケ各種

関連項目
- 金属加工技術→No.014
- 古代ギリシア・ローマのその他の装飾品→No.041
- 中世以降のインドのその他の装飾品→No.091

No.025 第2章●古代の装飾品

No.026 古代エジプトの装飾品の歴史

壮大な遺跡と神秘のイメージを持つ古代エジプト。そこで用いられた装飾品は黄金や宝石による壮麗なものである。

●神話と太陽の黄金

　古代エジプトに文明が花開いたのは、紀元前5000年から紀元前3000年ごろのことである。古代エジプトの装飾品の美術様式は既にこのころから完成されており、時代を下っても大きな変化はない。しかし、細かい部分に関しては、経済状況や他の文明からの影響を受けつつ変化していた。

　紀元前3000年から始まる初期王朝の時代、エジプトの装飾品は銅や鉄といった金属を素材の中心としていた。こうした装飾品の多くは権威の象徴や宗教的な護符、死者を守るための護符として用いられていたようである。また、暑い地方であったせいか衣服として身にまとう布地が少なく、それに比例するように装飾品は次第に大型化していった。

　紀元前1720年、エジプトは大きな転機を迎える。内乱により疲弊したエジプトに侵攻したアジア系のヒクソス人が異民族の王朝をうちたてたのである。これにより、エジプトは新たな技術や素材を手にするようになった。その後、エジプトはヒクソスから国を奪還するが、新王朝末期まで海外との交流は続いている。また、末期王朝からプトレマイオス朝にかけては**アッシリア**や**アケメネス朝ペルシア**、**ギリシア**、**ローマ**と異民族の侵攻が続き、その度に技術的な部分での影響を強く受けることとなった。

　エジプト人に好まれたモチーフは、翼の生えた太陽やスカラベ、コブラ、鷹や禿げ鷹、鷲等の猛禽類、ロータス（蓮）といった独自の神話からとられたものである。また、ナイル川を象徴する波形なども好まれた。

　素材は金や銀を中心として、**ファイアンス**と呼ばれる焼き物、**ラピス・ラズリ**、エメラルド、トルコ石、碧玉、**紅玉髄**、アメジスト、オニキスなど、国内外から様々なものが集められている。また、**七宝細工**、特に青のものが好まれた。

古代エジプトの装飾品の歴史

紀元前3000年ごろ 初期王朝成立！

初期王朝
- 美術様式はこの時点で完成。
- 装飾品というより護符など宗教的意味合いが強い。
- 死者のための装飾品も多い。

紀元前1720年
ヒクソス人の侵攻。

装飾品の特徴
- 銅や鉄など金属素材が中心。
- 肌を覆うため大型化。

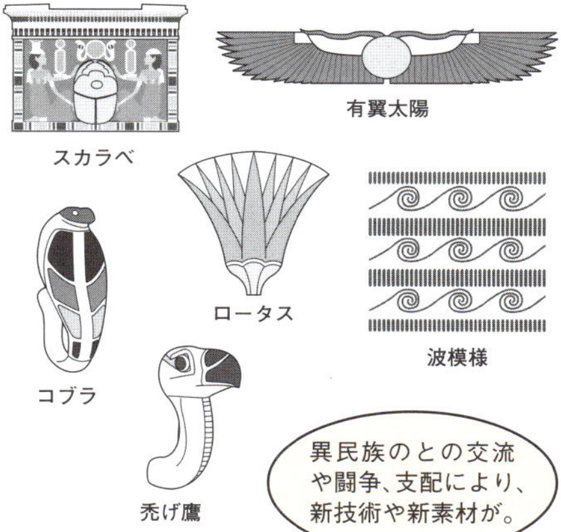

紀元前667年
アッシリアの侵攻。

紀元前525年
アケメネス朝ペルシャの侵攻。

スカラベ　有翼太陽

紀元前332年
ギリシアの侵攻。

コブラ　ロータス　波模様

30年
ローマの侵攻。

禿げ鷹

異民族のとの交流や闘争、支配により、新技術や新素材が。

最終的な装飾品の特徴

- 金、銀、ファイアンス、ラピス・ラズリ、エメラルド、トルコ石、ジャスパー、カーネリアン、アメジスト、オニキス。
- 異民族の装飾品の技法を取り込む。
- モチーフは有翼太陽やスカラベ、猛禽類など。

関連項目
- 装飾品の素材2　半貴石1→No.008
- 装飾品の素材2　半貴石2→No.009
- 金属加工技術→No.014
- 古代メソポタミアの装飾品の歴史→No.016
- 古代ペルシアの装飾品の歴史→No.019
- 古代ギリシア・ローマの装飾品の歴史→No.035

No.027 古代エジプトの頭飾り

気温の高い古代エジプトでは、衛生的観点から鬘が愛用された。そして王の頭を飾る冠は神話を反映した、美しく象徴的なものが多い。

●神の化身の冠

　古代エジプトでは、庶民から王族、貴族にいたるまで鬘（かつら）をつけていた。これは、装飾品であると同時に暑さ対策であったと考えられている。暑いエジプトでは、男性は髪を剃り、女性は髪を短くしていた。しかしこれでは見栄えが悪い。そこで中にネットを仕込み、風通しをよくした鬘をかぶったのである。鬘には王族、貴族であれば人毛が、庶民であれば羊毛などが用いられ、様々な装飾的な編み込みがなされていた。

　王権の象徴としての頭飾りもかなり早い段階から発展している。もっとも、革や布などで作られていたらしく現存するものはない。カイロ以南の上エジプトの王権の象徴である白冠は、その名の通り白い涙滴形（るいてきがた）の冠で、コブラの飾りが額の部分につけられている。この白冠に羽根飾りと太陽円盤をつけたものはオシリス冠（もしくはアテフ冠）と呼ばれ、冥界の神オシリスが身につける冠として描かれた。カイロ以北の下エジプトの王権の象徴である赤冠は、その名の通り赤い円筒形（えんとうけい）の冠で、後頭部の部分が高く伸びて角のようになっている。さらに頭頂部からは植物のゼンマイに似た飾りがつけられていた。エジプト全土を治める王ファラオは、白冠の上から赤冠をかぶる。この他、戦闘などに用いられた青冠というものもあった。全体は美しい曲面で構成された青い冠で、額部分に金の額当てがあり、その上にコブラの飾りがつけられている。

　女性の頭飾りとしては、禿げ鷹（たか）を象（おうごん）った黄金の冠や、コブラや太陽を象った飾りのついたディアデム、黄金製のヘアネットなどがある。

　有名なツタンカーメンのマスクが身につけているのはネメス冠、もしくはクラフトと呼ばれている。これは縞模様のある厚手の布の頭巾に女神の象徴である禿げ鷲、コブラの飾りをつけたものだった。

古代エジプトの頭飾り

王族、貴族は人毛、庶民は羊毛などを用いる。編み方も工夫されていた。

鬘の下にはネットが仕込まれていて風通しが良い。

古代エジプト人の鬘

上エジプトの白冠

オシリス冠

下エジプトの赤冠

白、赤冠を合わせたもの

戦闘用の青冠

ネメス冠（クラフト）

主な女性の頭飾り

禿げ鷹を象った冠

ディアデム

黄金のヘアネット

第2章 ● 古代の装飾品

No.028 古代エジプトの耳飾り

古代エジプトにおいて耳飾りが用いられるようになったのは、時代が下ってからのことである。しかし、その形状や材質は豪奢で美しい。

●ツタンカーメン王墓にも副葬された耳飾り

　古代エジプトの初期王朝において、耳飾りはそれほど重視された装飾品ではなかった。現在出土している耳飾りの多くは、紀元前1900年ごろから始まる第12王朝以降のものと考えられている。

　こうした耳飾りは、耳に直接穴をあけて身につけられていた。固定は単純にフック状の細線でひっかけるもの、フープの一端を尖らせ、もう一端にあけた穴に差し込んで固定するもの、クリップで留めるものなど様々である。形状も単純な**フープ・イヤリング**から凝った作りの垂れ飾りのついた豪奢なものまで様々だった。モチーフは動植物や神話が多く、太陽を頂いたコブラや植物などが写実的に描かれていた。

　こうした耳飾りの中で特に有名なのが、紀元前1300年ごろエジプトを治めた第18王朝のファラオ、ツタンカーメンが若いころに身につけていたと思われる耳飾りである。金や**ラピス・ラズリ**、**紅玉髄**、トルコ石といったビーズを連ね、**七宝細工**を施したコブラを垂れ飾りにしたもので、本体には鷲や神々がつけられた豪勢なものである。このコブラのモチーフは息が長く、紀元前1100年ごろの新王朝のファラオ、ラムセス4世が親戚に贈ったと見られる耳飾りにも同様のモチーフが用いられている。

　一方、同じ第18王朝のラムセス2世の王妃ネフェルタリのレリーフに見られる耳飾りはごく単純なもので、斧状の飾りを耳に差し込んだだけであった。また、紀元前1570年ごろの第18王朝のネブ・アモンの墓のフレスコ壁画には、大きな円盤状の**ボタン・イヤリング**や花を象ったボタン・イヤリングなどをつけた女性たちが描かれている。この他にも、蓮（ロータス）を象った垂れ飾りをつけたものや、単純なフープ・イヤリングなども多かった。

古代エジプトの耳飾り

主な素材	金、ラピス・ラズリ、紅玉髄（カーネリアン）、トルコ石、七宝細工など。
モチーフ	動植物、神話が中心。
その他	固定方法に関しては、様々な方式が用いられていた。

耳の穴に通したクリップで固定する凝った固定方法。

コブラのモチーフは長い期間用いられていた。

ツタンカーメン墳墓から出土した耳飾り

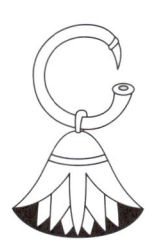

差し込み式の耳飾り

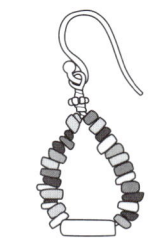

フック式の耳飾り

ラムセス4世の王妃ネフェルタリのレリーフ

大きなボタン・イヤリングを身につけている。

ネブ・アモンの墓の壁画

関連項目
- 耳飾りの分類→No.003
- 装飾品の素材2　半貴石1→No.008
- 装飾品の素材2　半貴石2→No.009
- 装飾品の素材4　ガラス・焼き物→No.011

No.029 古代エジプトの首飾り

気候的な問題から大きく身体を覆う衣服を用いなかった古代エジプト。
そのため、胸元を飾る首飾りは大きく豪華なものへと発展した。

●幾重にも連なったビーズの首飾り

　古代エジプトの人々の衣服は、他の地域との文化交流が深まるまでの間、体を覆う面積が極端に少なかった。そのため、首周りから胸元にかけてを飾る首飾りが大いに発展している。

　古代エジプトの首飾りは、ビーズを糸や金糸で連ねた**ネックレス**が多い。ビーズの形は、丸形、楕円形、円柱形、涙滴形、そろばんの玉形など様々である。材質も同様で、金やエメラルド、**ラピス・ラズリ**、トルコ石、アメジスト、**紅玉髄**、**瑪瑙**といった宝石類、焼き物の一種の**ファイアンス**、ガラス、**七宝細工**など多種多様なものが用いられた。

　こうした古代エジプトの首飾りの中でも特徴的なのが、ウセクと呼ばれる首飾りである。これは女王などが身につけたビーズを連ねたネックレスの一種なのだが、それが多い場合では9列にもなり、ほとんど胸を覆う板のような状態になっていた。このビーズの束の両端を半円形の金属板で固定している。一般の女性の首飾りはこのように極端なものではなく、濃い色のビーズを一連に連ねたものが多かった。このようなビーズの色の配色には一定のパターンがあり、宗教的な意味合いがあったと考えられている。

　古代エジプトでは、宝石類や金属板に装飾を施した飾りを吊るした**ペンダント**も盛んに用いられている。好まれたモチーフは、不滅の象徴であったスカラベ（フンコロガシ）や鷹や鷲、禿げ鷲等の猛禽類、コブラ、ホルスの眼と呼ばれる神の眼を象徴化したもの、ロータス（蓮）などで、一種の護符としての役割も持っていた。

　死者のための装飾品としての首飾りも数多く出土している。これらは神話をモチーフとした装飾が施されたもので、ミイラを作る際の包帯の中に一定の手順で巻き込まれたり、完成したミイラの上に置かれたりした。

古代エジプトの首飾り

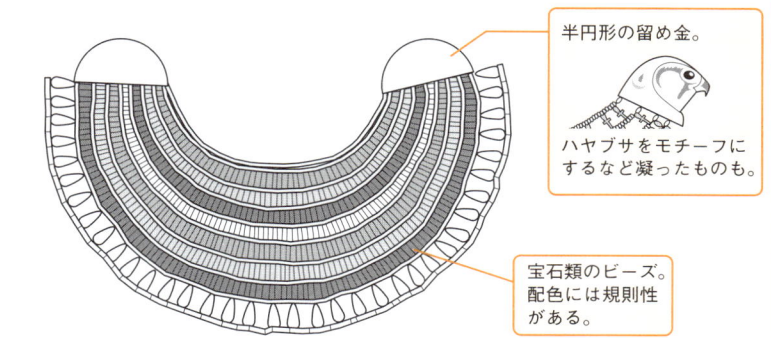

半円形の留め金。

ハヤブサをモチーフにするなど凝ったものも。

宝石類のビーズ。配色には規則性がある。

古代エジプトのウセク

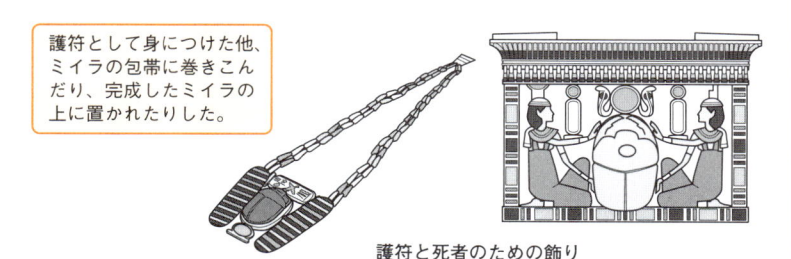

護符として身につけた他、ミイラの包帯に巻きこんだり、完成したミイラの上に置かれたりした。

護符と死者のための飾り

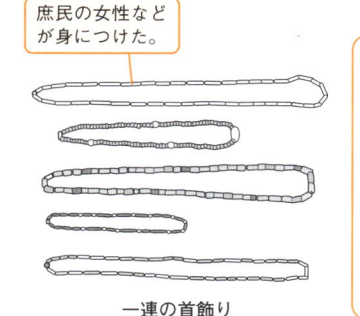

庶民の女性などが身につけた。

一連の首飾り

主な素材	金、エメラルド、ラピス・ラズリ、瑪瑙、アメジスト、トルコ石、紅玉髄、ガラス、七宝細工など。
モチーフ	スカラベ、鷹、コブラ、ホルスの眼、ロータス、神話のモチーフなど。
その他	上半身を覆う服が少ないためか、上半身を覆うかのように発達した。

関連項目
- 首飾りの分類→No.004
- 装飾品の素材2 半貴石1→No.008
- 装飾品の素材2 半貴石2→No.009
- 装飾品の素材4 ガラス・焼き物→No.011
- 金属加工技術→No.014

No.030
古代エジプトの腕輪、足輪

古代エジプトではその暑さから、衣類より装飾品が発達した。特に腕輪や足輪は、様々な種類のものを複数身につけるのが普通だった。

●日用品から神を象ったものまで

　服装的に露出の多い古代エジプトでは、腕輪、足輪といった装飾品が特に発達していた。種類としては手首を飾る**ブレスレット**、二の腕を飾る**アームレット**、足首を飾る**アンクレット**など様々である。

　形状も多彩で、単純な装飾を施した金のバンドから、金属板に装飾を施した幅の広いもの、ビーズを連ねたものなど様々である。

　例えば、紀元前1400年ごろのファラオ、トトメス3世の妃のものとされる腕輪は、金、**紅玉髄**（こうぎょくずい）、**ラピス・ラズリ**、トルコ石などのビーズを連ねたものを何列も重ね、金の装飾板で固定するというものだった。金属板には金、紅玉髄、焼き物である**ファイアンス**製の猫の彫像をつけるという凝った作りである。一方、紀元前900年ごろの第22王朝のものとされる腕輪は、金の板に太陽神とコブラ、そして蓮（ロータス）の彫刻を施し、宝石類を象眼（ぞうがん）している。この腕輪には蝶番（ちょうつがい）があり、開閉して腕につけることができた。足輪としては、紀元前1900年ごろの第12王朝のものが知られている。これはアメジストのビーズと金でできた山猫の爪（牙）を模したビーズを連ねたものだった。

　上記の例のように、古代エジプトではモチーフとして動植物、神話、身分の証などが用いられている。中でも腕輪には蛇のモチーフが用いられることが多い。素材は金、銀、紅玉髄、ラピス・ラズリ、トルコ石などの宝石類の他、ガラス、焼き物のファイアンスも用いられた。また、**七宝細工**（しっぽうざいく）も盛んに用いられている。

　古代エジプトの人々は、こうした腕輪や足輪を多数身につけていた。数々の出土品とともに発見され、世紀の大発見といわれたツタンカーメンのミイラは、右腕に7つ、左腕に6つの腕輪を身につけた姿で発見されている。

古代エジプトの足輪、腕輪

飾り板にはエジプト独特のモチーフ。

ビーズを連ねたものを数列重ねる。

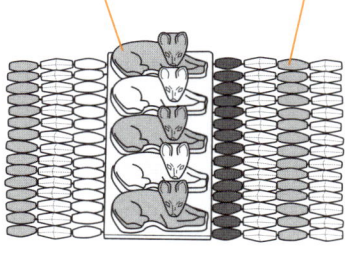

主な素材	金、アメジスト、紅玉髄（カーネリアン）、ラピス・ラズリ、トルコ石、ファイアンスなど。
モチーフ	動植物、神話など。
その他	古代エジプトでは数多くの腕輪を身につけていた。

トトメス3世の妃の腕輪

蝶番で開閉して身につける。

本体は金属板に装飾を施したもの。

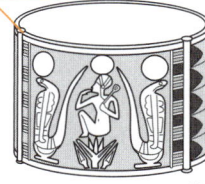

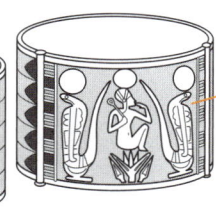

第22王朝の腕輪

第12王朝の足輪

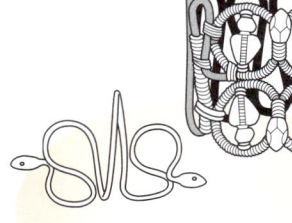

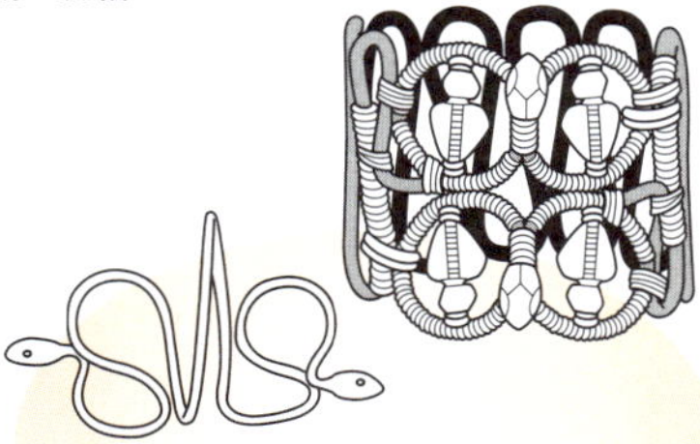

古代エジプトの腕輪には、蛇をモチーフとした単純な作りのものも多い。

関連項目

- 腕輪、足輪の分類→No.005
- 装飾品の素材2　半貴石1→No.008
- 装飾品の素材2　半貴石2→No.009
- 装飾品の素材4　ガラス・焼き物→No.011
- 金属加工技術→No.014

No.031 古代エジプトの指輪

高い技術を持っていた古代エジプトでは、指輪にも様々な意匠を凝らしている。また、呪術的な意味合いを込められたものも多かった。

● **副葬品にも用いられた日常のおしゃれ**

　古代エジプトでは指輪は一般的な装飾品のひとつだった。好まれた素材は金で、銀は輸入に頼らざるを得なかったためにあまり用いられていない。銅も用いられたが、やはり黄金に比べると少なかった。指輪の飾り部分であるベゼルに貴石、半貴石などの宝石類がつけられるようになったのは、古代エジプト文明もかなり時代が下った新王国時代のことである。好まれたのは**ラピス・ラズリ**、**紅玉髄**、**アゲート**、**グラニット**、アメジスト、エジプトでは希少価値の高いエメラルド、**象牙**などだが、庶民には焼き物のファイアンス、加工しやすい凍石などが用いられていた。もっとも、安価な素材の指輪は埋葬用のものとも考えられている。

　エジプトの王であるファラオは、**ベゼル**に印鑑としての機能を持たせた**印章指輪**を用いていた。当初は黄金製の単純なものであったが、そのうちこのベゼルが回転させられるように細工されたものが登場する。こうすることで普段は印鑑部分を内側に隠し、必要な時に印鑑として使うことができるようになったのだ。さらに、不滅の象徴として好まれたモチーフであるスカラベ（フンコロガシ）を象った紅玉髄をベゼル部分に使ったものも登場する。このベゼルも回転するように作られており、スカラベのお腹の部分に印鑑が彫り込まれていた。

　護符やおしゃれとしての指輪も盛んに用いられている。護符としての指輪の場合、モチーフとしてはウジャトの眼と呼ばれる女神の眼を象ったものが好まれた。古代エジプトでは指輪はひとつではなく数多くつけることが多い。特に女性たちにその傾向が強く、ひとつの指に2〜3個の指輪をつけていることもざらである。さらに、古代ギリシア、ローマの結婚指輪のように左手、特に薬指に優先して指輪がつけられた。

古代エジプトの指輪

初期の印章指輪は金で作られた単純なもの。

初期の印章指輪

時代が下ると飾り部分であるベゼルに回転する加工が施された。

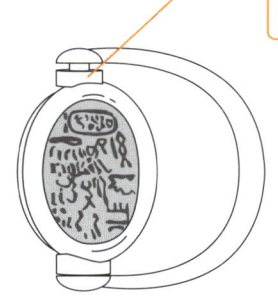

古代エジプトの印章指輪

ファイアンス

凍石の指輪

庶民は比較的安い素材の指輪を用いた（埋葬用とも考えられている）。

護符として用いられた。

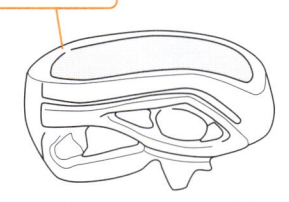

ウジャトの眼を象った指輪

主な素材	金、銀、ラピス・ラズリ、紅玉髄、アゲート、グラニット、アメジスト、エメラルド、象牙、ファイアンス、凍石など。
モチーフ	動植物、神話、特にスカラベ。
その他	女性は複数の指輪を用い、左手の薬指につけることが多かった。

No.031

第2章 ● 古代の装飾品

関連項目
- 指輪の分類→No.006
- 装飾品の素材2　半貴石1→No.008
- 装飾品の素材2　半貴石2→No.009
- 装飾品の素材4　ガラス・焼き物→No.011
- 装飾品の素材5　動物→No.012
- 金属加工技術→No.014

No.032
古代エジプトのその他の装飾品

神たる王が支配した古代エジプトは、魔術と信仰に彩られていた。そのため、護符としての装飾品は死者を守るためにも用いられている。

●現世の権力の証と来世への守り

　古代エジプトでは、首飾りや腕輪といった一般的な装飾品の他にも様々な装飾品が用いられている。ベルトは古代エジプトでは広く用いられた装飾品のひとつだった。壁画などには、ほとんど裸にもかかわらず、耳飾りなどの装飾品と一緒に金属と思われる装飾板や、ビーズを連ねたベルトを身につけた踊り子の姿が描かれている。身分の高い女性も身につけていたようで、シトハトホルリウネト王女の墓所では山猫をモチーフとして腕輪、足輪と一揃いで作られたアメジストと金のベルトが出土している。

　杖も重要な装飾品のひとつだった。各種の儀式に用いられる他、王権の象徴としても用いられている。王権の象徴として用いられたのは？形の先端を持つ王笏と、一般にから竿と呼ばれる先に房飾りのついた杖で、これらは埋葬される王の両手にも持たされた。この他、**大小の扇**や**日傘**が装飾品的に用いられることもある。有名なツタンカーメンの王墓で発見された扇は全体が金で作られていた。

　古代エジプトの装飾品で顕著なのが、死者を物理的、そして霊的に保護する目的で副葬品とされた装飾品が数多く出土していることである。物理的な保護としては、顔を保護し在りし日の姿を伝えるマスク、手足の指など壊れやすい末端部を保護する指サックや手にはめられた黄金の装飾板などがある。一方霊的な保護をするのが、ミイラを作成する際に一定の作法で体の各所に配置された護符だった。護符の多くは金で作られており、宝石やガラスによる**象眼**や**七宝細工**が施されている。ツタンカーメンのミイラからはおよそ150にも上る護符が発見されたという。

　なお、こうした死者のための副葬品は使いまわしがされていたらしく、副葬品には明らかに他の王のために作られた形跡があるものも少なくない。

古代エジプトのその他の装飾品

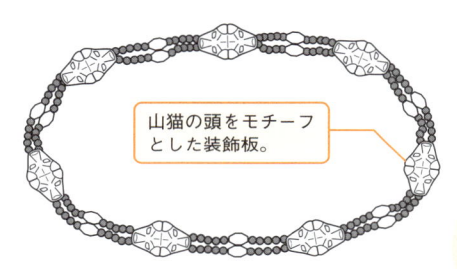

シトハトホルリウネト王女のベルト

山猫の頭をモチーフとした装飾板。

18王朝時代の壁画などにはほぼ裸でベルトを身につけた踊り子が描かれている。

ツタンカーメンの王笏とから竿

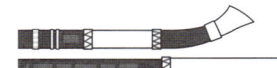

儀礼用の杖（部分）

各種の杖も権力の象徴であり、重要な装飾品として用いられていた。

ツタンカーメンのミイラの手を保護していた装飾板

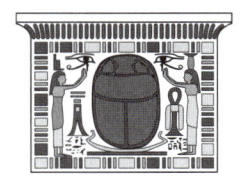

心臓の部分に置かれた護符

ミイラの切開部分に置かれた護符

ミイラを物理的、霊的に保護する装飾品も多い。ツタンカーメンのミイラからは、実に150にも及ぶ護符が発見されている。

関連項目
- 装飾品の素材4　ガラス・焼き物→No.011
- 金属加工技術→No.014
- 近世のその他の装飾品1→No.068
- 近世のその他の装飾品2→No.069
- 日本のその他の装飾品1→No.100

No.033 ミノア、ミケーネ、エトルリアの装飾品の歴史

古代の地中海世界で、独自の発展を遂げ輝かしい繁栄を誇った文明たち。その繊細で写実的な技法は、装飾品にも生かされている。

●黄金に彩られた文明

　古代ギリシア世界において装飾品が発展するはるか以前、地中海世界には豊かな装飾品文化が存在していた。紀元前1800年ごろから始まるクレタ島のミノア文明、その技術を吸収したミケーネのミケーネ文明、そして紀元前700年ごろから始まる南イタリアのエトルリア文明である。彼らの装飾品に関する技術は、**古代メソポタミア**などの西アジアや**エジプト**から伝播したものであった。

　ミノア、ミケーネでは金や青銅(せいどう)が装飾品の素材の中心である。宝石類はあまり用いられず、装飾品に彩色するためには**七宝細工**(しっぽうざいく)を用いていた。モチーフとしては動植物や昆虫、海の生き物などで、非常に写実的に描かれている。また、印章などには人物や神話といったものも用いられた。初期のうち、こうしたモチーフを描くために**細線細工**(さいせんざいく)や**粒金細工**(りゅうきんざいく)といった中東由来の技術が用いられていたが、次第に**打ち出し**や**線刻**(せんこく)といった単純な加工のものが中心となる。ミノア、ミケーネの装飾品には優れたものが多かったが、その技術は後の世に引き継がれることはなかった。紀元前1150年、突如襲来した海の民によってミケーネは滅ぼされてしまったのである。

　一方、エトルリアでは、こうした中東由来の金属加工技術が極端な発展を遂げていた。ごく単純な模様から、物語の一場面のような複雑なものまでが全て粒金細工で表現されていたのである。といっても他の技術が失われたわけではなく、細線細工や細やかな彫刻なども多用されている。エトルリアは非常に豊かであったらしく、素材のほとんどは金であった。モチーフとしてはやはり動植物が主なものであるが、ディフォルメされたものが多い。エトルリアは後に**古代ギリシア、ローマ**に併合され、その技術は彼らの装飾品へと受け継がれることとなった。

ミノア、ミケーネ、エトルリアの装飾品の歴史

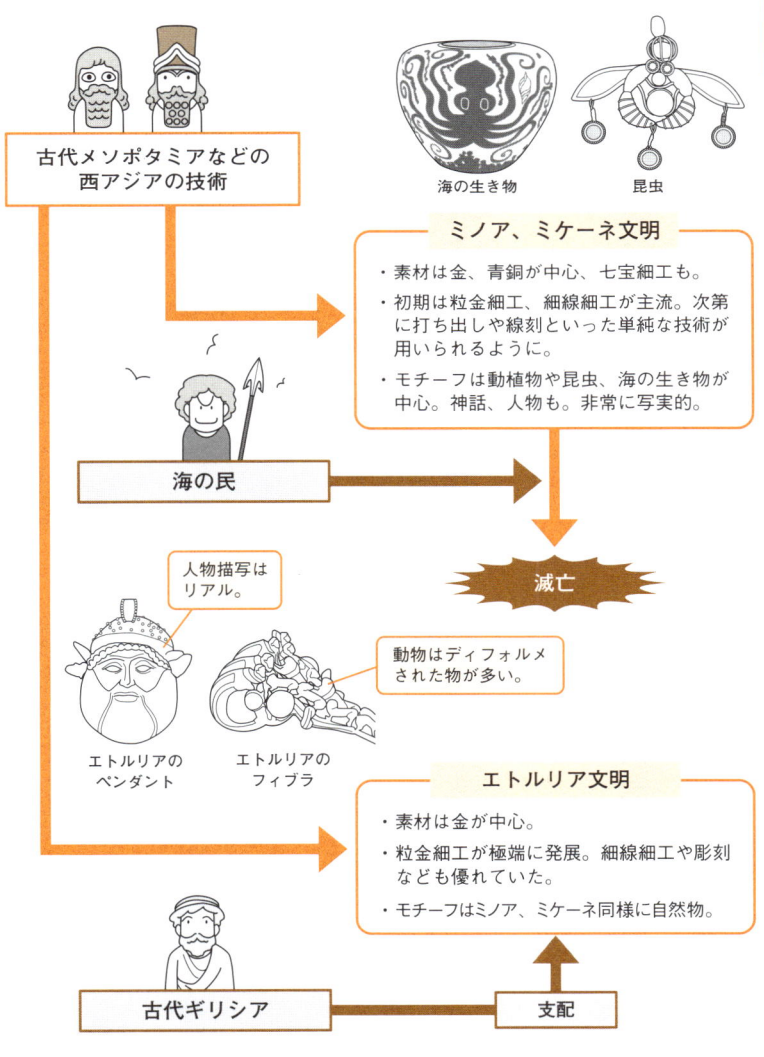

古代メソポタミアなどの西アジアの技術

海の生き物

昆虫

ミノア、ミケーネ文明

・素材は金、青銅が中心、七宝細工も。
・初期は粒金細工、細線細工が主流。次第に打ち出しや線刻といった単純な技術が用いられるように。
・モチーフは動植物や昆虫、海の生き物が中心。神話、人物も。非常に写実的。

海の民

人物描写はリアル。

動物はディフォルメされた物が多い。

エトルリアのペンダント

エトルリアのフィブラ

エトルリア文明

・素材は金が中心。
・粒金細工が極端に発展。細線細工や彫刻なども優れていた。
・モチーフはミノア、ミケーネ同様に自然物。

滅亡

古代ギリシア → 支配

関連項目
●金属加工技術→ No.014
●古代メソポタミアの装飾品の歴史→ No.016
●古代ギリシア・ローマの装飾品の歴史→ No.035

第2章●古代の装飾品

No.034
ミノア、ミケーネ、エトルリアの主な装飾品

海洋国家であったミノア、ミケーネには海の生物をモチーフとした装飾品が多い。一方、エトルリアは高度な金属細工技術を誇る。

●優れた技術で表現された自然の恵み

　当時のフレスコ画や出土物から、ミノア、ミケーネの装飾品には髪飾り、耳飾り、腕輪、指輪といった一般的な装飾品が揃っていたことがわかっている。金や宝石類の大型のビーズを連ねたものが多く、表面に**七宝細工**や**象眼**が施されることもあった。素材は金、銀、宝石類など様々で、色彩的にもカラフルである。ミノアの装飾品として最も有名な金の蜂のペンダントは**細線細工**や打ち出し、**線刻**が駆使された写実的なもので、現在は残っていないが何らかの宝石がはめ込まれていたと思われる。指輪も凝った**印章指輪**が残されており、葡萄の木の下で戯れる人物たちが描かれている。ミノア、ミケーネでは装飾品のモチーフとしては、蜂のような昆虫や、蛸やヒトデといった海の生き物など一風変わったものが好まれていた。また、神話の一場面や植物を様式化した文様、幾何学模様も用いられている。

　エトルリアの装飾品は、美術様式的には近隣の古代ギリシアの装飾品の模倣とされている。そのため、装飾品の種類も髪飾り、耳飾り、首飾り、腕輪、指輪、衣服を固定するフィブラやブローチなど、古代ギリシア、ローマと共通のものが多い。しかし、そこで用いられた技法は、**粒金細工**や細線細工といった中東からもたらされた高度な技法だった。

　例えば、イタリアのヴェトローニアから出土したフィブラの表面には、粒金細工で一列に並んだ4足の動物や様式化された植物模様が細密に描かれている。耳飾りなども打ち出しで模様を描き、その上からさらに粒金細工で装飾するといった具合で非常に凝った作りのものが多い。また、波状の板と模様を線刻した板を組み合わせた腕輪など、粒金細工を用いない場合でも見た目に変化を持たせていた。素材としては金、銀、宝石類が早い段階から用いられていたが、多くの場合は金が中心となっている。

ミノア、ミケーネの主な装飾品

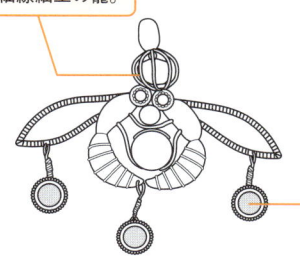

細線細工の籠。

主な素材	金、銀、宝石類。
技法	細線細工や打ち出し、線刻、七宝細工など。
モチーフ	昆虫や海の生き物、神話、様式化された植物、幾何学模様など。

宝石をはめ込んだと思われる跡。

ミノアのペンダント

ミノアの指輪

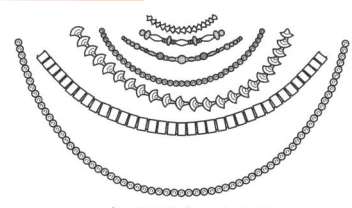

ミノアのネックレス

エトルリアの主な装飾品

一列に並んだ動物の粒金細工。

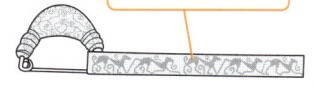

主な素材	金、銀、宝石類で金が中心。
技法	技法は粒金細工、細線細工、打ち出し、線刻など。

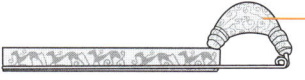

様式化された植物の粒金細工。

エトルリアのフィブラ

エトルリアの耳飾り

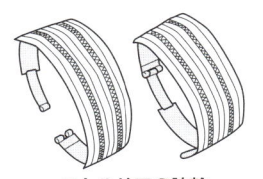

エトルリアの腕輪

関連項目
- 指輪の分類→ No.006
- 金属加工技術→ No.014

No.035
古代ギリシア・ローマの装飾品の歴史

知性と、肉体の美しさを誇った古代ギリシア、そしてその文化を受け継いだ古代ローマでは、装飾品は女性の身を飾るものとされていた。

●栄光のギリシア、ローマ

　古代ギリシアにおいて装飾品が発展するようになったのは、アレクサンダー大王の遠征が行われた紀元前4世紀のヘレニズム期以降のことだった。この遠征により**ミノア**、**ミケーネ**、**エトルリア**など先住民族の技術を取り込み、多くの富を集めることができたのである。

　古代ギリシアの装飾品の多くは女性用で、男性のものは権力の象徴であった。素材としては、金や銀といった金属が多いが、そうした金属は希少であったためヘレニズム期以前は使用を制限されていた。加工方法も彫刻や打ち出し、針金状にした金属で様々な模様を描く**線条細工**など、繊細かつ使用する金属の量が少なくて済むようなものが多い。モチーフとしては人物や動植物などが好まれたが、グリークキーやメアンダーのような幾何学模様も用いられている。

　紀元前3世紀以降に地中海を席巻した共和政ローマの時代も、こうした状況は大きく変わっていない。ローマの人々は、支配下に置いた都市国家の文明が優れていた場合、それをそのまま吸収することが多かった。そのため、ギリシアの装飾品の状況も、そのまま受け継がれたのである。もっとも、共和政ローマにおいても金や銀といった金属の確保は難しく、装飾品の多くは貴石、半貴石などの宝石、宝石に似せた色ガラスに彫刻を施した**カメオ**や**インタリオ**が多い。

　紀元前1世紀以降の帝政ローマの時代になると、そのような状況は次第に改善されていくようになる。男女ともにおしゃれのための装飾品を身につけるようになり、素材として金や銀などの貴金属も多く使われるようになった。また、専門の工房が作られるようになり、一般市民にも広く装飾品が用いられるようになる。

古代ギリシア・ローマの装飾品の歴史

- ミノア
- ミケーネ
- エトルリア

優れた金属加工技術を誇る先住民族。

アレクサンダー大王による遠征とギリシアの繁栄。

ヘレニズム文化の開花

古代ギリシアの装飾品の特徴

- 素材は金や銀が中心。
- 繊細で金属を多く使わないように工夫された細工が多い。
- 主に女性用。男性のものは権威の象徴として用いられた。

線条細工。細線で模様を描く。

ギリシアのペンダント

打ち出し。模様を金槌などで打ち出す。

ギリシアのディアデム

ローマによる地中海の席巻

古代ローマの装飾品の特徴

- 素材は金や銀よりも宝石類が多い。安価な色ガラスなども。
- 金属加工技術はギリシアのものを継承。
- 帝政時代には男女ともにおしゃれとして装飾品を数多く身につけた。

グリークキー

メアンダー

関連項目

- 金属加工技術→No.014
- 宝石のカット技法→No.015
- ミノア、ミケーネ、エトルリアの装飾品の歴史 →No.033

No.036 古代ギリシア・ローマの頭飾り

肉体美が至上である古代ギリシア・ローマでは、装飾品はそれを際立たせるものである。頭飾りも、髪形を整え補佐するためのものだった。

●髪を飾る月桂樹の冠

　古代ギリシア人は、髪形に並々ならない注意を払っていた。そのためか、古代ギリシア人の頭飾りはそうした髪形をサポートするためのものが多い。金属製の**ディアデム**や**ティアラ**（小）、**ヘアネット**、**ヘアピン**の他、布製の**ヘアバンド**や金属や色ガラスで作ったビーズを連ねたヘアバンドなどが用いられている。モチーフは植物が多く、金属製の髪飾りなどは非常に写実的に作られていた。技法としては本体を打ち出しで作り、その表面に**象眼**（ぞうがん）や**彫金**（ちょうきん）、**七宝細工**（しっぽうざいく）を施すなど豪勢な作りである。ヘレニズム期に入るとヘラクレスの結び目と呼ばれるデザインも人気となった。髪形に凝ったせいか、古代ギリシアのかぶり物は少ない。男性が旅行用にかぶったペタソスと呼ばれるフェルトや麦わらで作られたつば広帽子や、女性がかぶったベールやトリアと呼ばれるパピルス製の円錐形（えんすいけい）の帽子程度である。

　古代ローマ人も、古代ギリシア人同様に髪形を強く意識していた。男性は髪が少ないことが恥であり、共和政ローマの英雄カエサルが禿を隠すために月桂樹をモチーフとしたティアラ（小）をかぶっていたことが知られている。女性もやはり髪形を重視しており、ディアデムやティアラ（小）、ヘアネット、ヘアピン、ヘアバンドなどを用いている。こうした頭飾りの多くは金や銀、青銅（せいどう）といった金属製の他、象牙や骨などでも作られていた。

　古代ローマのかぶり物として特徴的なのが、女性のかぶったベールである。ベールは古代ギリシア時代にもあったが、日除けや髪の保護など実用目的であった。しかし、ローマでは例えば花嫁のためのフラメウムと呼ばれる濃いオレンジ色の（キリスト教は紫か白）ベールのように、おしゃれのための装飾品として用いられたのである。なお、男性はペタソスの他、フリギュア人の帽子を採り入れたフリギュア帽などもかぶられた。

古代ギリシア・ローマの頭飾り

古代ギリシア時代の髪飾り

ターラント出土の
月桂樹のティアラ

ターラント出土の
薔薇のティアラ

装飾板のディアデム

ヘラクレスの結び目の
ディアデム

ペタソス

トリア

フリギュア帽

花嫁のベール

主な素材	金、銀、青銅、宝石類、七宝細工など。
モチーフ	主に動植物。ヘレニズム期以降はヘラクレスの結び目も人気。
その他	ギリシアの頭飾りやかぶり物はローマにも引き継がれた。

ローマではおしゃれのためのベールが用いられた。花嫁のベールは濃いオレンジ（キリスト教徒は紫か白）が用いられている。

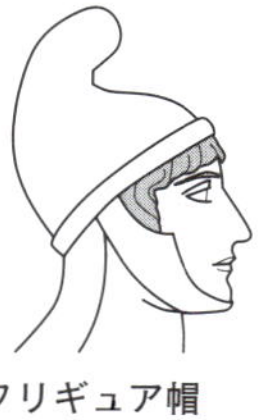

第2章 ● 古代の装飾品

関連項目
●頭飾りの分類と各部の名称→No.002　　●金属加工技術→No.014

81

No.037
古代ギリシア・ローマの耳飾り

古代ギリシアで用いられた耳飾りは、神話や動植物をモチーフとした豪奢なものだった。一方、古代ローマはシンプルで力強い。

●女性の耳を彩った神話の世界

　古代ギリシアでは耳飾りは男性よりも女性の装飾品だった。初期は比較的地味なものが多かったが、時代が下ってくると**粒金細工**や**細線細工**など様々な技法を凝らした大型のものが登場し、女性たちの耳を飾るようになった。例えば、神話に登場する海の怪物セイレーンを象った耳飾りは、花を象ったボタン・イヤリングにボートに乗るセイレーンを象った装飾板をつけ、貝殻を象った4つの垂れ飾りを鎖で吊るすという具合である。

　古代ギリシアの耳飾りのモチーフは上記の通り動植物や鳥類、魚類、人間、神話の動物、身近な道具など様々で、それぞれ非常に写実的に表現されている。素材は金や銀が中心で、時代が下るにつれ琥珀などの比較的加工がしやすい宝石類が用いられるようになった。

　古代ローマに入ると耳飾りは男性の耳も飾るようになる。相変わらず動植物や鳥類、魚類のモチーフは好まれていたが、複数のモチーフを組み合わせた凝った作りのものは少なく、単体のモチーフで作られたものが多い。こうしたモチーフの中で、古代ローマでは腕輪や指輪のモチーフとして好まれた蛇同様に、耳飾りのモチーフとして雄牛が好まれた。この雄牛は**古代ペルシア**などのオリエント世界の影響が強いとされている。また、単に宝石類のビーズを連ねた耳飾りも用いられていた。

　古代ローマの耳飾りの素材は、金や銀に加え、サファイア、エメラルド、ガーネット、**紅玉髄**など多彩な宝石類が用いられている。また、宝石類の代わりに色ガラスが用いられることもあった。耳飾りの固定方法は古代ギリシア、古代ローマともに耳にあけた穴にフックでひっかけるものが中心だった。また、片方の先端で円を作り、そこにもう一方を差し込む形で固定するフープ状のものも存在している。

No.037 第2章●古代の装飾品

古代ギリシアの耳飾り

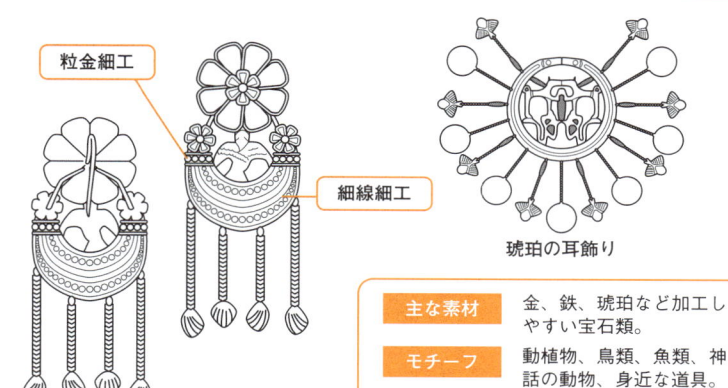

粒金細工

細線細工

琥珀の耳飾り

セイレーンの耳飾り

主な素材	金、鉄、琥珀など加工しやすい宝石類。
モチーフ	動植物、鳥類、魚類、神話の動物、身近な道具。
その他	男性はあまり身につけない、女性の装飾品。

古代ローマの耳飾り

固定方法はフックが多かったが、図のようにフープの先端の片側に円を作りもう一方を差しこむ方法も用いられた。

フックによる固定

宝石の耳飾り

雄牛の耳飾り

主な素材	金、鉄、サファイア、エメラルド、ガーネット、紅玉髄など。
モチーフ	古代ギリシア同様。単体モチーフが多く、雄牛が好まれた。
その他	古代ギリシア時代とは違い男性も身につけるようになった。

関連項目
- ●耳飾りの分類→No.003
- ●装飾品の素材2　半貴石1→No.008
- ●金属加工技術→No.014
- ●古代ペルシアの装飾品の歴史→No.019

No.038
古代ギリシア・ローマの首飾り

様々な技法を凝らした古代ギリシアの首飾り。それに対し、古代ローマは宝石をメインにしたシンプルなものである。

●文化的なギリシアと質実剛健のローマ

　初期の古代ギリシアにおいて、首飾りに宝石類が用いられることはあまりなかった。初期の古代ギリシアの首飾りに用いられた素材は、金を中心とした金属類である。古代ギリシア人の金属加工の技術は非常に優れていた。彼らは打ち出しや**細線細工**、**線刻**といった技術を生かし、凝った装飾の首飾りを作っている。例えば、花を象った金属板を連ねたネックレスに、すだれのように人頭とナツメヤシの飾りを吊り下げるといった具合である。ヘレニズム期以降には、交易によってもたらされた豊富な宝石類や**七宝細工**が首飾りを飾るようになった。古代ギリシアの首飾りの主な素材は、金、ダイヤモンド、サファイア、ガーネット、オパール、アメジスト、エメラルドなどである。特にガーネットは好んで用いられた。こうした宝石類は装飾板にはめ込まれた他、樽形、円筒形などのビーズに加工されたりしている。好まれたモチーフは動植物や神話などで、ヘレニズム期にはヘラクレスの結び目というデザインが好まれていた。

　古代ローマでは、首飾りの素材の主役は宝石類となった。金も引き続き用いられていたが、宝石類のためのベースの意味合いが強い。また、古代ギリシアに比べて金属加工に重点は置かれておらず、全体的に重く頑丈な印象の作りとなっている。もっとも、金属のベースに爪で宝石を固定するという現在とも共通する手法など新しい技術も生み出されている。古代ローマではペンダント、ネックレスともに用いられており、ビーズを連ねたネックレスは古代ギリシア同様、宝石を樽形、円筒形に加工したものが多い。また、真珠の人気が高く、真珠を糸で連ねたネックレスは高値で取引された。なお、ネックレスのビーズの中で庶民に人気があったのが、安価な色ガラスである。

古代ギリシアの首飾り

ヘラクレスの結び目

主な素材	金、ダイヤモンド、サファイア、ガーネット、オパール、アメジスト、エメラルド。
モチーフ	動植物、神話、ヘラクレスの結び目。

ナツメヤシのビーズ
人頭のビーズ

古代ギリシア初期のネックレス

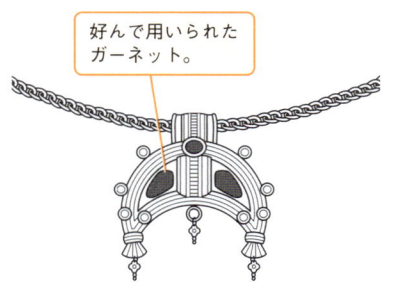

好んで用いられたガーネット。

ヘレニズム期のペンダント

古代ローマの首飾り

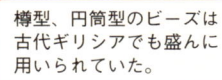

樽型、円筒型のビーズは古代ギリシアでも盛んに用いられていた。

主な素材	古代ギリシアで用いられた宝石類に加え、真珠、ガラスなど。

古代ギリシアに比べ、重く頑丈な作りが多い。

古代ローマのネックレス

古代ローマのペンダント

関連項目

●装飾品の素材4　ガラス・焼き物→No.011　　●金属加工技術→No.014

No.039 古代ギリシア・ローマの腕輪

蛇をモチーフとした腕輪が好まれた古代ギリシア。その伝統は古代ローマにも受け継がれた。

●諸外国の交流から発達した腕輪たち

　紀元前4世紀以前のギリシアでは、あまり装飾品が発達していなかった。しかし、紀元前4世紀の終わりごろ、特にアレクサンダー大王の遠征以降は海外との交流が深まり、次第に様々な装飾品が生み出されるようになる。腕輪もそうした装飾品のひとつだった。古代ギリシアの腕輪は、他の装飾品と同じく、ほとんどが金、銀、銅、青銅などの金属を素材としている。技法としては、**打ち出し**や**線条細工**、**七宝細工**などが用いられていた。

　古代ギリシアの腕輪の主なモチーフは、幾何学模様や神話、動植物である。特に蛇をモチーフとした腕輪が好まれ、腕をグルグルと巻き上げる形状のものが大流行した。例えば、蛇の尾を持つ男女が1組となったデザインや、2頭の蛇が絡み合い、その尻尾がヘラクレスの結び目を作るといった具合である。両者とも薄い金の板に打ち出しで模様が描かれていた。なお、古代ギリシアの腕輪は上腕部にはめる**アームレット**が多く、男性が身につけることは少ない。

　一方、古代ローマでは、腕輪を男女ともに身につけている。ひとつの腕にいくつもの腕輪をつけるということも行われた。デザイン的には古代ギリシアよりも重厚で、重みのあるデザインが好まれたようである。少々時代は下るが、4世紀のローマの腕輪は厚みのある金属の輪全体に透彫を施したものとなっている。古代ギリシアで流行した蛇をモチーフとした腕輪も依然として人気があった。もっとも、全体の作りはやはり古代ギリシアよりも重厚な雰囲気を持っている。1世紀のローマの蛇の腕輪は太い金の棒の両端に蛇の頭と尾の彫刻が施されている。また、ポンペイでは月の女神セレネが打ち出された装飾板を両端が頭になった蛇がくわえるというデザインのものなど、多数の腕輪が見つかっている。

古代ギリシア、ローマの腕輪

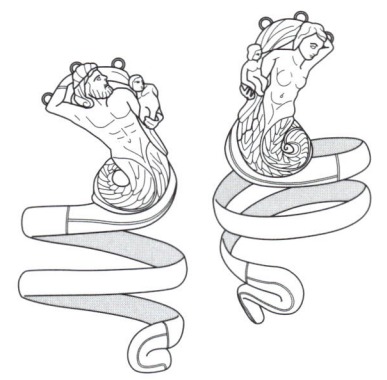

古代ギリシアで好まれた蛇のモチーフ。打ち出し技法でつくられた腕輪は全体的に薄く作られている。

古代ギリシアの腕輪

紀元前3世紀ごろのギリシアの腕輪

全体に透かし彫りが入る。

厚みのある金属の輪。

古代ローマでは、重厚で重みのあるデザインが好まれた。男女とも身につけ、ひとつの腕にいくつもの腕輪をつけるということも行われている。

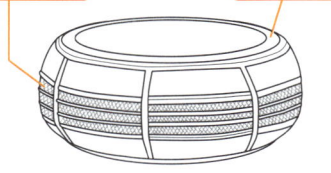

4世紀のローマの腕輪

同じ蛇のモチーフでも、太い金の棒から作られ、重々しい雰囲気。

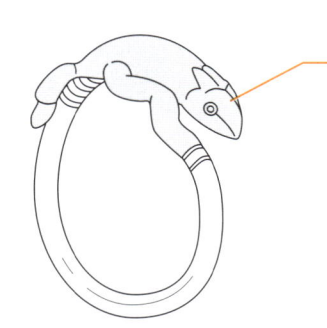

1世紀ごろのギリシアの腕輪

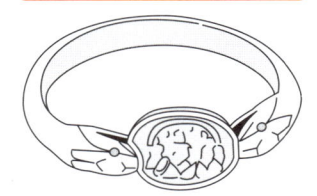

ポンペイで発見されたローマの腕輪

関連項目
- 腕輪、足輪の分類→No.005
- 金属加工技術→No.014

No.040
古代ギリシア・ローマの指輪

古代ギリシア・ローマにおいて、指輪は権力や階層の象徴として扱われていた。そのため、民衆は鉄や青銅の指輪を用いている。

●主婦と鍵の指輪

　古代ギリシアにアジア方面から指輪がもたらされたのは、紀元前1800年から始まるエーゲ海文明の時代である。そのころの指輪は主に権力者たちのもので、ほとんどは金で作られたものだった。しかし、紀元前7世紀には**ジャスパー**、**紅玉髄**、水晶といった半貴石が用いられるようになっている。また、指輪自体が次第に庶民にも用いられるようになった。

　このころ主に用いられていたのが印鑑としての役割を持つ印章指輪である。初期は模様を彫り込んだ**インタリオ**であったが、次第に模様を浮き彫りにした**カメオ**も用いられるようになっていった。古代ローマでも、印章指輪は受け継がれている。もっとも、古代ローマの指輪は、古代ギリシアと違い初期のうちは鉄製や青銅製のものが多い。指輪の素材に身分による制限があったためである。しかし、時代が下るにつれ庶民にも金の指輪が用いられるようになった。飾り部分である**ベゼル**には、ダイヤモンドやサファイア、ルビー、真珠、**サードニクス**、**琥珀**などが用いられた。

　古代ギリシアや古代ローマで好まれたモチーフは、動物や人物や神々の全身像である。特に蛇は腕輪ともどもモチーフとして盛んに用いられた。また、神々は護符、人物像は恋人への贈り物とされている。変わったところでは、握手をした手が結婚指輪のモチーフとして用いられた。

　古代ローマでは、一風変わった指輪も流行している。夏冬の指輪と鍵つき指輪である。夏冬の指輪は、季節ごとに指輪の形状を変えるというもので、夏は軽く小さな指輪、冬は大きく重い指輪が用いられた。一方、鍵つき指輪は主婦の象徴として用いられた鉄製の指輪で、その名の通り指輪のベゼル部分に鍵がつけられている。もっとも、これは相当に使いづらいものだったらしく、次第に主婦の象徴は腰につける鍵束へと変化していった。

古代ギリシア・ローマの指輪

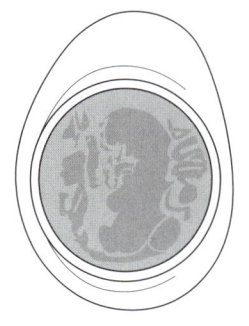

主な素材	金、鉄、青銅、ジャスパー、カーネリアン、水晶、ダイヤモンド、サファイア、ルビー、真珠、サードニクス、琥珀など。
モチーフ	動物や人物、神々の全身像、握手をする手など。
その他	古代ローマでは夏は細い軽快な指輪、冬は太い重厚な指輪が用いられた。

古代ローマの印章指輪

古代ギリシアの指輪
宝石類はあまり用いられていない。

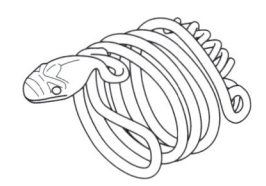

古代ローマの指輪
特に好まれたモチーフのひとつが蛇。

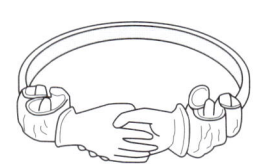

古代ローマの指輪
結婚指輪は握手をする手のモチーフが多い。

古代ローマの指輪
神々の全身像は護符としての意味もあった。

古代ローマの指輪
鍵つきのものは主婦の象徴でもあった。

古代ローマの青銅指輪
古代ローマでは指輪の素材に身分による制限があり、ごく初期の段階では庶民は青銅の指輪をつけていた。

関連項目
- 指輪の分類→No.006
- 装飾品の素材2　半貴石1→No.008
- 装飾品の素材2　半貴石2→No.009
- 金属加工技術→No.014
- 宝石のカット技術→No.015

No.041
古代ギリシア・ローマのその他の装飾品

1枚の布地を、様々な形で巻きつけて衣服とした古代ギリシア・ローマ。そのため、布を留める道具は装飾品として発展していく。

●布地を飾る美しいアクセント

　古代ギリシア、古代ローマで用いられていた装飾品のひとつにフィブラがある。これは弓のような独特な形状をした一種の安全ピンで、巻きつけてまとうことの多いギリシア、ローマの人々の衣服を固定するための実用品だった。当初は実用品ということもあり、簡素な作りのものも多かったが、次第に装飾を施したものが増えるようになる。例えば、紀元前8世紀のギリシアの金のフィブラは、装飾板の片側に**彫金**で鹿が、反対側には卍模様が描かれているという具合である。時代が下ったヘレニズム期のフィブラは人物や動物を細かく彫刻し、ひとつの場面を表現したというような実用よりも装飾性を優先したようなものとなっている。

　フィブラは古代ギリシアと交流のあった地域に広く伝播しており、古代ローマにも引き継がれた。古代ローマのフィブラは、金や銀などで作られることの多かった古代ギリシアのフィブラに比べ、宝石類を**象眼**した重々しい作りのものが多い。

　留め具としてはブローチも盛んに用いられていた。古代ギリシア、ローマの女性の服装は、ブローチやピンで衣服の両肩の部分を固定している。古代ローマで人気があったのは**カメオ**・ブローチであった。素材には彫り込む深さによって色に違いの出る瑪瑙や貝殻などが用いられることが多い。古代ローマのカメオ・ブローチは後の時代でも珍重されており、その他の装飾品の部品として用いられることもあった。

　この他、身分の高い人物や宗教関係者によって笏杖なども用いられている。これはあくまで身分の証であり、一般庶民には用いられなかった。笏杖の先端には金や銀、青銅などで作られた宗教的モチーフの飾りがつけられている。

古代ギリシア、ローマのその他の装飾品

フィブラは衣服を留めるための実用品。古代ギリシアや交流のあった周辺地域で用いられた。

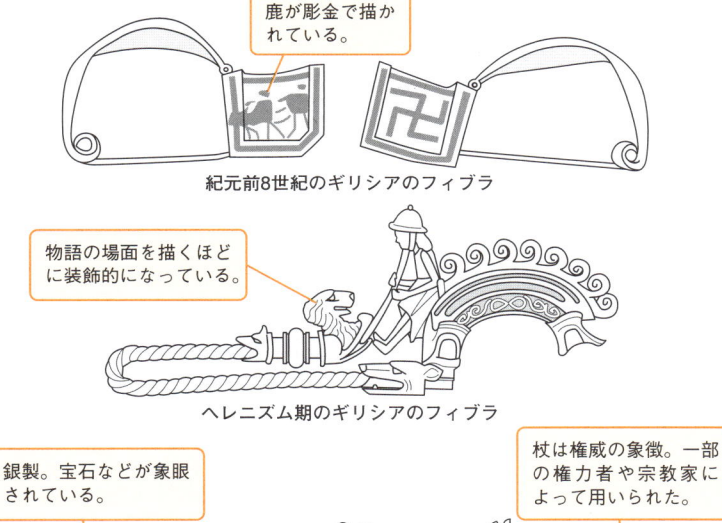

鹿が彫金で描かれている。

紀元前8世紀のギリシアのフィブラ

物語の場面を描くほどに装飾的になっている。

ヘレニズム期のギリシアのフィブラ

銀製。宝石などが象眼されている。

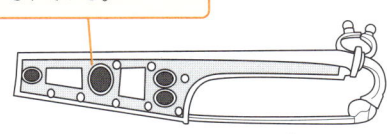

2世紀ごろのローマのフィブラ

杖は権威の象徴。一部の権力者や宗教家によって用いられた。

ローマの王笏

ピンやブローチは肩口などで布を固定するために用いられた。

ローマのカメオ・ブローチ

関連項目
- 金属加工技術→No.014
- 宝石のカット技術→No.015

No.042
古代インドの装飾品の歴史

宝石や貴金属を多く産出するインド周辺。古代インドの人々はそれらの素材を用いて華やかな装飾品の数々を生み出した。

●バルチスターンとインダス

　インドの北西部、現在のバルチスターンに古代インド人の集落が作られたのは紀元前7000年前後のことである。彼らは当初金属加工技術こそ持たなかったが、単純な焼き物や貝殻、獣骨、石などを使ってビーズを作り、優れた装飾品を作成していた。紀元前5000年ごろになると専門の工房も作られるようになり、轆轤や錐を用いて様々な装飾品が作られるようになっていく。また、比較的加工しやすい凍石などの半貴石や、焼き物、ガラス、銅、青銅を用いた装飾品も登場するようになった。

　紀元前3000年になると、古代インドにはインダス川流域の都市群を中心としたインダス文明が登場する。彼らはバルチスターンの集落の民族が南下したものとも、別の起源を持つ民族とも考えられているがハッキリとしたことはわかっていない。少なくともバルチスターン集落群の装飾品で、時代が下ったものにはインダスの影響を受けたと思われるものが多数存在しており、両者の間で交流があったことが認められる。

　インダス文明は交易が盛んであり、バルチスターン以外にも様々な地域と交流があった。特に交流が盛んだったのが**古代メソポタミア**で、インダスからは**紅玉髄**のビーズが、逆に古代メソポタミアからは**ラピス・ラズリ**、トルコ石などが輸出されていた。こうした交易による繁栄は装飾品にも影響しており、インダス川流域の都市群で発見される装飾品の完成度は非常に高い。宝石類は研磨の他独特の処理が施され、金、銀、銅、青銅などの金属も非常に高い技術で加工されていた。

　装飾品はごくシンプルなデザインが多く、特定のモチーフが象られたものは少ない。しかし、護符や印章などには神話上の場面や動植物、人物などが画面いっぱいに並べられている。

古代インドの装飾品の歴史

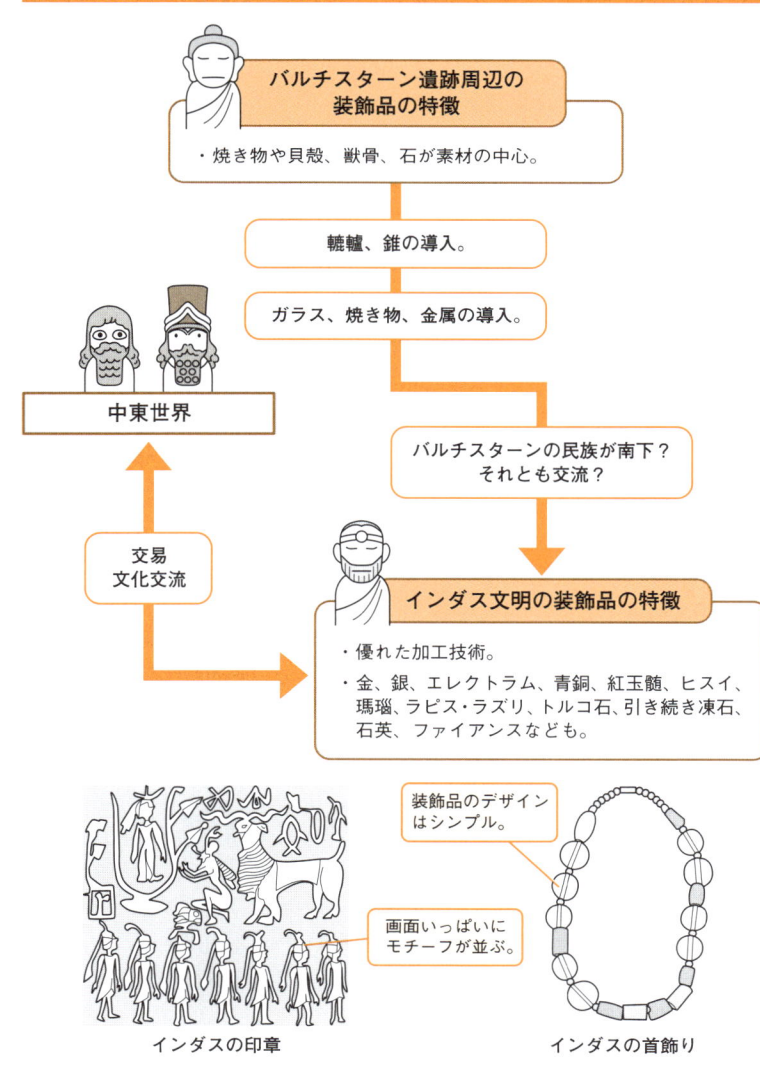

バルチスターン遺跡周辺の装飾品の特徴

・焼き物や貝殻、獣骨、石が素材の中心。

↓

轆轤、錐の導入。

↓

ガラス、焼き物、金属の導入。

↓

バルチスターンの民族が南下？
それとも交流？

↓

インダス文明の装飾品の特徴

・優れた加工技術。

・金、銀、エレクトラム、青銅、紅玉髄、ヒスイ、瑪瑙、ラピス・ラズリ、トルコ石、引き続き凍石、石英、ファイアンスなども。

中東世界 ← 交易 文化交流

装飾品のデザインはシンプル。

画面いっぱいにモチーフが並ぶ。

インダスの印章　　　インダスの首飾り

関連項目

●装飾品の素材2　半貴石2→No.009　　●古代メソポタミアの装飾品の歴史→No.016

No.043
古代インドの主な装飾品

いまだに多くの謎が残るインダス文明。彼らやその周辺の人々が残した装飾品は、非常に高い技術を用いて作られている。

●精巧に加工されたビーズ

　古代インド、バルチスターンの集落群で出土した装飾品は腕輪が中心である。ビーズを連ねたものが多く、ビーズの形状はそろばんの玉形、管玉形、正方形の比較的大きいもの、花弁を象ったものなど様々なものがあった。また、若干ではあるが単純なリング型の青銅（せいどう）製の腕輪も出土している。首飾りもビーズを連ねたものが多いが、板状に加工した大きめのパーツを用いたものや、装飾を施した装飾板を**ペンダント・ヘッド**にしたものもあった。バルチスターンで出土した土偶には装飾品を身につけたように表現されたものが多く、少なくとも首飾りや腕輪が装飾品として一般的に扱われていたことがうかがえる。

　インダス文明の装飾品は、優れたものが多い。まず特徴的なのが、宝石類の非常に高い加工技術である。表面にアルカリ処理を施して白化させて模様をつける技法や、そこにさらに**象眼**（ぞうがん）で黒色の模様をつける技法などが盛んに用いられていた。また、非常に長い**紅玉髄**（こうぎょくずい）のビーズを作り、その中心をくりぬくなどということも行われている。こうして作られたビーズは、精巧に作られた金属のパーツと組み合わせて首飾りや腕輪などに加工された。装飾品の種類自体も豊富であり、首飾り、耳飾り、腕輪、足輪、指輪、ベルトなどが出土している。素材は金、銀、銅、青銅などの金属、**ラピス・ラズリ**、紅玉髄、トルコ石、**瑪瑙**（めのう）といった宝石類、**凍石**（とうせき）などの加工のしやすい石、焼き物の**ファイアンス**、ガラスなどが中心である。また、腕輪の素材として貝殻なども用いられた。

　インダスでは時代が下るにつれ貴金属や宝石類のイミテーションも盛んに作られるようになっており、装飾品が権力者のためだけのものではなくなったことがうかがえる。

古代インドの主な装飾品

焼き物や貝殻、獣骨、比較的加工しやすい半貴石などが中心。数は少ないが、青銅の腕輪なども見つかっている。

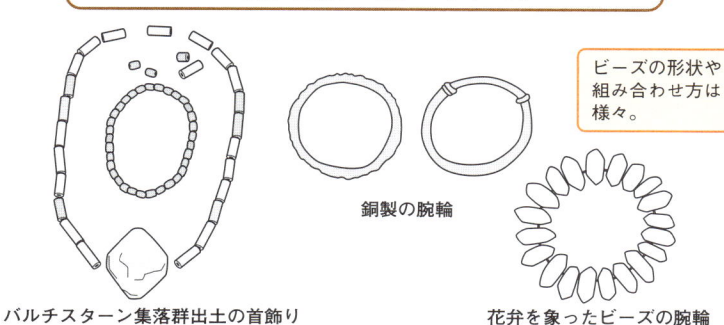

銅製の腕輪

ビーズの形状や組み合わせ方は様々。

バルチスターン集落群出土の首飾り

花弁を象ったビーズの腕輪

素材はラピス・ラズリ、紅玉髄、トルコ石、瑪瑙といった宝石類、凍石などの加工のしやすい石、焼き物のファイアンス、ガラスなどが中心。金属は貴重品だった。

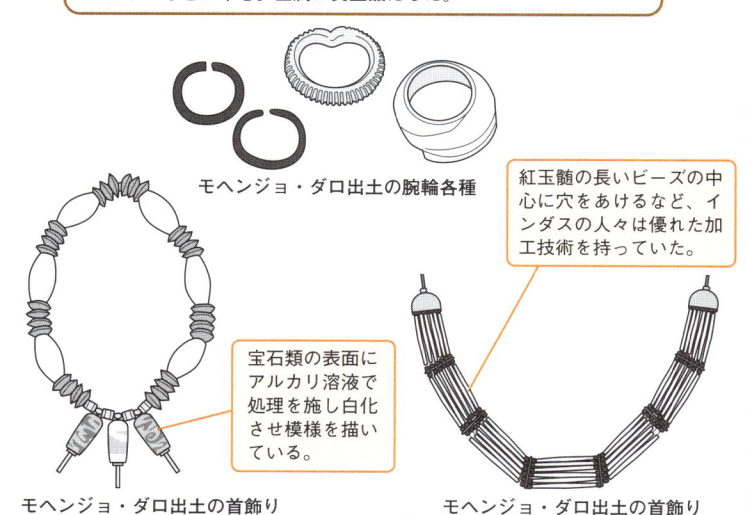

モヘンジョ・ダロ出土の腕輪各種

紅玉髄の長いビーズの中心に穴をあけるなど、インダスの人々は優れた加工技術を持っていた。

宝石類の表面にアルカリ溶液で処理を施し白化させ模様を描いている。

モヘンジョ・ダロ出土の首飾り

モヘンジョ・ダロ出土の首飾り

関連項目
- ●首飾りの分類→No.004
- ●装飾品の素材2　半貴石1→No.008
- ●装飾品の素材2　半貴石2→No.009
- ●装飾品の素材4　ガラス・焼き物→No.011
- ●金属加工技術→No.014

No.043　第2章●古代の装飾品

No.044 スキタイの装飾品の歴史

ユーラシア大陸に大きな影響を与えた騎馬民族、スキタイ。彼らの装飾品は動物をモチーフとした素朴な金細工であった。

●闘争する動物たち

　スキタイ人は紀元前7世紀から紀元前3世紀までの間、黒海北岸を中心にユーラシア大陸中央を支配した遊牧騎馬民族である。元来は中央アジアが生活の拠点であったが、黒海北岸に進出すると先住していたキンメリア人を駆逐して一帯を支配するようになった。その後、メディナ、**アッシリア**など西アジア方面に勢力を伸ばし、一時は**エジプト**に迫るまでの地域を支配するようになる。しかし、紀元前3世紀末になるとサルマタイなどの周辺民族に圧迫され、黒海北岸のクリミア半島に押し込められる形となる。さらに3世紀に入ると**ゲルマン民族**の大移動によりゴート人、さらに彼らを追いたてたフン族の攻撃を受け歴史上から姿を消すこととなった。

　スキタイ人たちの装飾品には、モチーフとしてスキタイ独特の動物文様が用いられていた。これは鹿や馬といったスキタイ人になじみ深い動物を象ったもので、うずくまったような独特のポーズをとらせたものである。装飾品の素材は金がほとんどで、加工法も打ち出しや彫金など単純なものが多かった。しかし、紀元前5世紀に入り、黒海周辺に植民地を築いたギリシアや中東方面との文化交流が盛んに行われるようになると、スキタイの装飾品にも変化が訪れる。西アジアからはグリフォンなどの神話上の動物やライオン、さらに動物が争う動物闘争文様のモチーフが、ギリシアからは人物表現や動物を装飾化する表現技法が採り入れられるようになったのである。さらに、**細線細工**や**粒金細工**など様々な金属加工技術も採り入れられている。宝石類や**トンボ玉**のビーズなども輸入されるようになり、装飾品の素材として盛んに用いられた。スキタイの装飾品の様式は、スキタイが滅んだ後も中央アジアの遊牧騎馬民族に受け継がれたが、フン族に関してはガーネットやクロワゾネなど**ゲルマン民族**との共通点が多い。

スキタイの装飾品の歴史

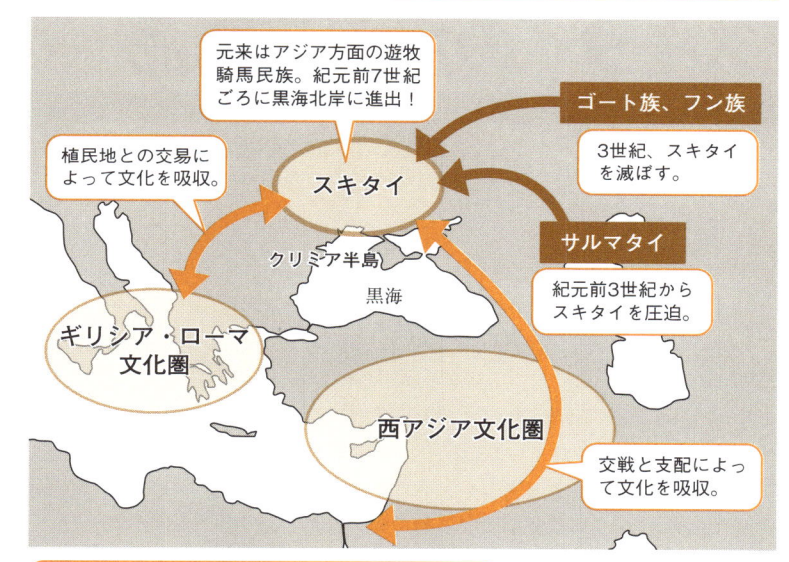

元来はアジア方面の遊牧騎馬民族。紀元前7世紀ごろに黒海北岸に進出！

ゴート族、フン族
3世紀、スキタイを滅ぼす。

植民地との交易によって文化を吸収。

スキタイ

クリミア半島
黒海

サルマタイ
紀元前3世紀からスキタイを圧迫。

ギリシア・ローマ文化圏

西アジア文化圏

交戦と支配によって文化を吸収。

動物文様
初期のスキタイの装飾品は、うずくまったような独特の動物文様がモチーフ。 

神話上の動物文様

動物闘争文様

人物文様
しかし、時代が下るにつれ中東から神話上の動物や動物闘争文様が、ギリシアから人物模様が取り込まれるように！ 

完成された様式はスキタイが滅んだ後もアジア方面の遊牧騎馬民族に受け継がれることに。

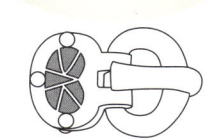

しかし、フン族は金とガーネットのクロワゾネなどゲルマン民族に好みが近い。

関連項目
- 装飾品の素材4　ガラス・焼き物→No.011
- 金属加工技術→No.014
- 古代メソポタミアの装飾品の歴史→No.016
- 古代エジプトの装飾品の歴史→No.026
- ゲルマン民族の装飾品の歴史→No.048

No.044　第2章●古代の装飾品

No.045
スキタイの主な装飾品

動物文様を好んだスキタイは、首飾りや耳飾りなど多数の装飾品を生み出している。中でも頭巾や額当ては独自のものが発展していた。

●豊穣を意味する動物装飾

　スキタイでは首飾り、耳飾り、腕輪、指輪など様々な装飾品が用いられていた。さらに男性の装飾品には、バシリクという先端の尖った頭巾と装飾板、ペクトラルと呼ばれる三日月形の胸当て、ベルト、アップリケ、そしてベルトにつける酒杯などがある。素材は金や青銅で、初期は打ち出しや彫金で装飾が施されていた。時代が下り、**中東**や**ギリシア**の技術が流入すると**細線細工**や**粒金細工**も用いられるようになる。男性の首飾りはC字形の大ぶりなもので、両端には動物の頭の装飾が施されていた。凝ったものになると、装飾部分には**七宝細工**や宝石類の**象眼**が施されている。バシリクやペクトラル、ベルトやアップリケにはスキタイ独特の動物文様が描かれているが、時代とともに中東、地中海的な神話上の動物であるグリフィンや神話の一場面、植物などのモチーフが採り入れられた。

　一方、女性の装飾品はメトピルと呼ばれる額当てと頭巾、首飾り、耳飾り、腕輪、指輪などである。首飾りは男性と同じ形状のものもつけられたが、時代が下ると海外から輸入された宝石類や**トンボ玉**、天然ガラス、金などで作られたビーズを連ねたものが好まれるようになる。耳飾りはスキタイの女性が特に好んだ装飾品で様々な形状のものが身につけられた。特に鴨をモチーフとしたものは、豊饒のシンボルとして若い女性が身につけている。また、中東やギリシアからそれぞれ特徴的な耳飾りなども輸入されていた。腕輪や指輪は護符としての意味合いが強く、右腕につけられることが多かったとされる。腕輪の形状はぐるぐると巻き上げた螺旋形のものが多く、男性の首飾り同様に両端には動物の頭の装飾が施されていた。指輪の形状は様々で、螺旋形のもの、飾り部分である**ベゼル**に動物や神々を象った彫刻が施されたものなどがある。

スキタイの主な装飾品

ペクトラル

両端には七宝細工や宝石類の象眼が施された動物の頭の装飾が施されている。

首飾り

酒杯

バシリク

ベルト飾り

鴨の耳飾りは豊饒のシンボルとして若い女性に好まれた。また、中東やギリシアから特徴的な耳飾りも輸入されている。

鴨の耳飾り

トンボ玉のビーズを連ねた首飾りは女性の首飾りとして好まれていた。

頭巾とメトピル

ビーズの首飾り

螺旋形の腕輪

各種指輪

指輪、腕輪は護符としての役割が強く、主に右腕に身につけられた。

関連項目
- 指輪の分類→No.006
- 装飾品の素材4　ガラス・焼き物→No.011
- 金属加工技術→No.014
- 古代メソポタミアの装飾品の歴史→No.016
- 古代エジプトの装飾品の歴史→No.026
- 古代ギリシア・ローマの装飾品の歴史→No.035

No.046 ケルトの装飾品の歴史

古代のヨーロッパに独自の足跡を残したケルト人たち。彼らは人頭と螺旋をモチーフに、幻想的な装飾品を後の世に残した。

●繰り返す螺旋と曲線

　ケルト人と呼ばれるヨーロッパ先住民族が歴史に姿を現すのは、紀元前6世紀ごろのことである。ヨーロッパ各地に散らばる彼らをつないだものは、彼ら独自の美術様式であり、装飾品の多くもそれを反映したものだった。

　ハルシュタット様式と呼ばれる初期のケルトの美術様式は、**幾何学模様**を基調としたごく単純なものが多かった。素材としては金や青銅が中心である。その後、**エトルリア**などの地中海文明との交流により、彼らに影響を与えた**西アジア**や、地中海のモチーフ、そして金属加工技術を採り入れたラ・テーヌ様式が登場した。ラ・テーヌ様式の初期には、西アジアで好まれた動物や架空の動物、植物、人物がモチーフとして用いられている。全身像は少なく、首のみを描いたものが多い。時代が下り古代ギリシアとの交流が始まると、唐草模様などが用いられるようになる。素材には、金、青銅に加え**珊瑚**や**七宝細工**が用いられた。

　ラ・テーヌ中期はケルト美術の最盛期といえる。動物、植物、人間を極端にディフォルメし、螺旋や曲線と融合させたケルト独自のモチーフが登場し、それらを立体的に表現した装飾品が数多く作られるようになったのである。技術的にも熟成し、**粒金細工**や**細線細工**を疑似的に再現したものや鋳造製品が登場するようになった。素材としては金、青銅、金鍍金した青銅が中心で、銀製品は極端に少ない。また、装飾品に色彩を与えるために、珊瑚や七宝細工に加え**琥珀**や色ガラスも用いられた。

　このように発展したラ・テーヌ様式であったが、古代ローマの影響もあり中央ヨーロッパでは紀元前1世紀を境に次第に姿を消していった。しかし、北ヨーロッパや島国のブリテンでは7世紀ごろまで独自の様式として存続していくこととなる。

ケルトの装飾品の歴史

古代メソポタミアなどの中東世界のモチーフ、技術。

エトルリアなどの地中海世界のモチーフ、技術。

ハルシュタット様式
・素材は金、青銅が中心。
・モチーフは単純な幾何学模様。
・作りは簡素。

古代ギリシアの美術様式

唐草模様
人物

ラ・テーヌ初期の装飾板

ラ・テーヌ初期様式
・素材は金、青銅、珊瑚、七宝細工など。
・モチーフは中東風の動物や架空の動物、植物、人物など。時代が下るとギリシア風の唐草模様も用いられるように。
・エトルリアの技術を吸収し、金属加工技術が発展。

人物
動物

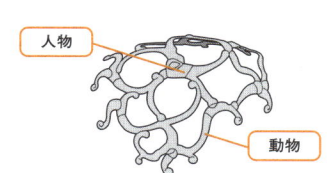

ラ・テーヌ中期の装飾板

ラ・テーヌ中期様式
・素材は金、青銅、珊瑚、琥珀、色ガラス、七宝細工など。
・モチーフは動物、植物、人間を極端にディフォルメし、螺旋や曲線と融合させたもの。
・疑似的な粒金細工、細線細工、鋳造などの技術が用いられるように。

古代ローマの美術様式

衰退

北ヨーロッパ、イギリスなどで独自の様式として生き延びることに！

関連項目
● 装飾品の素材2　半貴石2→No.009
● 金属加工技術→No.014
● 古代メソポタミアの装飾品の歴史→No.016
● 古代ペルシアの装飾品の歴史→No.019
● ミノア、ミケーネ、エトルリアの装飾品の歴史→No.033

No.046　第2章●古代の装飾品

No.047
ケルトの主な装飾品

多数の装飾品を用いたケルト人だが、その中でも首飾りのトルクは別格である。神の象徴のトルクには様々な技術が盛り込まれた。

●神と権力の象徴

　地中海世界や中東世界の影響を受けたケルト人の装飾品には、様々な種類のものが存在している。その中でも特に特徴的なのがトルクと呼ばれる首輪、衣服を留めるために用いたフィブラと呼ばれるブローチ、そして用途不明の装飾品ルヌエラが挙げられるだろう。

　トルクはケルト人に神の力や権力の象徴とみなされた装飾品だった。形状はC字形で両端に装飾がつけられたものが多いが、両端がほとんどくっついたものや完全な円形のものも存在している。時代が下ると着脱に便利なようにパーツごとに分割されたものや蝶番のあるものが登場するようになった。素材としては金、青銅が中心で宝石類は用いられていない。

　フィブラは弓形のブローチで、一説にはケルト人の使っていたものが地中海世界に広まったものとされる。トルクやフィブラには動物や人物をモチーフとした装飾が施されていたが、次第にディフォルメの極端な装飾模様が施されるようになった。主に金鍍金を施した青銅製で、**珊瑚**や**琥珀**などの宝石類を**象眼**したものや、**七宝細工**を施したものも多い。

　ルヌエラは半月形の金属板に装飾を施したものである。首飾りや胸飾り、頭飾りなどと考えられるが、実際にはどのように用いたかわかっていない。

　この他、腕輪や足輪なども権力の象徴として用いられた。腕輪には様々な素材や形状のものがあり、中には色ガラスで作られたものもある。一方、足輪は青銅製で半球形のコブを連ねた独特の形状のものがほとんどだった。トルク以外の首飾りは琥珀や**トンボ玉**、色ガラスのビーズを連ねたものが多く、トンボ玉や色ガラスは遠く**西アジア**から運ばれたものだった。指輪は金属など単一の素材で作られたものが多く、宝石類がはめ込まれたものはほとんどない。

ケルトの主な装飾品

ケルトの権威の象徴、トルク。C字型で両端に飾りのついたものが多いが、完全に円形のものや凝った作りのものも多い。主に金や青銅といった金属製。

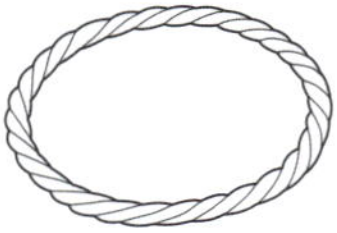

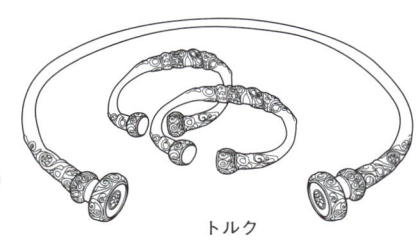

トルク

宝石類を象眼した痕跡

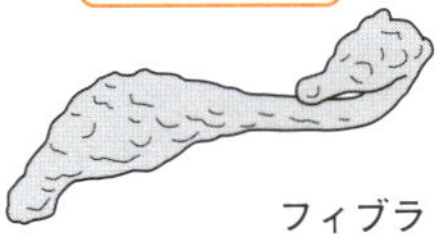

フィブラ

ブローチの一種、フィブラ。主に金属製だが、宝石類の象眼を施したものや七宝細工を施したものもある。

ルヌエラ

初期のケルトでは比較的写実的な描写が多い。しかし、時代が下るにつれディフォルメの極端な装飾模様が用いられるようになった。

ケルトの腕輪 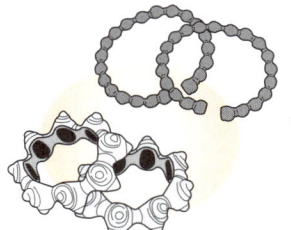　　ケルトの足輪 　　ケルトの首飾り

関連項目
- 装飾品の素材2　半貴石2→No.009
- 金属加工技術→No.014
- 古代メソポタミアの装飾品の歴史→No.016
- 古代ペルシアの装飾品の歴史→No.019

No.047　第2章●古代の装飾品

No.048
ゲルマン民族の装飾品の歴史

北欧、東ヨーロッパに覇を唱えたゲルマン民族。彼らはローマ帝国から蛮族とされたが、優れた色彩感覚で構成された装飾品を生み出す。

●平面の中で描かれる幾何学的色彩

　ゲルマン民族の大移動のきっかけは、375年のフン族によるローマ帝国領周辺への侵攻である。彼らに押し出される形で移住を開始したゴート族は、当時ローマの装飾品生産の中心地であった黒海沿岸部に住みつき**クロワゾネ**などの技術を身につけた。彼らは元々西アジア由来の金属加工技術を身につけており、技術を吸収するための下地を持っていたのである。その後、現在のフランス、ドイツを含むガリア地方にはフランク族、イタリアにはロンバルト族、スペインには西ゴート族、現在のイギリスであるブリテンにはアングロ族、サクソン族、北アフリカにはバンダル族といった具合に侵攻し、現地の文化を取り込んで独自の装飾文化を花開かせた。

　俗にバーバリアン・ジュエリーと呼ばれる彼らの装飾品は、民族ごとに詳細は異なる。もっとも、共通点がないわけではない。そのひとつが扁平な装飾板に施された幾何学的で色彩豊かな装飾と、その独特な画面構成である。単純に人物や動物をモチーフとした場合にも、ガラス質の粉末である七宝釉薬を流し込んだり半貴石をはめ込んだりするために金属線や彫刻によって巧みに仕切りが作られ、その仕切り自体が美しい幾何学文様を描いていたのである。こうした独特の装飾技法は、**ケルト民族**のモチーフを取り込むことでより複雑に進化し、動物組紐文様と呼ばれる動物で組紐を作ったかのような幾何学文様を生み出すこととなった。

　彼らの装飾品の素材は金、銀、青銅などの金属と様々な色彩を持つ半貴石、独特の技法で作られた色ガラスである。半貴石の中では特に**ガーネット**が好まれていた。

　こうしたゲルマン民族の装飾品は、東ヨーロッパの装飾品に取り込まれ次第に姿を消す。しかし、北ヨーロッパでは後々まで用いられ続けた。

ゲルマン民族の装飾品の歴史

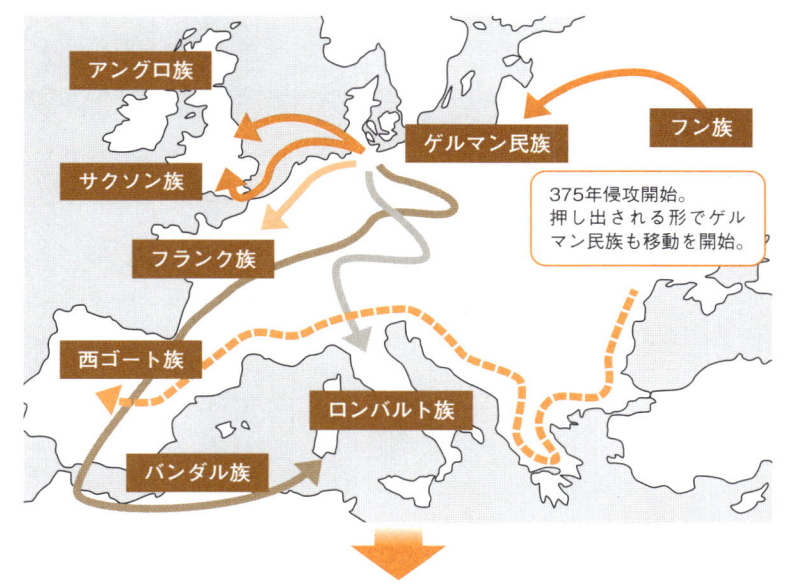

アングロ族
サクソン族
フランク族
西ゴート族
バンダル族
ゲルマン民族
ロンバルト族
フン族

375年侵攻開始。押し出される形でゲルマン民族も移動を開始。

↓

現地の文化を吸収し、独自の装飾文化を花開かせる！

ゲルマン民族の装飾品の共通点

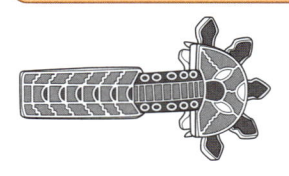

・扁平な画面構成。
・金属線や彫刻による幾何学的な仕切り。
・豊かな色彩。
・素材は金、銀、青銅、半貴石、七宝細工、色ガラスなど。

しかし →

次第に東ヨーロッパの装飾品に取り込まれ姿を消し、北ヨーロッパで生き延びることに……。

No.048 第2章●古代の装飾品

関連項目
- ●装飾品の素材2　半貴石1→No.008
- ●装飾品の素材4　ガラス・焼き物→No.011
- ●金属加工技術→No.014
- ●古代ギリシア・ローマの装飾品の歴史→No.035
- ●ケルトの装飾品の歴史→No.046

No.049 ゲルマン民族の主な装飾品

勇猛なゲルマン民族の装飾品は、生活に密着した実用品でもあった。しかし、そこに施された装飾は、実に優美なものとなっている。

●繊細な細工の施されたバックル

　ゲルマン民族の装飾品の多くは、身を飾るものというより実用品であった。彼らの優れた金属加工技術は、衣服を留めるためのブローチや、その一種である**フィブラ**、ベルトのバックル、女性の髪を固定するためのピン、そして武器、防具の留め金といったものを作るために用いられているからである。もちろん、首飾りや腕輪、指輪といった装飾品も作成されていた。しかし、それも身につけて運ぶことのできる富の象徴であり、身を飾るためのものという意味合いは少なかったようである。

　もっとも、ゲルマン民族のブローチやバックルには装飾品と呼ぶに十分な細工が施されていた。例えば、ドナウ川流域で発見されたフィブラは金の土台に銀が**象眼**され、見事な**クロワゾネ**が施されている。七宝を区切る金の細線は、それ自体が幾何学文様を描くように配置されていた。フランスのプアンで発見されたフィブラも、ほぼ同様の手法で作られている。有線七宝の他、薄く削いだ**ガーネット**などの半貴石をはめ込んだものや、銀と銅、硫黄、鉛などを混ぜたニエロと呼ばれる鈍い灰色の合金を象眼したものなどもあった。こうした手法で作られたゲルマン民族の装飾品で最も有名なのがイギリスのアルフレッド・ジュエルと呼ばれるもので、両手に花を持った男性が有線七宝で描かれている。もっとも、このアルフレッド・ジュエルの装飾品としての用途はよくわかっていない。

　さらに、精巧な彫刻を施すということも行われていた。ゲルマン民族のベルトのバックルとして有名なイギリス、サットン・フーで発見されたバックルは、鋳造で作られた金のバックルの表面全体に動物組紐文様と呼ばれる模様が、イタリア、トスカーナ地方のフィブラの表面には組紐模様が彫刻されている。

ゲルマン民族の主な装飾品

金属製の区切りに七宝や薄くカットした半貴石をはめ込んだ装飾品。仕切り自体が美しい幾何学模様を描く。

アルフレッド・ジュエル

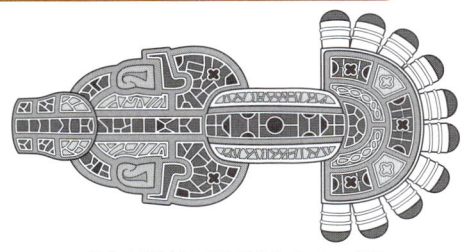

ドナウ川流域で発見されたフィブラ

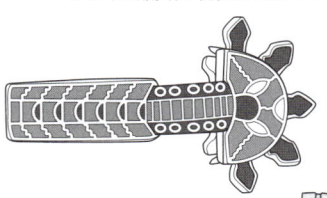

フランス、プアンのフィブラ

イタリア、トスカーナのフィブラ

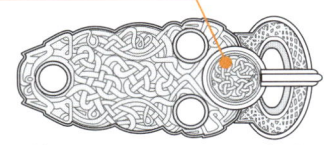

動物組紐模様

イギリス、サットン・フーのバックル

関連項目
- 装飾品の素材2　半貴石1→No.008
- 装飾品の素材4　ガラス・焼き物→No.011
- 金属加工技術→No.014
- 宝石のカット技法→No.015
- 古代ギリシア・ローマのその他の装飾品→No.041

No.049　第2章●古代の装飾品

高価な宝石は手に入らないが……

　美しい装飾品を安価に手に入れたい。こう考えたのは、なにも現代人だけの発想ではない。人間の手で貴金属や宝石の代用品を作り出そうという試みは、はるか紀元前から行われてきたことだった。比較的安価な石英を砕いて焼き上げた古代西アジアや古代エジプトのファイアンス、古代ギリシア、ローマなどで用いられた色ガラス、金の代用品として各地で用いられた各種の銅合金などはその最たるものといえるだろう。中世から近世にかけてのヨーロッパでは、比較的安価な半貴石の後ろに色つきの金属箔を敷いて高価な宝石に見せかけるという技法が用いられ、それが禁止されるというようなことも行われている。中世から近世のヨーロッパで流行した錬金術も、人間の手で高価な金を作り出そうという試みのひとつだった。（もっとも、これは本来人間の精神的成長を寓話的に示したものとする説もある）

　17世紀から18世紀にかけて、ヨーロッパではペースト・ジュエリーという混ぜものをして着色したガラス製のイミテーションが流行した時期があった。これはダイヤモンドを模したもので、高価なダイヤモンドを買う余裕のない層に絶大な人気を誇ったという。また、屑宝石を加熱、溶解してより大きな宝石を作ったり、色を良くしたりする技法なども盛んに用いられた。

　本当の意味で人の手で宝石が作り出されるのは19世紀に入ってからのことである。1877年、フランスの化学者エドモンド・フレミーは、粉末の原料をるつぼの中で特殊な溶剤（フラックス）に溶かしエメラルド結晶の合成に成功した。彼はその後も研究を続け、合成ルビーなども作り出している。彼の手法は今でもフラックス溶解法として、合成エメラルドの製造法として用いられている。その後、20世紀に入るとフランスのオーギュスト・ベルヌイが火炎融解法を開発し、効率よくルビーを合成できるようになった。さらに高圧、高温の熱水に材料を溶かす熱水法などもあるが、こちらはコスト的な問題であまり用いられていない。また、自然界には本来存在しないキュービック・ジルコニアのような宝石も生み出されている。

　こうして生み出された宝石の用途は、装飾品だけにとどまらない。例えば合成ダイヤモンドの用途のほとんどは金属や鉱石の研磨、切断といった工業用である。合成ルビーはその硬さから時計などの精密機械の軸受けとして用いられている。また、光を一点に集める特性から固体レーザー素子としても用いられた。そもそも合成宝石の始まりである合成エメラルドも、本来は工業目的で研究が進められたものだったのだ。

　現在、安価な人工の宝石は、百貨店の手作りアクセサリーのコーナーでも手軽に購入できる。自然の鉱石にはかなわないかもしれないが、そこには宝石を生み出すことを夢見た人類の英知が詰まっているのである。

第3章
ヨーロッパの装飾品

No.050 中世前期から盛期の装飾品の歴史

キリスト教を国教としたローマ帝国。その崩壊と、ヨーロッパ諸民族との融合は、ヨーロッパの地に独自の装飾品文化を生み出していく。

●始まる中世とヨーロッパ文化

　繁栄の中にあった**古代ローマ**社会に陰りが見え始めたのは、4世紀も末ごろのことだった。ローマ帝国が相続の関係から東西2つに分けられたのである。コンスタンチノープル（現在のイスタンブール）を首都とした東ローマ帝国は**西アジア**の文化を吸収し、経済的にも軍事的にも大いに発展を遂げた。しかし、ローマを首都とした西ローマ帝国は、ゲルマン人の侵攻に抵抗しきれず、5世紀に入るころには滅亡してしまう。こうして2つに分かれたヨーロッパは、互いに独自の装飾品を発展させていく。

　東ローマ帝国（ビザンチン帝国）では、国教であるキリスト教の観点から肉体を嫌悪していた。そこで、服装が体をぴったりと覆ったものになっていく。装飾品もそのような服装にあったものが好まれるようになり、覆いきれなかった袖口や首周り、頭部を飾る装飾品、つまり頭飾りや首飾り、腕輪、指輪などが発展する。当初、東ローマ帝国は優れた金属加工技術を誇ったが、次第に宝石類や**七宝細工**（しっぽうざいく）が装飾品の主役となっていった。ビザンチン様式と呼ばれる東ローマのモチーフは、古代ペルシアなどの西アジアの伝統とキリスト教の象徴的文様が組み合わされたものとなっている。

　一方、西ヨーロッパでは**ゲルマン人**独自の金属加工技術が大いに発展している。宝石類はガーネットや琥珀（こはく）程度しか用いられていない。情勢の安定しない西ヨーロッパでは、王冠を除いては、ベルトのバックルやブローチなどの実用品が好まれた。モチーフは地域ごとの伝統的なものが用いられていたが、より洗練され動物や植物を抽象化したロマネスクと呼ばれる様式が生み出されている。その後生み出されるゴシック様式では、こうしたモチーフは写実的に表現されるようになっていった。また、東ローマ的なモチーフも、交流のあった地域を中心に採り入れられていく。

中世前期の装飾品の歴史

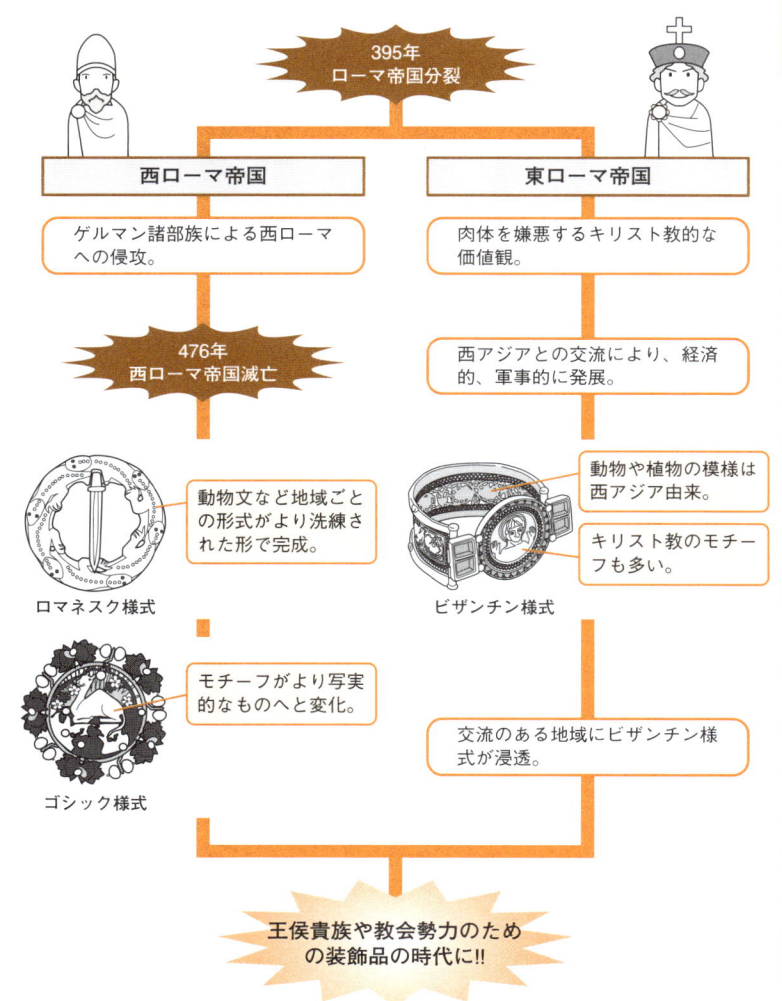

395年 ローマ帝国分裂

西ローマ帝国

ゲルマン諸部族による西ローマへの侵攻。

476年 西ローマ帝国滅亡

動物文など地域ごとの形式がより洗練された形で完成。

ロマネスク様式

モチーフがより写実的なものへと変化。

ゴシック様式

東ローマ帝国

肉体を嫌悪するキリスト教的な価値観。

西アジアとの交流により、経済的、軍事的に発展。

動物や植物の模様は西アジア由来。

キリスト教のモチーフも多い。

ビザンチン様式

交流のある地域にビザンチン様式が浸透。

王侯貴族や教会勢力のための装飾品の時代に!!

関連項目
- 装飾品の素材2 半貴石2→No.009
- 金属加工技術→No.014
- 古代メソポタミアの装飾品の歴史→No.016
- 古代ペルシアの装飾品の歴史→No.019
- 古代ギリシア・ローマの装飾品の歴史→No.035
- ゲルマン民族の装飾品の歴史→No.048

No.050 第3章●ヨーロッパの装飾品

No.051 中世前期から盛期の頭飾り

今日、王権の象徴として広く認知されている王冠。その直接的な原点は、東ローマから生まれた。

●十字を頂く王権の冠

　中世前期から盛期（5世紀～13世紀ごろ）の頭飾りは、権威の象徴である冠とその他のものに区別することができる。東ローマ帝国（ビザンチン帝国）では当初、古代ローマ由来のディアデムが用いられていた。しかし、6世紀に入り、つば無し帽に宝石類を連ねた垂れ飾りを吊るした輪形の装飾板をつけたステンマが用いられるようになる。9世紀には、アーチ形の装飾板をピンで輪形に留めたステンマに、皇帝の証のアーチと十字架をつけたカメラウキオンが登場し、以降の皇帝冠の原型となった。この冠のスタイルは西ヨーロッパにも取り込まれ、神聖ローマ帝国の初代皇帝であるオットー1世の戴冠式でも、8つのアーチ形の装飾板をピンで留め、アーチと十字架をつけた王冠が用いられている。

　この他、西ヨーロッパでは、ロンバルディアの鉄の冠のような輪形、もしくは装飾板をピンでつないだサークレット型の冠も用いられていた。この冠も東ローマ帝国の影響を受けたものであったが、時代が下るとこれに3つの花弁を持つ花の飾りをつけた冠が登場する。この花形の飾りは、12世紀のフランスでアイリスを象った王権の象徴フルール・ド・リスと結びつき、やがて全ヨーロッパ中に広まっていった。

　純然と装飾品としての頭飾りは、東ヨーロッパでも西ヨーロッパでも男性はあまり用いていない。一方、女性、特にビザンチン帝国の女性は派手な髪飾りを用いていた。これはタイヤを頭にかぶせたような形にした髪形に、真珠で縁取りした金色の帯をぐるりと巻き、宝石類をつけた飾りを載せるというものである。また、ベールをかぶって頭を覆うことも多かった。西ヨーロッパの女性の頭飾りはこれほど派手ではなく、単純に金属板を連ねた額当てのようなものや花冠、ベールなどが用いられていた。

中世前期の頭飾り

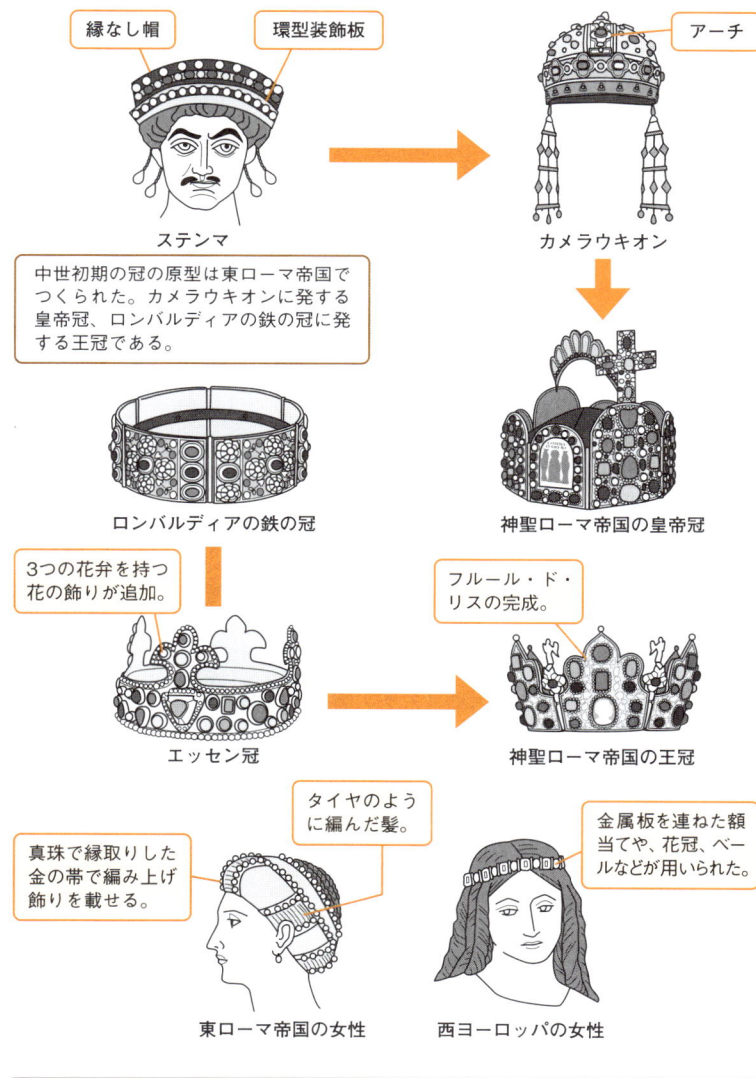

- 縁なし帽
- 環型装飾板

ステンマ

- アーチ

カメラウキオン

中世初期の冠の原型は東ローマ帝国でつくられた。カメラウキオンに発する皇帝冠、ロンバルディアの鉄の冠に発する王冠である。

ロンバルディアの鉄の冠

神聖ローマ帝国の皇帝冠

3つの花弁を持つ花の飾りが追加。

エッセン冠

フルール・ド・リスの完成。

神聖ローマ帝国の王冠

真珠で縁取りした金の帯で編み上げ飾りを載せる。

タイヤのように編んだ髪。

東ローマ帝国の女性

金属板を連ねた額当てや、花冠、ベールなどが用いられた。

西ヨーロッパの女性

関連項目

- 頭飾りの分類と各部の名称→No.002

No.052
中世の耳飾り

古代の文明と同じく、中世ヨーロッパでも耳飾りは広く用いられていた。しかし、当時の宗教的観念は豪奢な耳飾りの衰退へと導く。

●粋を極めた耳飾りの数々

　中世（5世紀～15世紀ごろ）の西ヨーロッパの**耳飾り**に関しては、あまりよくわかっていない。遺物がほとんど残っていないからである。ごく初期のものとしては、フランスのサン・ドニ・バジリコ寺院で発見された6世紀の耳飾りがある。これは金の円形のフープに宝石をつけた小さな籠形の飾りをつけたものだった。13世紀のフランスの恋愛指南書『薔薇物語』には、「両の耳には細い金の棒を提げた」という記述があるため、このころまでは耳飾りも身につけられていたと思われる。しかし、様々な理由から西ヨーロッパでは次第に耳飾りは用いられなくなっていった。

　一方、東ヨーロッパ周辺、特に東ローマ帝国（ビザンチン帝国）では盛んに耳飾りが用いられていた。エジプトで出土したビザンチン様式の耳飾りは、エメラルドを**象眼**した金の装飾板から、さらにエメラルド、サファイア、水晶を連ねた飾りを3列吊るすという非常に凝った作りとなっている。これは耳にあけた穴に、フック状の金具で吊るすというものだった。このような作りの耳飾りは東ローマのモザイク画でも見られ、比較的一般的な形状であったことがうかがえる。この他、下弦の三日月に似た装飾板や円形の装飾板に**透彫**を施した耳飾りなどもあった。

　ハンガリー、もしくはウクライナで出土したと思われる金の耳飾りは、どちらかといえば西アジアのデザインに近い。**粒金細工**で装飾を施した玉を房状にしたもので、それをリング状の金具で耳に固定する。

　こうした耳飾りは、他の装飾品とともに当時のドイツ周辺を治めていた神聖ローマ帝国にももたらされている。11世紀の神聖ローマ帝国の皇帝コンラート2世の皇妃、ギーゼラのものと思われる幾つかの装飾品の中からは、装飾板に宝石類を吊るすタイプの耳飾りが発見されている。

中世前期、後期の腕輪

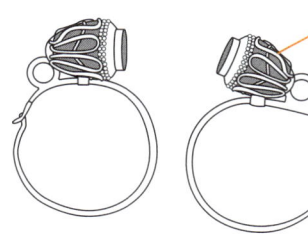

籠形の飾りの前面に宝石がはめ込まれている。

サン・ドニ・バジリコ寺院で発見された6世紀の耳飾り

13世紀の恋愛指南書『薔薇物語』には耳飾りの記述があり、このころまでは耳飾りが使われていたことがうかがえる。

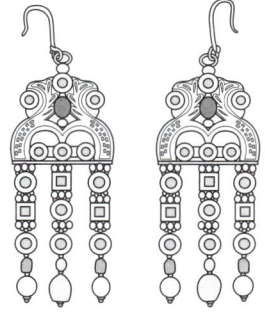

エジプトで発見されたビザンチン様式の耳飾り

この形式の耳飾りは神聖ローマ帝国にも伝わったと考えられている。

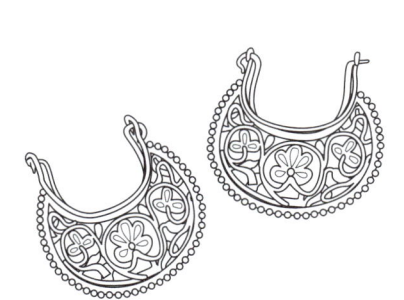

東欧で発見された耳飾り。中東の耳飾りと似たデザイン。

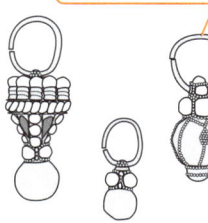

ビザンチン様式の三日月型耳飾り

ビザンチン様式の耳飾り

関連項目
● 耳飾りの分類→No.003
● 金属加工技術→No.014

No.053 中世前期から盛期の首飾り

古代からの伝統を受け継ぐ東ローマの首飾り、諸部族の影響を受けた西ヨーロッパの首飾りのデザインは好対照である。

●宗教的豪奢さと素朴な躍動感

　中世前期から盛期（5世紀～13世紀ごろ）の**首飾り**は、どちらかといえば女性中心の装飾品だった。男性はあまり首飾りを身につけていない。

　東ローマ帝国（ビザンチン帝国）の首飾りは、現在に残る遺物はほとんどない。しかし、モザイク画や幾つかの遺物から**西アジア**世界の影響を受けた豪勢なものだったと推測されている。首飾りの形状は様々で、チョーカーのように首にぴったりしたものや、胸元までのもの、ペンダントなどがあった。素材としては金やエメラルド、ルビー、ダイヤモンド、真珠といった宝石類、ガラスビーズ、焼き物の**ファイアンス**などがある。金属製のパーツには**粒金細工**や**細線細工**、そして**七宝細工**などで念入りに装飾が施されていた。東ローマの首飾りには宗教目的のものも多く、ペンダント・ヘッドに聖母像の七宝細工を施した十字架形もある。十字架は東ローマで好まれたモチーフであり、宝石類の配置や装飾板の形状などいたるところに用いられている。またペンダント・ヘッドに皇帝の顔を打ち出しで描いたものなどもあった。なお、宝石に関しては魔術的な効果があるという信仰もあり、直接肌に触れるようにして身につけることも多かったという。

　西ヨーロッパの首飾りは、初期はアングロサクソン色が強かった。ビーズを連ねたものか、金属細工のものが主流だった。材質はビーズの場合は琥珀や練りガラス、七宝細工を施した焼き物、金属細工の場合は金、銀、金鍍金を施した青銅などが中心で、モチーフも動植物を抽象化したデザインである。しかし、東ローマと交流が深かったドイツ、フランスを中心に東ローマ風の首飾りが広まり、十字軍遠征以降は、宝石類を主体としたものが主流となった。もっとも、こうした首飾りは襟の高い服装と干渉するようになり、次第に姿を消していくこととなる。

料金受取人払郵便

新宿支店承認

54

差出有効期間
平成26年1月
11日まで

郵便はがき

160-8791

（受取人）

343

東京都新宿区
新宿1-9-2-3F

株式会社 新紀元社 行

●お手数ですが、本書のタイトルをご記入ください。

●この本をお読みになってのご意見、ご感想をお書きください。

愛読者アンケート

小社の書籍をご購入いただきありがとうございます。
今後の企画の参考にさせていただきますので、下記の設問にお答えください。

●本書を知ったきっかけは？
　□書店で見て　□（　　　　　　　　　　　　　　　　　）の紹介記事、書評
　□小社ＨＰ　□人にすすめられて　□その他（　　　　　　　　　　）

●本書を購入された理由は？
　□著者が好き　□内容が面白そう　□タイトルが良い　□表紙が良い
　□資料として　□その他（　　　　　　　　　　　　　　　　　　　）

●本書の評価をお教えください。
　内容：□大変良い　□良い　□普通　□悪い　□大変悪い
　表紙：□大変良い　□良い　□普通　□悪い　□大変悪い
　価格：□安い　□やや安い　□普通　□やや高い　□高い
　総合：□大変満足　□満足　□普通　□やや不満　□不満

●定期購読新聞および定期購読雑誌をお教えください。
　新聞（　　　　　　　　　　　）　月刊誌（　　　　　　　　　　　）
　週刊誌（　　　　　　　　　　）　その他（　　　　　　　　　　　）

●あなたの好きな本・雑誌・映画・音楽・ゲーム等をお教えください。

●その他のご意見、ご要望があればお書きください。

ご住所		都道府県	男女	年齢	歳	ご職業名(学校名)	
お買上げ書店名							

新刊情報などはメール配信サービスでもご案内しております。
登録をご希望される方は、新紀元社ホームページよりお申し込みください。
　　　　　　　　　　http://www.shinkigensha.co.jp/

中世前期の首飾り

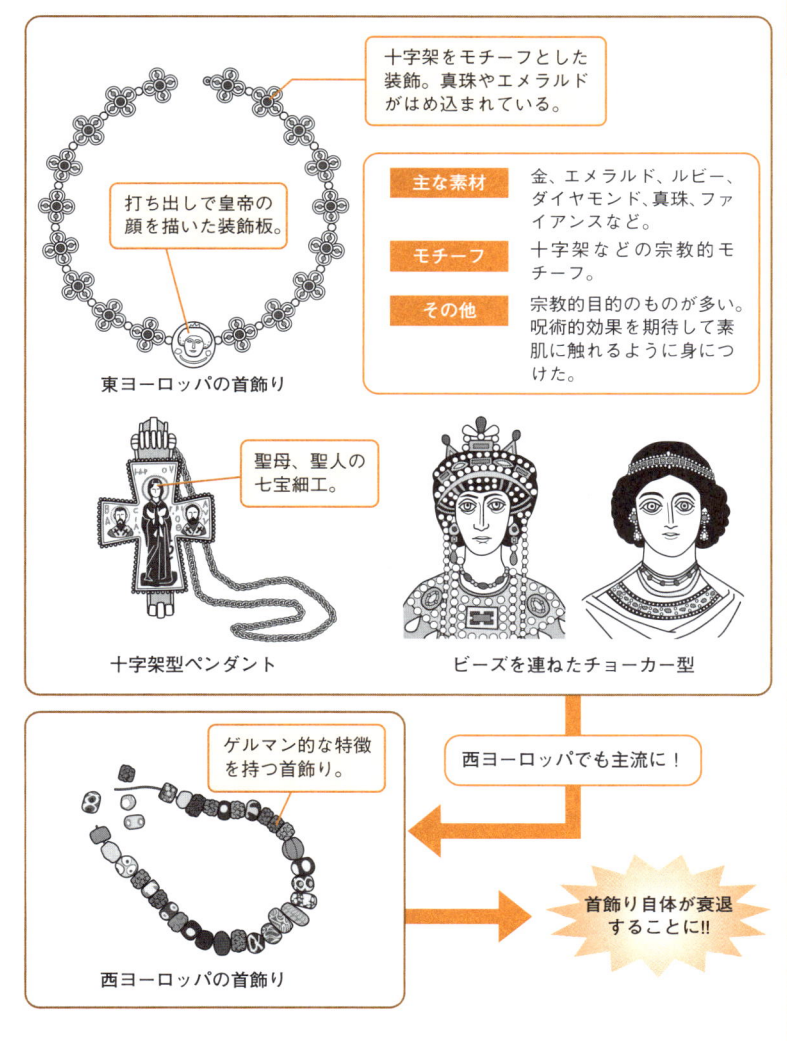

東ヨーロッパの首飾り
- 十字架をモチーフとした装飾。真珠やエメラルドがはめ込まれている。
- 打ち出しで皇帝の顔を描いた装飾板。

主な素材	金、エメラルド、ルビー、ダイヤモンド、真珠、ファイアンスなど。
モチーフ	十字架などの宗教的モチーフ。
その他	宗教的目的のものが多い。呪術的効果を期待して素肌に触れるように身につけた。

十字架型ペンダント
- 聖母、聖人の七宝細工。

ビーズを連ねたチョーカー型

西ヨーロッパの首飾り
- ゲルマン的な特徴を持つ首飾り。

西ヨーロッパでも主流に！

首飾り自体が衰退することに!!

関連項目
- 首飾りの分類→No.004
- 装飾品の素材4　ガラス・焼き物→No.011
- 金属加工技術→No.014
- 古代メソポタミアの装飾品の歴史→No.016
- 古代ペルシアの装飾品の歴史→No.019

No.053　第3章●ヨーロッパの装飾品

No.054
中世の腕輪

ゲルマン民族の伝統を採り入れた西ローマでは、腕輪は権威の象徴だった。だが、重々しい腕輪は手袋という新たな装飾品へと移り変わる。

●繊細なる5指手袋

　中世ヨーロッパ、特に西ヨーロッパの腕輪は**ゲルマン民族**の伝統にのっとる形で用いられていた。**アームレット**、**ブレスレット**は権力の象徴であり、王やその配偶者の腕を飾っていたと考えられている。しかし、現存するものは少ないため、それがどのような形状をしていたのかについてはあまりよくわかっていない。神聖ローマ帝国ではシャルル2世の時代まで戴冠式に際して腕輪を用いていた。しかし、こうした腕輪は12世紀を過ぎるころには用いられなくなっていく。腕輪が次第に姿を消す中、戴冠式に臨む皇帝の手を飾ったのは、当時はまだあまり装飾品として普及していない手袋だった。皇帝マクシミリアン2世の戴冠式で用いられた13世紀のシチリア製の手袋は、赤い絹地で手のひらに金糸で神聖ローマ帝国の紋章である鷹が刺繍され、手の甲には無数の真珠（しんじゅ）、ミニアチュール、サファイアなどが縫いつけられているという豪華さである。

　一方、東ローマ帝国では手首につけるブレスレット、上腕部につけるアームレットの2種類の腕輪が用いられていた。全体的に大柄で、技術的に優れたものが多い。装飾には宝石類や**七宝細工**（しっぽうざいく）などが用いられた。例えば、シリアで見つかった東ローマ帝国時代の黄金（おうごん）の腕輪は、全体に**透彫**（すかしぼり）で孔雀と植物をディフォルメした模様が描かれ、聖母もしくは聖人と思われる人物を打ち出した円形の装飾板が蝶番（ちょうつがい）で取りつけられている。装飾板は蝶番で開閉でき、簡単に着脱することができた。エジプトで発見されたコンスタンチノープル製の腕輪も、形状的にはシリアのものとよく似ている。しかし、装飾板の中央には大粒のサファイアをはめ込み、その周囲は真珠と**玉髄**（ぎょくずい）で囲まれている。さらに、輪の部分にも玉髄が並べて配置され、縁は真珠で飾られていた。

中世前期、後期の腕輪

東ローマ帝国の腕輪はアームレットとブレスレット。大柄で凝った作り物が多かった。

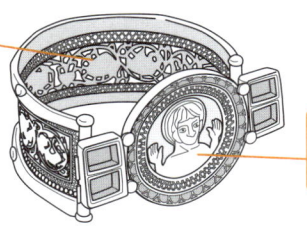

全体に透彫が施された本体。

聖人、もしくは聖母の肖像が彫刻された装飾板。

玉髄を並べ真珠で縁取った本体。

シリア出土の東ローマの腕輪

サファイアを真珠で縁取った装飾板。

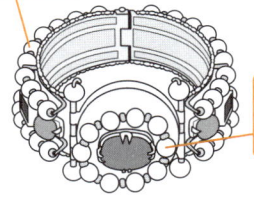

エジプト出土の東ローマの腕輪

9世紀の東ローマの腕輪

西ヨーロッパの腕輪はゲルマンの伝統的なもので権威の象徴。12世紀ごろから次第に用いられなくなった。

神聖ローマ帝国の紋章である鷲の刺繍。

ヴァイキングの黄金の腕輪

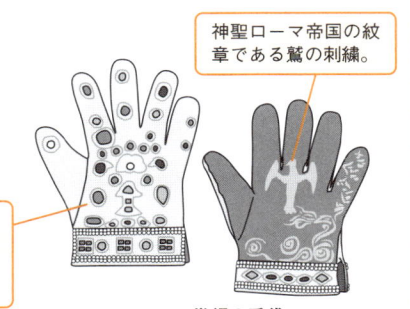

手の甲側には真珠を中心に、細密画のミニアチュールやサファイアなどの宝石類が散りばめられている。

13世紀の手袋

用語解説
- 腕輪、足輪の分類→No.005
- 装飾品の素材2　半貴石1→No.008
- 金属加工技術→No.014
- ゲルマン民族の装飾品の歴史→No.048

No.055 中世前期から盛期の指輪

キリスト教を国教とする東ローマでは、権威を示す指輪にもその思想を強く反映された。その一方、民衆のための安価なものも誕生している。

●神の名を刻んだ印章

　古代と同じく中世前期から盛期（5世紀～13世紀ごろ）においても、指輪は権力の象徴であった。特にキリスト教では、司祭の権威を高めるために用いられている。そうした指輪の中で、飾り部分の**ベゼル**に印鑑としての機能を持たせた**印章指輪**は、特に重要な役割を持っていた。識字層が減った当時において捺印するだけで身分の証明になる印鑑は、使う側にも使われる側にも便利だったのである。

　しかし、印鑑の文様に関しては古代のように自由ではなかった。魚や漁師、子羊、羊飼い、キリストの名前のモノグラム、十字架などキリスト教的なモチーフが主流となっている。そうでない場合でも、王族の肖像や紋章、名前のモノグラム程度しか扱われなかった。素材としては、台座であるフープは金で作られ、ベゼルにサファイアやルビーがはめ込まれている。また、印章指輪に似た作りで、印鑑部分の文字や文様が反転していないものも権威の象徴として用いられた。

　もっとも、純粋におしゃれとして用いられた装飾指輪も廃れたわけではなかった。中世初期において最も特徴的なのは、東ローマ帝国（ビザンチン帝国）で作成されたものである。これらはベゼルが極端に高く作られ、そこに様々な宝石類がはめ込まれていた。人気があったのはエメラルドやガーネットなどの色彩の鮮やかなものが中心だが、真珠も珍重された。こうした宝石類には様々な魔術的な力があると信じられており、目的に応じた指輪を身につけたのである。おしゃれのための指輪は、裕福な庶民の間でも少数ではあるが用いられていた。しかし、王族や司祭たちのように贅沢な代物ではなく、金鍍金した青銅や鉄の指輪に色ガラスをはめ込んだコスチューム・ジュエリーと呼ばれる安価なものがほとんどである。

中世前期の指輪

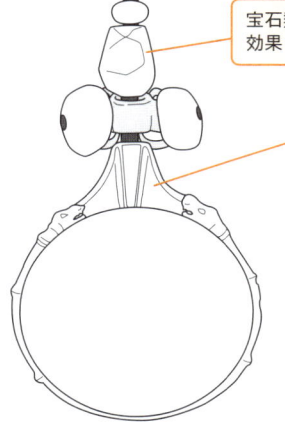

宝石類には魔術的な効果を期待。

ベゼルが極端に高く作られている。

主な素材	金、銀、青銅、サファイア、エメラルド、真珠などを中心とした宝石類。
モチーフ	王族やキリスト教モチーフ。
その他	権力者は印章指輪なども用いる。庶民はイミテーションのコスチュームジュエリーが主。

印章指輪各種

印鑑としても使えるため識字層の少ない中世初期では便利。文字や文様が刻印されただけで印鑑の役割を持たないものもある。

装飾指輪各種

装飾指輪としては、東ローマ風のビザンチン様式が特徴的。

関連項目

●指輪の分類→No.006

No.055 第3章●ヨーロッパの装飾品

No.056
中世前期から盛期のその他の装飾品

ブローチやベルトは古代社会でもよく用いられた装飾品である。中世前期のヨーロッパでもそれらは人気の装飾品だった。

●実用の中のおしゃれ

　中世前期から盛期（5世紀～13世紀ごろ）の装飾品として重要視されたものに、ブローチとベルトがある。これは本来ゲルマン風の装飾品であったが、他の装飾品とは違い東ローマ風の服装や装飾品が西ヨーロッパに広まった以降も用いられ続けていた。

　ブローチは衣服を固定するためのものである。**フィブラ**と呼ばれる弓形のものは古代メソポタミアや古代ギリシア・ローマ、古代ペルシアなどから**ゲルマン人**に採り入れられたもので、中世初期のヨーロッパのものもおおむねゲルマン人のフィブラの形状を維持している。

　東ローマ帝国（ビザンチン帝国）のモチーフや**七宝細工**の技術を取り込んだブローチなども11世紀ごろから盛んに作られた。神聖ローマ帝国の皇后ギーゼラの黄金製のブローチには、特有の鷲の模様が**クロワゾネ**の技術で描かれている。また、古代ローマの**カメオ**や**インタリオ**を加工したブローチなどもあった。リング・ブローチも中世初期に用いられたブローチである。その名の通り金属製の輪にピンをつけたもので、輪の部分に銘文や魔除けの言葉の**線刻**や宝石類の**象眼**が施されていた。素材は金、銀、青銅、鉄などで、ニエロと呼ばれる合金が用いられたものもある。

　中世初期のヨーロッパにおいて、ベルトは男女ともに重要な装飾品だった。本来は実用品ではあるが、凝った作りにすることで装飾品としての意味も持たせたのである。バックルの金具は、主に金や銀、青銅、鉄などが多いが、まれに水晶や象牙、骨などの素材も用いられた。金具には**打ち出し**や線刻、七宝細工、象眼などで細工が施され、宝石類がはめ込まれていることも多い。金具のモチーフは様々で、ゲルマン風の幾何学模様で装飾されていることもあれば、人物彫刻で物語を表現していることもあった。

中世前期のその他の装飾品

皇后ギーゼラのブローチ

クロワゾネの七宝細工と鷲のモチーフは東ローマ帝国由来。本体は金。

カメオをはめ込んだブローチ

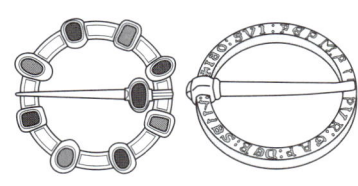

リングブローチ

素材	金、銀、青銅、鉄など。
モチーフ	東ローマ風、銘文、魔除けの言葉など。
技法	七宝細工、象眼、線刻、ニエロなど。

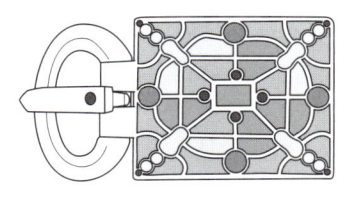

象眼が施されたバックル

物語風の彫刻バックル

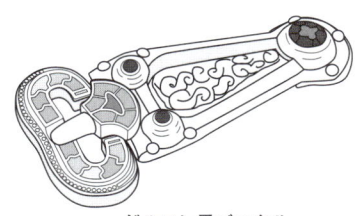

ゲルマン風バックル

素材	金、銀、青銅、鉄など。
モチーフ	ゲルマン風、物語風人物像など。
技法	七宝細工、象眼、線刻、ニエロなど。

関連項目
- 装飾品の素材4 ガラス・焼き物→No.011
- 金属加工技術→No.014
- 宝石のカット技法→No.015
- ゲルマン民族の装飾品の歴史→No.048

No.056 第3章●ヨーロッパの装飾品

No.057 中世後期の装飾品の歴史

権勢を強めた王族たちは、やがて装飾品を独占するようになる。そして、王族が抱える職人たちは、様々な流行を生み出していく。

●囲い込まれる装飾品

中世後期（14世紀〜15世紀ごろ）の装飾品の歴史は、まさに王族のための装飾品の歴史といえる。この時代、交易路の発達によって装飾品の素材となる宝石類や金属類が大量に流通するようになった。しかし、それに反するように装飾品に対する制限が各国で設けられたのである。例えば、庶民階級の人々には金、銀、宝石類の使用は認められず、騎士であっても銀の使用がようやく許可されるといった具合である。さらに宝石類のイミテーションに対する制限も行われた。これは装飾品の価値を高め、それを身につけることによって地位の差別化を行うための処置であった。

中世後期、ファッションの中心となったのはフランス、イタリア半島の国々である。もっとも、その装飾品は伝統などによる統一感は少ない。これは、王族によって囲い込まれた職人たちがその技法とオリジナリティを競ったためである。しかし、一応の流行というものはあり、14世紀末ごろからゴシック建築の影響が強く見られるようになった。全体的に高くそそり立つような形状に、炎のように見える曲線を多用したフランボワイヤンと呼ばれる技法が用いられるようになった。また、一時廃れていた**七宝細工**に新たな技法が数多く考案され、盛んに用いられるようになっている。さらに、15世紀には**宝石のカット技法**が確立し、装飾品は金属に対する細やかな細工から宝石そのものをいかに生かした作りにするかを考えたデザインに変化していった。

装飾品のモチーフは、愛を語り合う恋人たちといった世俗的なものから、宗教的なモチーフまで多種多様である。特に宗教的なモチーフの装飾品は、ファッション的にも用いられるようになったこともあり多くのものが残されている。

中世後期の装飾品の歴史

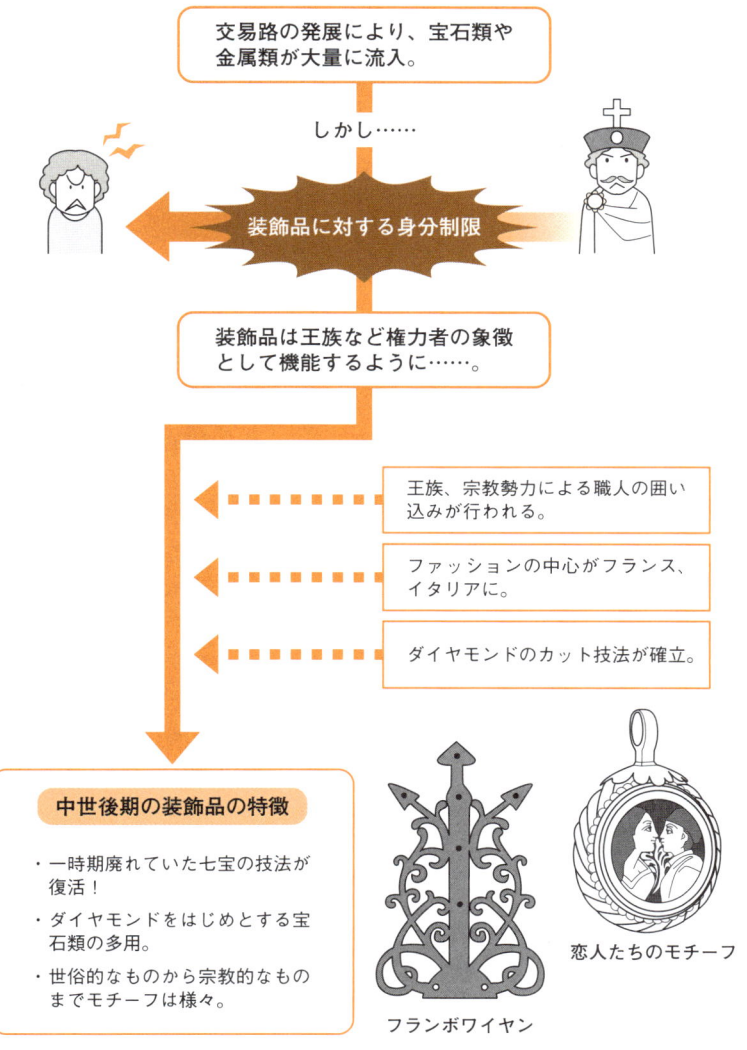

交易路の発展により、宝石類や金属類が大量に流入。

しかし……

装飾品に対する身分制限

装飾品は王族など権力者の象徴として機能するように……。

- 王族、宗教勢力による職人の囲い込みが行われる。
- ファッションの中心がフランス、イタリアに。
- ダイヤモンドのカット技法が確立。

中世後期の装飾品の特徴

- 一時期廃れていた七宝の技法が復活！
- ダイヤモンドをはじめとする宝石類の多用。
- 世俗的なものから宗教的なものまでモチーフは様々。

フランボワイヤン

恋人たちのモチーフ

関連項目

●装飾品の素材4　ガラス・焼き物→No.011　　●宝石のカット技法→No.015

No.058
中世後期の頭飾り

東ローマで確立した王冠は、12世紀のフランスでその完成形を見る。
そして、王と並び立つ司教たちもまた、自らの権威を冠で表す。

●現世の王冠と聖なる教皇冠

　中世後期（14世紀～15世紀ごろ）のヨーロッパの**冠**は、時代ごとの流行や権力者の好みを反映したものとなっていく。例えば14世紀の冠はゴシック様式の影響を受け、花形の飾りが極端に高く作られるようになった。14世紀末になると皇帝の証であったはずのアーチを誰でも気軽につけるようになったため、より高い「皇帝のアーチ」なるものが考案されている。

　この時代は、冠以外に様々な頭飾りがつけられるようになった時代でもあった。男性のかぶり物には、冠型のつば無し帽子であるトークや、三角帽子のフリギュア帽、半円形のカロット、つばのある帽子のシャッポー、先の尖った頭巾シャプロン、頭巾のカルなど様々なものがある。一方女性も、男性と同様のかぶり物や、ベールと、チン・バンドと呼ばれる顎を覆う布を用いた。さらに、両耳付近でまとめた髪を包むヘアネットや、髪を覆う布の縁に金糸、銀糸で刺繍を施し、宝石類で飾った冠の一種コロナルをかぶるなど、様々なスタイルが考案されている。一風変わったものとしてはエナン帽と呼ばれる頭飾りがあった。これは1つ、もしくは2つの背の高い円錐形（えんすいけい）の帽子の先端にベールをつけたもので、全体に宝石類で刺繍が施されることもあったという。

　教会権力の象徴、**教皇冠**が登場したのものこの時代である。本来は背の高いつば無し帽であったが、王侯の冠に対抗するように宝石類で飾られた装飾板がつけられた。14世紀にはこの装飾は3段にもなり、3重冠を意味するトリレグナムと呼ばれるようになる。この3段の飾りは、それぞれ神聖ローマ帝国の金の冠、ドイツの銀の冠、ロンバルディアの鉄の冠をあらわす。さらに、教皇や司教のかぶるミトラと呼ばれる5角形の司教冠も、教会の権力の拡大を象徴するかのように豪勢なものとなった。

中世後期の頭飾り

ゴシック様式の影響を受け、花型の飾りが高くなった中世後期の冠。14世紀末には皇帝の証アーチが乱用され、区別のため「皇帝のアーチ」と呼ばれる背の高いアーチが登場する。

男性のかぶり物

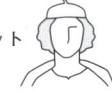

トーク
カロット
シャプロン
フリギュア帽
シャッポー
カル

ベールとチン・バンド
ヘアネット
縁取りをしたベール
エナン帽

皇帝冠の3重の装飾板は、それぞれ神聖ローマ帝国の金の冠、ドイツの銀の冠、ロンバルディアの鉄の冠を意味するとされる。

本来は5角形の布製だった司祭冠も中世後期には豪勢なものに。

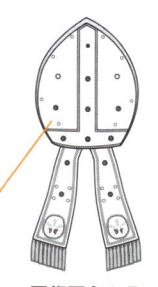

教皇冠トリレグナム
司祭冠ミトラ

関連項目
● 頭飾りの分類と各部の名称→No.002　　● ペルシアの頭飾り→No.020

No.059
中世後期の首飾り

身を隠すような衣装の流行により、一時は廃れた首飾り。しかし、ファッションの変化は再び、首飾りを歴史の表舞台に呼び戻す。

●再び登場した胸元の輝き

　中世の中ごろに姿を消した**首飾り**が、再び西ヨーロッパで用いられるようになったのは14世紀末のことである。それまでも祈祷用のロザリオなどが首飾りとして用いられたり、ファッションに敏感なドイツやフランス、イングランドの宮廷などで首飾りが貴婦人たちの首元を飾っていたりはした。しかし、14世紀末ごろに襟繰りが広く開いたファッションが流行したことにより、装飾品としての地位を再び確立することとなったのである。

　15世紀のヨーロッパの首飾りには、ゴシック調の写実的な動植物やハート、人物、主君や自分の名前の頭文字のアルファベットといったモチーフが多く用いられていた。素材は金が中心で、ダイヤモンドやサファイア、ルビー、エメラルド、真珠といった宝石類も盛んに用いられている。凝ったものになると全体に**七宝細工**を施して、下地の金がほとんど見えないようなものもあった。例えば、ドイツの15世紀の首飾りは、枝を模した飾りに七宝細工を施したものと、サファイアをはめ込んだ金の装飾板を交互に組み合わせ、白薔薇を模して真っ白な七宝細工を施した金の装飾板に道化師を象った宝石をはめ込んだペンダント・ヘッドを吊るすといった具合である。もっとも、イングランドのヘンリー8世がフランスから戦利品として入手したスリー・ブラザーズと呼ばれるペンダントのように、素材の宝石類の大きさを生かすために単純に宝石類を組み合わせただけのネックレスも存在した。

　中世後期の首飾りの形状は、ネックレスやペンダント、さらにゴルジュランと呼ばれるチョーカーのような金属のカラー（襟）、男性が身につけた勲章つきの鎖などがあった。ペンダントに吊るすペンダント・ヘッドには、十字架や聖遺物を入れた小物入れなど宗教的なものも用いられている。

中世後期の首飾り

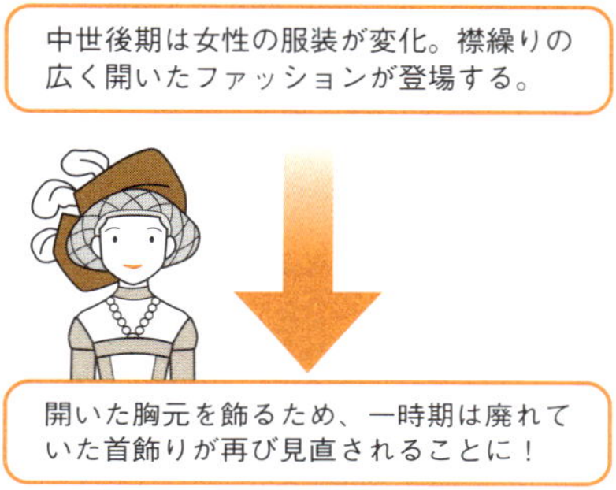

中世後期は女性の服装が変化。襟繰りの広く開いたファッションが登場する。

開いた胸元を飾るため、一時期は廃れていた首飾りが再び見直されることに！

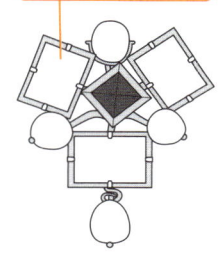

巨大な宝石を組み合わせた単純なもの。

スリー・ブラザーズ

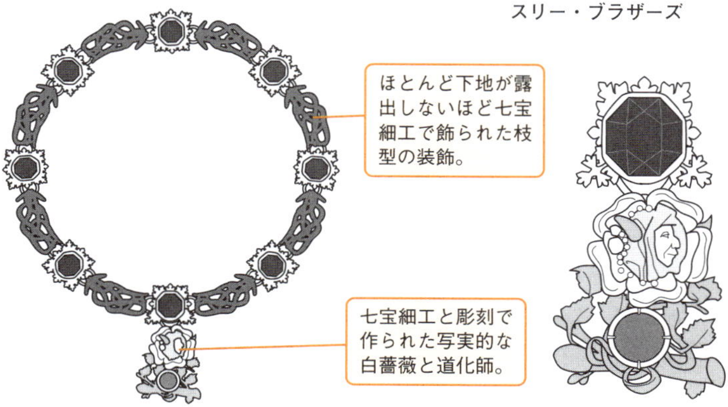

ほとんど下地が露出しないほど七宝細工で飾られた枝型の装飾。

七宝細工と彫刻で作られた写実的な白薔薇と道化師。

15世紀ドイツの首飾り

聖遺物入れ 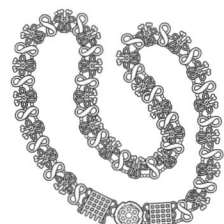　　ゴルジュラン 　　ロザリオ

関連項目
●首飾りの分類→No.004　　●装飾品の素材4　ガラス・焼き物→No.011

No.060
中世後期の指輪

権威の象徴の指輪は、中世後期に入るとよりその傾向が先鋭化した。力を持った富裕層の市民も、同様に自分の権威づけに利用している。

●自らの誇りと権力をその指に

　中世後期（14世紀〜15世紀）においても**印章指輪**（いんしょうゆびわ）は権威の象徴として用いられていた。しかし、時代が下るにつれ印章指輪の形状にも変化が現れる。飾り部分であるベゼルに彫り込まれる印章に、盾形紋章（たてがたもんしょう）が用いられるようになったのである。盾形紋章は盾に描かれている模様を見れば、その貴族の生まれや身分が一目でわかるという便利なものだった。14世紀のイタリア周辺から始まったこの風潮は、次第にヨーロッパ全土へと広まっていく。これに対して、豪商などの紋章を持たない富裕層は、自分たちの職業の象徴や名前を印章にしてサイン代わりに用いている。

　キリスト教の権威を象徴する指輪が登場するようになるのもこの時期からだった。法王や司祭、法王から任命される枢機卿（すうききょう）などに与えられるこれらの指輪は手袋の上につけられるため、通常より大きめに作られている。はめ込まれた宝石はルビーやアメジスト、サファイアなど様々だったが、後にサファイアにすることが慣例となった。デザインは権威の象徴らしく質実剛健といった雰囲気である。例えば、15世紀の法王の指輪は、ベゼルとショルダーが一体化した肉厚で四角いがっちりとしたデザインで、4面には法王の紋章と宗教的モチーフが彫刻されていた。

　こうした権威的な指輪とは異なり、装飾的指輪には様々なデザインのものが作られている。人気があったものとしては、ベゼルに金属の円盤をつけ、そこに様々な模様を彫刻したものなどがあった。こうした指輪は一種の護符としても用いられていたようである。また宝石類や、ヴェネチア、パリなどで作られたガラスのイミテーションが安く出回るようになり、広く指輪に用いられるようになる。これに伴い、指をはめ込むフープは大型化し、宝石をはめ込むベゼルも様式化されていった。

中世後期の指輪

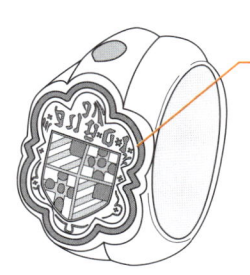

貴族の出身や身分を示す盾形紋章。14世紀ごろのイタリア半島周辺で用いられ、ヨーロッパ中に広まった。

貴族の印章指輪

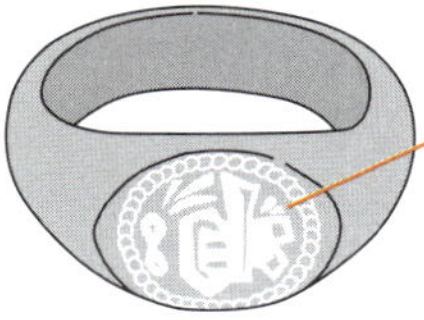

盾形紋章のない商人などは職業の印や名前を象った印章を用いた。

商人の印章指輪

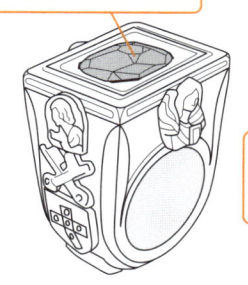

初期は様々な宝石類が用いられたが、後にサファイアとなった。

宗教的権威の指輪が定着し始めたのはこのころから。デザインは質実剛健。

法王の指輪

中世後期流行したベゼルに円盤をつけた指輪。護符としての効果も期待された。

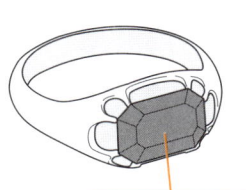

宝石類やイミテーションが用いられ始め、フープは大型化、ベゼルも定型化していった。

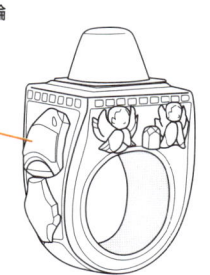

関連項目
● 指輪の分類 → No.006

No.061 中世後期のその他の装飾品

権威の象徴や、日常的な道具を飾ったものが多かった装飾品。しかし、中世後期に入ると遊び心にあふれるものも生み出されていく。

●宗教的なお土産から所属を表すものへ

　中世後期（14世紀～15世紀）に用いられた装飾品で特に特徴的なのがアンセーニュ、もしくはハット・バッジと呼ばれるものである。これは本来巡礼に訪れた寺院でその証として購入する一種のお土産ものにすぎなかった。ところが、中世後期に入ると、次第にこのバッジが政治的な色彩を帯びるようになってくる。政治結社の一員がその証としてそろいのバッジを身につけたり、貴族の家臣たちが主君の紋章を象ったバッジを身につけるようになったりしたのだ。アンセーニュの素材は鉛などの安価な素材に金鍍金を施したもので、モチーフも聖人の肖像や象徴的な小物などが用いられている。もっとも、これは庶民が買い求めたもので、貴族が買い求めたものには金や銀といった貴金属を用いたものも少なくなかった。

　ベルトも前時代に引き続き愛用され続けていた。靴下留めのガーターベルトや、肩から腰にかけてタスキ掛けにするベルトなど、形状は時代によって多種多様である。ガーターベルトといっても女性用の下着ではなく、服の上から身につけて靴下を固定するためのものだった。ベルトの素材は、金の装飾板に宝石をはめ込んだものを連ねたものから、金糸を織り上げて七宝細工で装飾したバックルをつけたもの、装飾を施したバックルをつけた革のベルトなど様々である。こうしたベルトは当時のアクセサリー職人の腕を試すためにも用いられていたという。

　ベルトに吊り下げる小さな袋、オーモニエールも装飾品として男女ともに愛用されたもののひとつだった。当時の衣服には現在のようなポケットがついていなかったため、金銭や鍵といった小物を入れるための袋が必要だったのである。オーモニエールは主に絹や革で作られ、金糸銀糸で刺繍されたものや、宝石類を縫いつけた贅沢なものもあった。

中世後期のその他の装飾品

本来は巡礼土産のアンセーニュ。しかし、次第に政治的な色彩を帯び、所属を示す指標となった。

アンセーニュをつけた帽子

アンセーニュ各種

ベルトには様々な種類があった。また、ベルトの細工はアクセサリー職人の腕を試すためにも用いられていた。

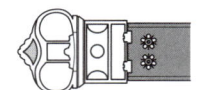

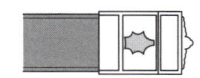

中世後期のベルト

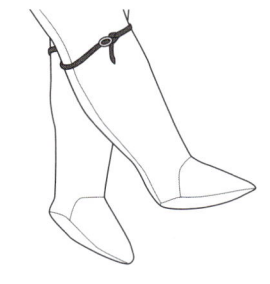

ガーターベルト

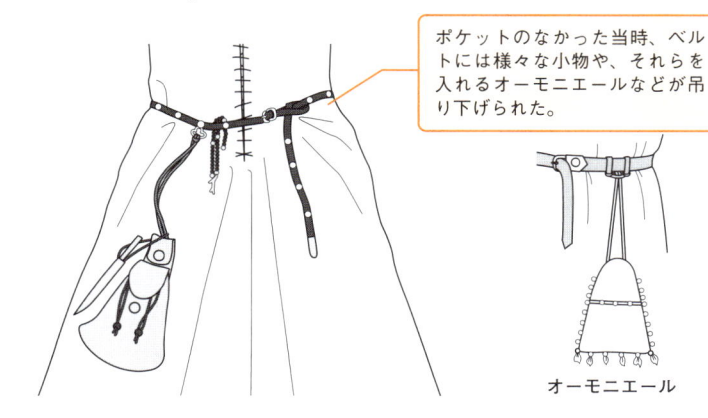

ポケットのなかった当時、ベルトには様々な小物や、それらを入れるオーモニエールなどが吊り下げられた。

オーモニエール

| 関連項目 |
●装飾品の素材4　ガラス・焼き物→No.011　　●金属加工技術→No.014

No.062 近世の装飾品の歴史

近代に入ったヨーロッパは重々しく厳しい宗教的価値観から、古代ギリシア・ローマ的な豪奢さを評価するルネサンスの時代を迎える。

●再発見の時代

ルネサンス以降、ヨーロッパのファッションの中心はフランスからイタリア半島の国々へと移っていった。装飾品に関しても同様で、多くの優れたものが作られている。この時代の装飾品の特徴は、**ゲルマン文化**の影響のある中世的なものを軽視し、**古代ギリシア**、**ローマ**的なものの復権を目指したことにある。また、権威の象徴としての意味合いが薄れ、女性の美しさを強調するものとしての役割が求められるようになった。

こうしたルネサンスの風潮は、装飾品の種類やモチーフの選択にも表れている。服装との兼ね合いから前時代の末まで顧みられなかった腕輪、耳飾りが復活し、ギリシア神話や伝説に登場する神々や、空想上の生き物がモチーフとして盛んに用いられるようになったのである。

ところが時代が下り、**新大陸**発見によって巨万の富を得た厳格なカソリック国家スペインにファッションの中心が移ると、途端に服装は全身を覆う堅苦しいものへと変化する。装飾品も再び象徴化し、袖口や首元を覆う大げさなものへと変化した。モチーフは神話、伝説に加え実在の動物や人物からとられていたが、バロックと呼ばれるグロテスクともいえる表現へと変化していく。その後、ファッションの中心はフランス、市民階級の隆盛に湧くオランダ、再びフランスへと推移していく。ロココ期と呼ばれるこの時代のモチーフは、植物を中心とした軽やかなものに変わり、装飾品は再び権威の象徴から女性を美しく飾るものへと変化していった。

素材面で見ると、この時代のヨーロッパの装飾品は非常に恵まれていた。植民地や交易路の拡大によって新大陸や**南アフリカ**からは貴金属やダイヤモンドを始めとする宝石類が、アジア方面からはヨーロッパにはない技術や素材がもたらされるようになったのである。

近世の装飾品の歴史

古代ギリシア・ローマ的なものの復権を目指すルネサンス。

ファッションの中心がフランスなどからイタリアへ。

ルネサンス期の装飾品の特徴

- 女性を美しく見せるための装飾品の登場。
- 一時期廃れていた耳飾り、腕輪などが復活。
- ギリシア神話や伝説をモチーフとした自由なデザイン。

ギリシア神話（ペルセウス）のモチーフ。

ルネサンス期デザイン

しかし……

新大陸発見で巨万の富を手に入れたカソリック国家スペインがファッションの中心に。

バロック期の装飾品の特徴

- 厳格で大げさな権威の象徴。
- グロテスクともいえる表現。
- 神話、伝説に加え船やハートなどがモチーフとして好まれるように。
- 海外から大量の新素材が流入！

怪物の顔などのようにグロテスクな表現が多い。

バロック期のデザイン

フランス、オランダなどがファッションの中心に。

ロココ期の装飾品の特徴

- 装飾品が再び女性を美しく見せるものに。
- 軽やかな表現が好まれる。
- 植物をモチーフとしたものが中心。

軽やかな植物をモチーフとしたデザイン。

ロココ期のデザイン

関連項目
- 古代ギリシア・ローマの装飾品の歴史→No.035
- ゲルマン民族の装飾品の歴史→No.048
- 北米の装飾品の歴史→No.102
- 中南米の装飾品の歴史→No.104
- アフリカの装飾品の歴史→No.108

No.063
近世の頭飾り

ルネサンスの時代を迎え、禁欲から解き放たれた近世の頭飾りは、より豪奢に、そして巨大なものへと姿を変えていった。

●そびえ立つ王冠と鬘

　近世（16世紀～18世紀初頭）の**王冠**は、前の時代よりもさらに豪奢で装飾的なものへと変化した。本来、皇帝の冠とその他の王家を分けるものだった高いアーチや、アーチの中央につけられた宝珠が各地で採用されるようになったのである。アーチはヨーロッパ本土では8本のものが、イギリスでは4本が主流となっている。もっとも、**司教冠**と合成されたオーストリアのルドルフ皇帝冠のように、冠の持つ意味から例外的な形状のものも多い。こうした王冠は普段の生活では用いられず、より小型の冠やその他の頭飾りが用いられた。

　近世初期、女性は前時代と同じくエナン帽やフード、ベールなどで髪を覆っていたようである。しかし、時代が下るにつれ髪を露出する女性が増えるようになった。そのためか、女性、男性ともに帽子が用いられるようになる。この時代の帽子には、男性のものとしては硬いつばが上を向いたビレットや、つば無し帽のトーク、ベレー帽に似たカスケット、羽根つきのビーヴァ帽などが、女性のものとしてはキャップやボンネットなどの頭を覆うもの、つば広のシャッポーなどがあった。またビロードや絹の紐を額に巻き、中央に飾りをつけたフィロニエール、中東の**ターバン飾り**にヒントを得た羽根飾りエイグレット、ターバンなども用いられている。

　17世紀に入り、上流階級の男性の間で鬘（かつら）が流行するようになる。17世紀後半には、この鬘は巨大化、形式化していく。帽子は鬘の飾りとなり、つば広帽のつばを三方から巻き上げたトリコヌルと呼ばれる帽子が登場する。鬘は18世紀に入ると優美で繊細なロココ調を反映し、中国の辮髪（べんぱつ）をまねたスッキリとしたものとなった。一方、女性は18世紀に巨大な巻き上げ髪が登場し、その髪を飾るためにつけ毛や様々な装飾品が用いられた。

近世の頭飾り

聖エドワード王冠 — フルール・ド・リス
皇帝の証であった宝珠とアーチは各地で用いられるように。

ルイ15世の王冠
アーチの数は、ヨーロッパ本土は8本、イギリスは4本が多い。

ルドルフ皇帝冠
司教冠を模した飾り。冠の持つ意味により、例外的な形状をした冠も多い。

帽子各種

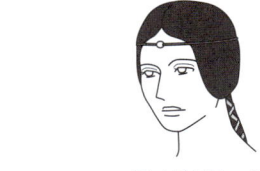

- トーク
- ビーヴァ帽
- カスケット
- シャッポー
- キャップ
- ボンネット

- フィロニエール
- エイグレット 
- 17世紀の鬘 
- トリコヌル 
- 18世紀の女性の行き過ぎた髪形 

用語解説
- 頭飾りの分類と各部の名称→No.002
- 中世後期の頭飾り→No.058
- イスラム教文化圏の主な装飾品→No.093

No.063 第3章●ヨーロッパの装飾品

137

No.064
近世の耳飾り

ルネサンスの気風は、女性のファッションを重々しいものから露出度の高いものにした。そして、その素肌を飾る耳飾りも復権する。

●男性にも受け入れられた耳飾り

　中世後期（14世紀から15世紀ごろ）のヨーロッパにおいて、ほとんど耳飾りは用いられなくなっていた。耳に直接穴をあける方式が嫌われたのと、中世の女性のほとんどが頭全体を覆うような服装だったためである。しかし、中世後期末あたりから次第に女性のファッションが変化し、髪を露出することが多くなったことから少しずつ用いられるようになった。また、17世紀に入るとクリップ留めやネジ留めの耳飾りが登場し、この流れに拍車をかけている。女性的なファッションを好んだ16世紀のフランス国王、アンリ3世など男性が耳飾りをつけることも少なくなかった。

　17世紀以前の肖像画に見られる耳飾りの多くは、真珠などの宝石類そのものを主役としたもので、それ以外の装飾はほとんどない。単純な**フープ・イヤリング**や、小さなフープに垂れ飾りをつけた**ドロップ・イヤリング**が主流である。素材としては涙滴形の真珠が好んで用いられていた。

　17世紀から18世紀初頭にかけて、耳飾りはリボンや植物をモチーフとした豪勢なものが中心となった。素材にもダイヤモンドやルビー、サファイア、エメラルドといった宝石類がふんだんに用いられ、金を中心とした装飾板も**七宝細工**やモザイクで飾り立てられている。中には**細線細工**で卵形の籠を作り真珠をはめ込むといった凝ったものもあった。

　さらにジランドール・イヤリングと呼ばれる耳飾りも、このころから流行するようになった。これはフープに吊り下げた装飾板に涙滴形の宝石を3つ1組で吊るしたもので、まるで燭台に立てる蝋燭のように見えることから燭台（ジランドール）と呼ばれている。こうしたジランドール型の耳飾りは、当時一流の装飾品デザイナーであったハンス・ホルバインによるスケッチにも残されており、人気であったことがうかがえる。

近世の耳飾り

17世紀以前の肖像画に描かれることの多い真珠のドロップ・イヤリング。この時代はアンリ3世をはじめ、男性も耳飾りを身につけていた。

肖像画に見られる耳飾り

ミニアチュールで風景が描かれている。

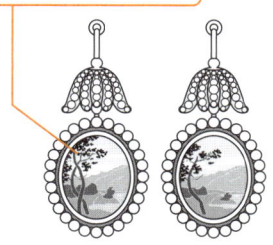

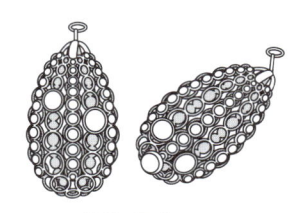

17世紀の耳飾り

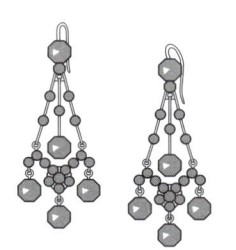

18世紀の耳飾り

当時の一流の装飾品デザイナーだったホルバインのスケッチには多くのジランドール型の耳飾りが描かれている。

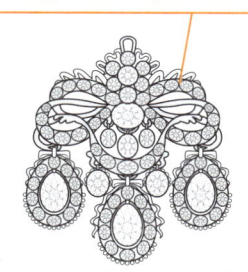

ジランドール型の耳飾り

ハンス・ホルバインによるスケッチ

関連項目

● 耳飾りの分類→ No.003　　● 金属加工技術→ No.014

No.065 近世の首飾り

女性の胸元を華やかに飾る首飾りは、ルネサンスの時代を経て装飾品の主役としてもてはやされるようになる。

●連なる真珠と首飾り人気

近世（16世紀～18世紀初頭）ヨーロッパは、首飾りが再び装飾品の主役となった時代である。服装の変化によるニーズに合わせて様々なデザインが生み出され、人々の胸元を飾るようになったのだ。

当時の首飾りとして一般的なのは、宝石類を連ねた**ネックレス**と**ペンダント**である。特に真珠（しんじゅ）を連ねたネックレスは人気が高い。また、宝石類をはめ込んだ金属の装飾板を連ねたカーカネット、やはり宝石類や七宝細工（しっぽうざいく）で装飾を施した大型のチェーンなども人気があった。

近世初期はルネサンスの影響もあり、**古代ギリシア・ローマ**風のモチーフが好んで用いられている。また、首飾りの持ち主やその関係者などの名前の頭文字、キリストを意味するアルファベットIHSの3文字なども盛んに用いられている。時代が下ってくると、古代ギリシア・ローマの神話、キリスト教の聖人に関するストーリー性のあるもの、人物の肖像を象ったカメオやミニアチュール（細密画）、交易によってヨーロッパに巨万の富をもたらした船、実際に読めるミニチュアの聖書、ハートなどがペンダント・ヘッドのモチーフとして用いられるようになった。変わったところとしては、メメントモリ（死を忘れるな）という風潮を意識したガイコツと棺桶などのデザインも流行している。近世後期にはロココ期の影響もあり、ジャルディネッティと呼ばれる庭園や植物のモチーフも好まれた。

素材としては金や銀を土台として、先に挙げた真珠に加え、ダイヤモンド、ルビー、サファイア、エメラルド、オパール、**瑪瑙**（めのう）など海外から大量に持ち込まれた宝石類がふんだんに使用された。また、バロックパールと呼ばれるゆがんだ真珠を用いて人魚や海竜などを象ることも流行し、職人たちが腕を振るっている。

近世の首飾り

真珠を連ねた首飾り。極端に長いものなどもあった。

金属のパーツを組み合わせたカーカネット。

七宝細工を施した大型のチェーン。

近世の首飾り

近世の首飾りのモチーフ

金、銀に加え、真珠、ダイヤモンド、ルビー、サファイア、エメラルド、オパール、瑪瑙など大航海時代によってもたらされた豊富な宝石類が用いられた。

モノグラム　　祈祷書　　肖像画　　船

メメントモリ　　宗教モチーフ　　バロックパール　　ジャルディネッティ

用語解説

- 首飾りの分類→No.004
- 装飾品の素材2　半貴石1→No.008
- 古代ギリシア・ローマの装飾品の歴史→No.035

No.065　第3章●ヨーロッパの装飾品

No.066 近世の腕輪

近世のファッションは華やかな袖を際立たせたものが多い。そのため、腕輪よりも手袋などの装飾品が発達していった。

●貴族の手を飾る薄絹

　近世（16世紀～18世紀初頭）は豪華な袖が流行した時代である。豪華さを演出するために様々な手法が凝らされ、上着から独立した袖を状況に合わせてつけ替えることも行われたという。そのためもあってか、近世初期の**腕輪**は単純なものが多かった。絵画に描かれる腕輪は、袖口を飾るブレスレットが中心である。17世紀の絵画『ダイヤのエースを持ったいかさま師』には、腕輪を身につけた3人の女性が登場している。彼女たちの腕輪を見ると、捻ったようなデザインに七宝細工を施した金の腕輪、真珠を連ねた腕輪、様々な形に加工された宝石類を連ねた腕輪など、様々な腕輪が用いられていたことがわかる。こうした腕輪は18世紀にも人気があったようで、絵画に描かれる貴婦人たちには真珠を連ねた腕輪を身につけたものが多い。この他、18世紀の腕輪としてはクラスプと呼ばれる楕円形の装飾板を連ねたデザインの腕輪もあった。例えば数列の金の鎖を連ね、ウェッジウッド製の陶器で装飾した楕円形の装飾板を連ねた腕輪や、肖像画を描いた楕円形の装飾板を連ねた腕輪といった具合である。

　手袋が本格的に装飾品として用いられるようになったのも16世紀以降、近世に入ってからのことだった。こうした手袋の素材は様々で、薄くなめされた鹿革や犬革、ビロード、絹などが用いられている。装飾品としての手袋は大抵5本指のグローブで、甲の部分と袖の部分であるカフスで異なった色や布地が用いられることが多い。甲やカフスには銀糸や金糸で刺繍が施され、時にはカフスを締めるためのベルトのバックルが宝石類で飾られることもあった。スラッシュと呼ばれる切り込みも多数つけられ、そこから指輪が覗くようにもされていたという。また、手袋の上からつけられるように、若干フープの径を大きくした指輪も作られた。

近世の腕輪

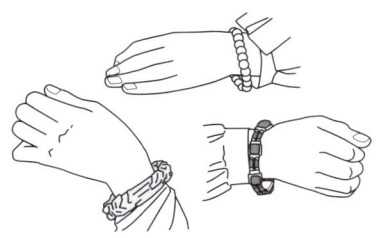

17世紀の絵画に見られる腕輪

ウェッジウッドの腕輪

捩じったデザインに七宝細工を施した金のブレスレットや真珠を連ねたブレスレット、各種の宝石類を連ねた腕輪など。

ミニアチュールのクラスプ

刺繍を施されたカフス。別布や別の色でつくられることもあった。

宝石類を連ねて作ったベルト。カフスの部分を締めて固定するためのもの。

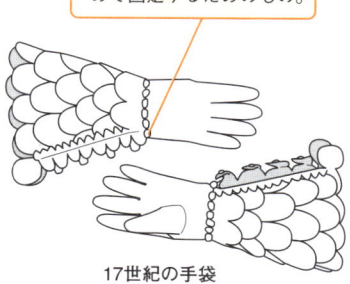

17世紀の手袋

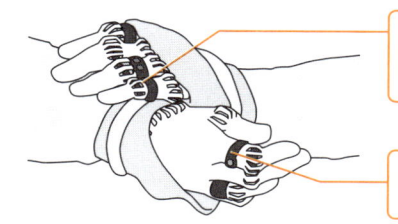

17世紀の手袋

手袋のあちこちに設けられたスラッシュ。この隙間から指輪が覗くように工夫された手袋も多い。

手袋の上からつけられる大きめの指輪も作られている。

関連項目

● 腕輪、足輪の分類→No.005

No.066 第3章●ヨーロッパの装飾品

No.067 近世の指輪

ルネサンスに始まる近世、高まる技術と激動の時代を背景に様々な形状の指輪が作られた。

●最高レベルに達した技術の結晶

16世紀、ルネサンスの風潮は指輪のデザインにも大きな影響を与えている。この時代、ヨーロッパの金工技術は最高レベルに達しており、特に指輪はその最高峰と考えられていた。この時代の指輪の特徴は、左右対称のベゼルと細やかな彫刻の施された**ショルダー**、そして各部に施された**七宝細工**である。例えば、花弁を模した**ベゼル**や彫刻の施されたショルダーに七宝細工を施し、ベゼルの中央に小さめの宝石をはめ込むといった具合である。この時代は指輪のカタログが作られるなど、貴族のパトロンを背景に職人たちが力をつけた時代でもあり、貴族や金持ちにとどまらず庶民向けの指輪も多数作られた。

ところが17世紀に入ると指輪のデザインは一気に簡素化する。宝石のカット技法の発達により、指輪本体より宝石類がデザインの中心に据えられるようになったのである。デザインとしてはクラスターと呼ばれるベゼルに小さな石を並べたデザインや、ピラミッド形の宝石をはめ込みガラスに文字を刻んだライティングリングなどがあった。さらに、メメントモリ（死を忘れるな）と呼ばれる風潮とそれをモチーフとした指輪や、ギメルリングという2つの指輪を組み合わせた一風変わった指輪が登場するのもこの時代の特徴である。

18世紀に入り、バロック、ロココの時代になると再び指輪のデザインは派手なものに変化していく。それまでヨーロッパではベゼルは左右対称なものが多かったが、この時代は左右非対称なものが多く登場する。また、ベゼル自体が大型化し、ミニアチュール（細密画）や七宝細工などで肖像画や当時の世相を反映したものが描かれるようになった。中には時計をはめ込んだような一風変わったものなどもある。

近世の指輪

16世紀の指輪
左右対称のベゼル、ショルダーに彫刻と七宝細工が施されている。

→ 17世紀に簡素化 →

クラスターリング
宝石のカット技法の発達により宝石が主役に。

ライティングリング
ベゼルにはめ込んだ宝石でガラスに文字を刻むことができる。

メメントモリ
15世紀末から死をモチーフとした装飾品が流行。

ミニアチュール

ギメルリング

世相(道化)

世相(時計)

18世紀はベゼルが大型化。ミニアチュールや世相を描いた様々なデザインの指輪が登場した。

関連項目
- 指輪の分類→No.006
- 装飾品の素材4　ガラス・焼き物→No.011

No.067　第3章●ヨーロッパの装飾品

No.068
近世のその他の装飾品1

目まぐるしく変化する近世のファッションは、古来より伝わるもの以外にも多くの風変わりな装飾品を生み出す。

●エチケットもまたファッションへ

　近世（16世紀～18世紀初頭）は、移り変わる服装のモードに合わせて様々な装飾品が登場した時代である。現在では手を拭くための道具にすぎないハンカチも、登場した当時は立派な装飾品のひとつだった。元々は教会で用いられたものだったが、次第に貴族たちにも用いられるようになったのである。イタリア産のレースが施されたハンカチは特に珍重され、高値で取引されたという。様々な形状のものがあり、現在のように全体的に正方形になったのは18世紀、フランスの国王ルイ14世の影響とされる。

　ポマンダーも長く用いられた装飾品のひとつだった。これは香水を練り込んだポマードの入れもので、金属製の籠やくす玉のような形をしている。15世紀ごろからヨーロッパでは公衆浴場が禁止され始め、人々はほとんど入浴をしなくなっていたため、臭いを誤魔化す必要があったのだ。

　フランスやイギリスでは、女性の顔を隠す仮面も用いられていた。これは日焼けや化粧崩れを防止するためや乗馬の際につけるもので、仮面の後ろのボタンの糸を歯の間に通して固定する。一般にも広く用いられていたが、黒のビロード製の全仮面は上流階級にのみ許されたものだった。また、顔につけるものとしてはつけ黒子（ほくろ）なども盛んに用いられている。

　一風変わったものには、主に女性に用いられたフロー・ペルツィヒェン（蚤の毛皮）と呼ばれるものがある。これはテンなどの動物の毛皮に宝石類や金属で目や鼻、爪をつけてまるで生きているように加工したもので、その名の通り蚤が毛皮に移ってくれるように期待されたものだった。

　扇も15世紀末ごろ流行した装飾品である。当初は団扇のような形状であったが、17世紀ごろから折り畳み式の扇も用いられるようになった。当時の貴婦人たちは、いかにおしゃれに扇を持つかに腐心したという。

近世のその他の装飾品1

ハンカチは元々教会で用いられたものが装飾品に。様々な形状のものがあり、全体的に正方形になったのは18世紀以降。イタリア製は高級品だった。

17世紀のハンカチ各種

ポマンダー各種

ポマンダーは香水を練り込んだポマードの入れ物。入浴の機会が減った近世の、臭いに悩まされる人々の必需品だった。

近世のフランス、イギリスで用いられた仮面。日焼けや化粧崩れを防ぐため、乗馬の際などに用いられた。黒ビロードの全仮面は貴婦人にのみ許された。

騎士と仮面をつけた婦人

半仮面をつけた婦人

女性の右肩にかかっているのが、フロー・ペルツヒェン（蚤の毛皮）。宝石類や貴金属で、生きているように装飾された。

フロー・ペルツヒェン

団扇型の扇

折り畳み式の扇

関連項目

●日本のその他の装飾品1→No.100

No.069
近世のその他の装飾品2

発展する技術は、装飾品にも多大な影響を与えた。それまでヨーロッパに存在すらしなかった道具が、装飾品として扱われている。

●小粋なステッキと懐中時計

　近世（16世紀〜18世紀初頭）、特に16世紀以降に装飾品として定着するようになったものも多い。日傘は、古くは**古代エジプト**、古代メソポタミアにまでさかのぼることができるが、ヨーロッパで広く用いられるようになったのは16世紀末のことだった。その流行はイタリアから始まり、スペインからフランス、イギリスと伝播している。当初は大型で折り畳みできなかったが、18世紀ごろには折り畳み式のものが登場した。

　ステッキの流行は、17世紀初頭のフランス国王アンリ4世から始まったといわれている。以降、ステッキは男女のおしゃれに欠かせない道具となった。こちらも当初は大型であったが、次第に小さくなっていく。握りには金や象牙、東洋との交流が盛んになると**竹**なども用いられるようになった。同様に17世紀のフランスで生まれた装飾品にカフスボタン（正確にはカフリンク）がある。これはボタンに金や銀の鎖をつないだもので、袖口を飾るおしゃれとして上流階級の人々にもてはやされた。

　時計もおしゃれの道具として人気があったもののひとつである。表面には**七宝細工**や宝石類の**象眼**が施されており、まだ懐中時計というスタイルが確立されていないこともあって、一見すれば豪勢なペンダントという外見のものも多い。2つの時計を鎖でつないだもの、単に鎖でつないだものなどがある。同様に眼鏡も装飾品として用いられていた。男性の片眼鏡、女性の柄付き眼鏡がそれである。この他、ハンドバッグ、エプロン、煙草入れといった実用品も装飾品として女性たちに用いられている。

　マフは16世紀を中心に大流行した装飾品である。首や胸前のボタンにかけたリボンに吊るした防寒具の一種で、両手を中に突っ込んで使う。金糸、銀糸で刺繍を施した絹織物や、毛皮など様々な素材で作られていた。

近世のその他の装飾品2

ヨーロッパで日傘が用いられるようになったのは近世から。当初は大型で折り畳むこともできなかった。

17～18世紀の日傘各種

17世紀の時計各種

17世紀から装飾品として用いられるようになったステッキ。図のものは大ぶりで本体に竹を使っている。

18世紀の女性のステッキ

マフ

実用品からの装飾品各種

エプロン　　ハンドバッグ　　嗅ぎ煙草入れ　　柄つき眼鏡　　カフリンク

No.069　第3章●ヨーロッパの装飾品

関連項目
- 装飾品の素材4　ガラス・焼き物→No.011
- 装飾品の素材6　植物→No.013
- 金属加工技術→No.014
- 古代エジプトのその他の装飾品→No.032

No.070
近代の装飾品の歴史1

ルネサンスの自由な気風は、近代においてそれに反発する風潮を生み出す。そして台頭する市民たちもまた、自分なりの流行を求めていく。

●乖離する貴族社会と富裕市民

　フランス革命を皮きりに始まる近代ヨーロッパ。当初は18世紀末の流行を追っていた装飾品であったが、フランス皇帝ナポレオンの登場とともに**古代ギリシア・ヨーロッパ**の装飾品を厳格に模倣するエンパイア様式が主流になっている。敵国であったイギリスのジョージアン様式も、デザイン自体はエンパイア様式の模倣である。しかし、当時のイギリスの金の供給不足から、極端に薄い金を加工する技術が発達していた。

　このエンパイア様式の反動から生み出されたのがロマン主義である。その名の通り感情的な表現に満ちあふれており、花言葉をモチーフに盛り込んだものや宝石の頭文字を使った文字遊びをした装飾品などが生み出されている。さらに、考古学的発見や**ゴシック**や**ロココ**といった過去の歴史的流行をモチーフとした歴史主義も展開されるようになった。イギリスのヴィクトリアン様式と呼ばれる様式も、初期はこの影響を受けている。

　しかし、19世紀中ごろ、イギリスでは一種独特といえる装飾品が流行するようになった。喪を表現した**ジェット**と呼ばれる黒い石を用いたモーニング・ジュエリーや、死者の遺髪を用いたメモリアル・ジュエリーである。当時の女王、ヴィクトリア女王が夫の喪に服したことに由来する流行だったが、これはあくまで上流階級での話。庶民にとってはあまり関係ない流行だった。そのころ、比較的豊かになりつつあった人々は大量生産によって生み出されたロマン主義的、歴史主義的な安価な装飾品を好んでいたのである。ベル・エポック（フランス語で美しき時代）と呼ばれるこの時代は、まさに大量消費の時代であった。フランスではグランド・メゾンと呼ばれる大宝石商が登場し、各国の貴族や新興の富裕層を相手に手広く商売を展開していたのである。

近代の装飾品の歴史1

エンパイア様式

古代ギリシア・ローマの厳格な模倣。フランス皇帝ナポレオンの好みを反映。

模倣
⬇

ジョージアン様式

エンパイア様式を模倣。金が不足したため、極端に薄い金の加工法を確立。

左からルビー、エメラルド、ガーネット、アメジスト、ルビー、ダイヤモンドで「REGARD（愛情、尊敬）」と書いている。

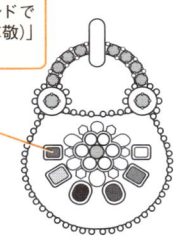

ロマン主義のブローチ

反発！

ロマン主義

感情的表現に満ち溢れる。花言葉や言葉遊びなどが盛り込まれた。

⬇

歴史主義

考古学的発見やロココやゴシックなど歴史的な流行をモチーフに。

初期ヴィクトリアン様式

ロマン主義歴史主義の模倣。

⬇

中期ヴィクトリアン様式

喪を表すモーニング・ジュエリーや遺髪を使ったメモリアル・ジュエリーが流行。

模様は全て遺髪を並べて作られた物！

メモリアル・ジュエリーのブローチ

ベル・エポック

大量生産による安価な装飾品の流行と、新興富裕層を相手にしたグランド・メゾンと呼ばれる大宝石商の登場。

関連項目

- 装飾品の素材6　植物→No.013
- 古代ギリシア・ローマの装飾品の歴史→No.035
- 中世前期から盛期の装飾品の歴史→No.050
- 中世後期の装飾品の歴史→No.057
- 近世の装飾品の歴史→No.062

No.071 近代の装飾品の歴史 2

民衆による需要は、職人たちの精力的な活動を呼び、装飾品に新たな潮流をもたらす。しかし、世界を覆う戦乱はそこに深い影を落とした。

●アール・ヌーヴォーという芸術

　大量生産による装飾品が増える19世紀中ごろのヨーロッパにおいて、こうした流れに反するような運動も行われていた。それがアーツ・アンド・クラフトやアール・ヌーヴォーと呼ばれる運動である。イギリスを中心に展開されたアーツ・アンド・クラフトは、職人の手作りによる一貫した装飾品作りを目指したものである。**ゴシック時代**をモチーフとし、安価な宝石類を用いた素朴な作りのものが多い。一方、フランス、ベルギーを中心に展開されたアール・ヌーヴォーは、**日本的デザイン**を中心に様々な場所、時代のデザインを採り入れている。東洋的な曲線で構成されたものが多く、色彩豊かな宝石類や**七宝細工**をふんだんに用いて作られていた。また、デザイナーと職人を別にしたことにより、非常に完成度の高いものが多い。

　これらとは別に、エドワーディアン様式、ガーランド様式と呼ばれる流れも存在した。これは白を基調とした左右対称の大ぶりな装飾品で、ダイヤモンドと新金属である**プラチナ**を用いた端正な作りのものだった。

　しかし、こうしたヨーロッパ中心の装飾品の歴史も次第に陰りを見せ始める。第1次世界大戦によりヨーロッパは荒廃し、装飾品どころではなくなってしまったのである。そうした状況を背景に登場したのが、アール・デコと呼ばれる流行だった。女性の社会進出に伴って求められた装飾品は、幾何学模様で構成され、男性的なはっきりとしたデザインとなっている。その一方で東洋的なデザインは依然として人気があった。もっとも、この流行も第2次世界大戦の勃発によりすぐに終息してしまう。

　こうした中、力をつけたのが新興国のアメリカであった。既にティファニーなど力のある宝石商が登場していたアメリカは、荒廃したヨーロッパに代わり装飾品の世界を牽引していくのである。

近代の装飾品の歴史2

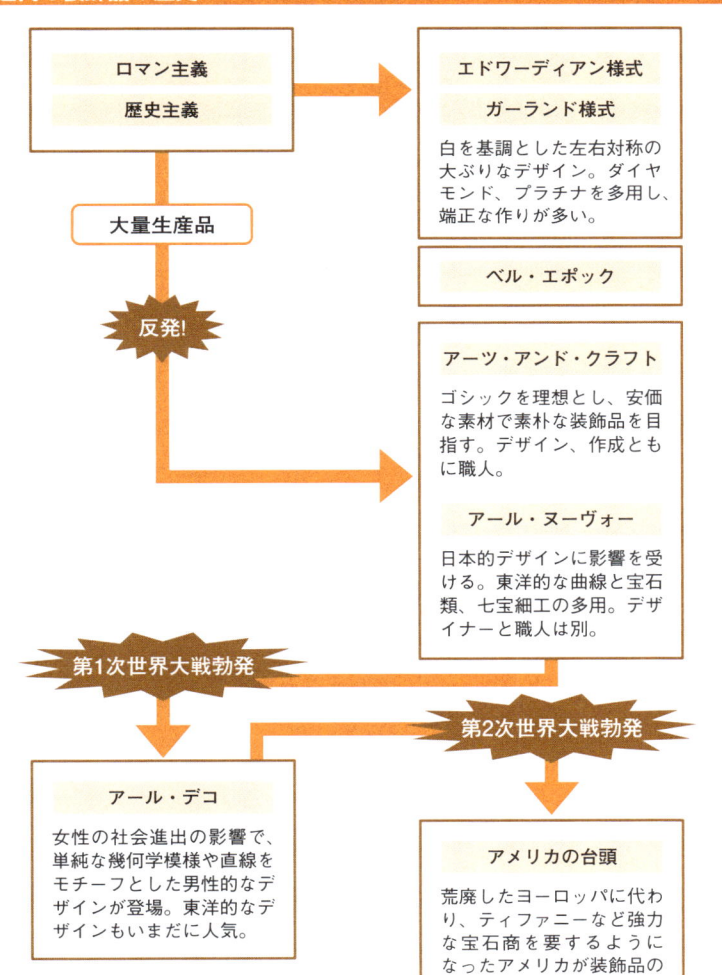

```
┌─────────────────┐              ┌─────────────────────┐
│  ロマン主義      │─────────────▶│  エドワーディアン様式 │
│  歴史主義        │              │  ガーランド様式      │
└─────────────────┘              │                     │
                                 │ 白を基調とした左右対称の│
                                 │ 大ぶりなデザイン。ダイヤ│
                                 │ モンド、プラチナを多用し、│
                                 │ 端正な作りが多い。    │
      │                          └─────────────────────┘
      ▼
┌─────────────┐                  ┌─────────────────────┐
│  大量生産品  │                  │  ベル・エポック      │
└─────────────┘                  └─────────────────────┘
      │
   ★反発!★                       ┌─────────────────────┐
      │                          │ アーツ・アンド・クラフト │
      │                          │                     │
      │                          │ ゴシックを理想とし、安価│
      │                          │ な素材で素朴な装飾品を目│
      └─────────────────────────▶│ 指す。デザイン、作成とも│
                                 │ に職人。             │
                                 └─────────────────────┘

                                 ┌─────────────────────┐
                                 │  アール・ヌーヴォー   │
                                 │ 日本的デザインに影響を受│
                                 │ ける。東洋的な曲線と宝石│
                                 │ 類、七宝細工の多用。デザ│
                                 │ イナーと職人は別。    │
                                 └─────────────────────┘

   ★第1次世界大戦勃発★
      │                             ★第2次世界大戦勃発★
      ▼                                    │
┌─────────────────────┐                    ▼
│   アール・デコ        │          ┌─────────────────────┐
│                     │          │   アメリカの台頭      │
│ 女性の社会進出の影響で、│          │                     │
│ 単純な幾何学模様や直線を│          │ 荒廃したヨーロッパに代│
│ モチーフとした男性的なデ│          │ わり、ティファニーなど強力│
│ ザインが登場。東洋的なデ│          │ な宝石商を要するように│
│ ザインもいまだに人気。  │          │ なったアメリカが装飾品の│
└─────────────────────┘          │ 流行を牽引するように。 │
                                 └─────────────────────┘
```

関連項目
- ●装飾品の素材3　金属→No.010
- ●装飾品の素材4　ガラス・焼き物→No.011
- ●中世前期から盛期の装飾品の歴史→No.050
- ●中世後期の装飾品の歴史→No.057
- ●日本の装飾品の歴史→No.094

No.072
近代の頭飾り

近代、女性は禁欲的なベールや大仰な髪から解き放たれ、軽やかな冠でその髪を飾るようになった。ティアラの登場である。

●繊細で華やかな冠の誕生

　近代（18世紀末～20世紀初頭）において最も象徴的な頭飾りは**ティアラ（小）**である。中世以降のヨーロッパでは権威の象徴といえばクラウン、コロネル、コロネットといった冠だった。しかし、18世紀末からイギリス宮廷などを中心に女性たちの頭飾りとしてティアラ（小）が用いられ始めるようになる。フランスでは革命前後は女性の頭飾りは羽根飾り**エイグレット**が主流であったが、ナポレオンが皇帝になると、古代ギリシア、ローマの伝統を模してティアラ（小）を身につけるようになった。その後、ティアラ（小）は近代を通じてあらゆる層で、公的、私的行事を問わず用いられるようになる。また、飾り櫛も人気のある頭飾りのひとつだった。

　ティアラ（小）の形状と素材は、時代の影響を強く受けている。エンパイア様式は厳格に**古代ギリシア、ローマ風**の植物や幾何学模様をモチーフとし、ロマン主義様式では華やかに花や星といったモチーフが、アール・ヌーヴォー様式では東洋的、エドワーディアン様式、ガーランド様式では繊細な草花を編んだ花綱といった具合である。素材はダイヤモンドや真珠が人気であったが、より安価な素材としてアメジストやアクアマリン、トパーズなどの半貴石も用いられている。古代の**カメオ**や**インタリオ**がはめ込まれることもあった。台座は19世紀まで金、銀が中心であったが**プラチナ**が登場すると一気にプラチナがその座を奪ってしまう。

　日常において人々の頭を飾ったのは帽子である。男性にはこの時代を通じてトップ・ハットが正装だった。しかし、時代が下るにつれソフト帽やカンカン帽、山高帽のような軽快な帽子が好まれるようになる。女性は頭をアーチ状に覆うビビ、つば広帽のシャッポー、後頭部に載せるボンネットが好まれたが、最終的にはシャッポーが正装となっていった。

近代の頭飾り

18世紀末ごろからイギリスを中心にティアラが登場する。その後、フランスでも取り入れられ、ヨーロッパ各地の女性に用いられる装飾品となった。

ローマ時代のインタリオをはめ込んである。

エンパイア様式のティアラ

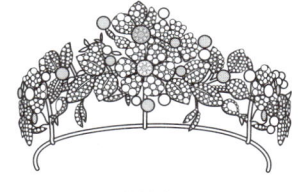

ロマン主義様式のティアラ

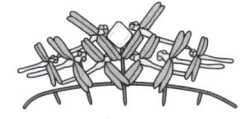

アール・ヌーヴォー様式のティアラ

ガーランド様式のティアラ

エイグレット

男性の帽子各種

トップ・ハット　ソフト帽　山高帽　カンカン帽

飾り櫛

女性の帽子各種

ビビ　ボンネット　シャッポー

関連項目
- 装飾品の素材3　金属→No.010
- 宝石のカット技法→No.015
- 古代ギリシア・ローマの装飾品の歴史→No.035
- イスラム教文化圏の主な装飾品→No.093

No.073
近代の耳飾り

発展著しい近代において、耳飾りは時代を映す鏡のようにあらゆる形に進化し、発展していった。

●一揃いのフォーマルなものから身近なピアスまで

　近代（18世紀末～20世紀初頭）に入り上流階級の女性たちの間では長く、大きな耳飾りが流行するようになった。これはドレスの襟繰りが広く、四角くあけられるようになったからだといわれている。また、**ピアス**が再び流行するようになった。この流行は耳飾りのみにとどまらず、あらゆる場所にピアスがつけられたという。複数の装飾品を1組のセットにしたパリュールが盛んに用いられるようになったのも18世紀ごろからである。この時代の耳飾りは宝石類が主役で、金属は台座として扱われていた。

　ロマン主義、歴史主義様式が流行するようになると、古今東西、あらゆる時代の様式の耳飾りが見られるようになった。また、植物やハートなどのモチーフも好まれている。この時代の耳飾りは、ダイヤモンドなどをふんだんに使った正装用のものと、比較的安価なアメジストなどの半貴石やイミテーションを用いた日常用の2種類のものが作られていた。一風変わっていたのがアイアンジュエリーと呼ばれるものである。これはフランスとの戦いで疲弊したプロシア（ドイツ）が、戦費捻出のために貴金属製の装飾品を鉄製の装飾品に代えたのが始まりだったが、当の戦争相手のナポレオン1世がこれを気にいりフランスに持ち込まれたというものだった。

　アーツ・アンド・クラフト、アール・ヌーヴォーの時代には、独特の東洋風な耳飾りが多数生み出されている。もっともこれはごく一部の流行であり、上流階級ではダイヤモンドとプラチナを中心としたパリュールが、庶民の間では18世紀のフランスのデザインをモチーフとした大量生産品が用いられている。第1次世界大戦後、アール・デコの時代の幾何学模様、東洋的なデザインの流行を経て、第2次世界大戦後は実に多様なデザインが用いられるようになり現在にいたっている。

近代の耳飾り

18世紀に始まったパリュールは、近代に入っても人気。ピアスも復活し、耳といわず体中につけられた

ジョージアン様式のパリュール

歴史主義様式のイヤリング

ロマン主義様式のイヤリング

アイアンジュエリーのイヤリング

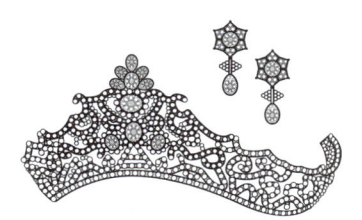

他の装飾品と同じく、安価な半貴石を使ったイヤリングも人気に。それとは別に、鉄を素材としたアイアンジュエリーがドイツからフランスに入って流行する。

ガーランド様式のパリュール

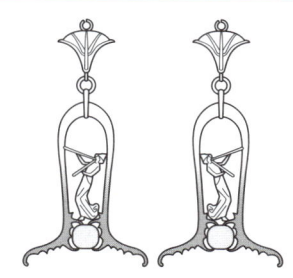

アール・ヌーヴォーのイヤリング

関連項目
●耳飾りの分類→No.003

No.074 近代の首飾り

近代の装飾品の多くは流行を色濃く反映している。首飾りもその例外ではなく、実に様々な形状のものが作られた。

●時代背景と流行を反映する様々な首飾り

　近代（18世紀末〜20世紀初頭）の首飾りは様式によって形状が異なっている。フランスのエンパイア様式では**古代ローマ風**の大ぶりなものが重要視された。皇帝ナポレオンの肖像画の首飾りは、宝石を散りばめ、上半身をほとんど覆うほどである。歴史主義様式は同様に古代の装飾品をモチーフとしているが、軽やかなデザインである。イギリスのジョージアン様式では金の使用量を減らすために、チェーンなどに工夫が施された。薄い金の板を立体的に打ち出すことで、ボリュームと強度を出したのである。

　ロマン主義様式ではハートのモチーフや、宝石を用いた言葉遊びが流行した。こうしたモチーフは、イギリスのジョージアン様式やヴィクトリアン様式にも受け継がれている。これに加え青の**七宝細工**と**ガーネット**、そしてブラジリアンチェーンという太いチェーンを用いるのがヴィクトリアン様式の特徴だった。もっとも、ヴィクトリア女王が夫アルバート公の喪に入ると**ジェット**と呼ばれる黒い宝石など地味な素材が流行するようになる。

　ベル・エポック時代に入ると、庶民は前時代の装飾品を模した安価で派手な大量生産品を愛用するようになった。その一方で、プラチナやダイヤモンド、真珠を用いた左右対称の端正な装飾品も用いられている。これらはイギリスではエドワーディアン様式、フランスでは花綱模様をモチーフとしたところからガーランド様式と呼ばれた。

　大量生産を批判するように登場したアーツ・アンド・クラフトでは、安価でありつつ簡素でスッキリとしたデザインが多い。それに対しアール・ヌーヴォー様式では東洋的な意匠を取り込み、左右非対称で曲線的な自然物をモチーフとしたデザインが中心である。続くアール・デコ様式は、東洋的モチーフこそ用いたものの幾何学的で男性的なラインが重要視された。

近代の首飾り

エンパイア様式
古代ローマ風デザイン。ほとんど胸を覆うほど大ぶり。

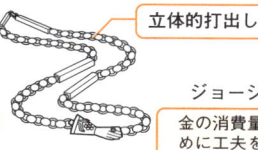

立体的打出し

ジョージアン様式
金の消費量を減らすために工夫を凝らした加工が行われる。

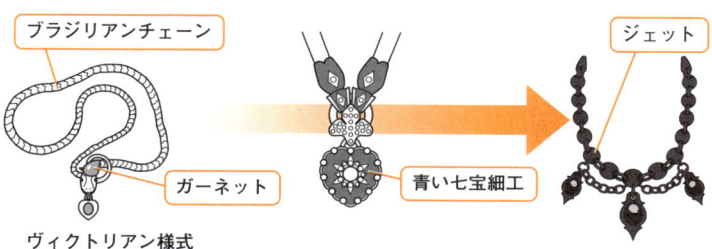

ブラジリアンチェーン

ガーネット

青い七宝細工

ジェット

ヴィクトリアン様式
初期はロマン主義様式や歴史主義様式の影響が強い。後期は黒いジェットと呼ばれる宝石などを用いた地味な色彩のものに代わる。

エドワーディアン様式
ダイヤモンドやプラチナ、真珠を用いた左右対称のデザイン。

ガーランド様式
花綱（ガーランド）様式の名の通り植物モチーフ。

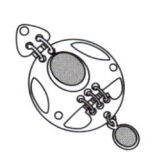

アーツ・アンド・クラフト様式
簡素なデザインで、素材も比較的安価。

アール・ヌーヴォー様式
東洋的な意匠を取り込み左右非対称で曲線的。自然物がモチーフ。

アール・デコ様式
直線的で男性的デザイン。東洋的なものも多い。

関連項目
- 首飾りの分類→No.004
- 装飾品の素材2　準貴石1→No.008
- 装飾品の素材4　ガラス・焼き物→No.011
- 装飾品の素材6　植物→No.013
- 古代ギリシア・ローマの装飾品の歴史→No.035

No.075 近代の腕輪

セットの装飾品パリュールのひとつとして扱われる一方、腕輪は様々な流行を反映したものが作られた。

●古代を模した腕輪と新進気鋭の作る腕輪

　近代（18世紀末〜20世紀初頭）の**腕輪**は他の装飾品とセットで扱われたパリュールのものと、独立したものがあった。単独のものは、他の装飾品同様に流行を大きく反映している。特に歴史主義様式やロマン主義様式を反映した時期にはバングルやブレスレットなど様々な形状のものが作られた。例えば、**古代ギリシア**や**エトルリア**をモチーフとした腕輪は、当時の粒金細工を再現した重厚な金の腕輪となっている。近世の腕輪をモチーフとしたものは、楕円形の装飾板に七宝細工による彩色を施したものなどが作られた。ロマン主義様式を反映したフランスでは、宝石を連ねてその名前の頭文字で文字遊びをする腕輪なども作られている。

　パリュールの腕輪には、ダイヤモンドや真珠をデザインの中心としたものと、アメジストやガーネットなどの半貴石を用いた安価なものがあった。安価なものは金属板を打ち抜いた台座に半貴石をはめ込み、デザインも簡略化されている。一方、エドワーディアンやガーランドと呼ばれる様式は、植物やリボンなどをモチーフとした凝った台座にダイヤモンドをふんだんに用いていた。こうした上流階級向けのデザインに対し、新興の富豪層向けにはグランド・メゾンと呼ばれる大手の宝石商により、18世紀末ごろのデザインを基にした比較的安価な大量生産品が作られている。

　こうした流れとは一線を画するのがアーツ・アンド・クラフト様式とアール・ヌーヴォー様式である。東洋的で自然物をモチーフとした独特な曲線は、女優のサラ・ベルナールなど先進的な人々に好まれた。第1次世界大戦を挟んで登場するアール・デコの男性的で直線的なデザインや、**インド**などをモチーフとしたオリエントなデザインは、当時の女性を中心に流行している。

近代の腕輪

歴史主義様式では、古代や中世、ルネサンスなどの様式が盛んに用いられた。

歴史主義様式の腕輪

ロマン主義様式では、ハートなどロマンチックなモチーフが多い。右図は宝石の頭文字で言葉遊びをした腕輪。

ロマン主義様式の腕輪

機械で打ち抜いた金の板にガーネットをはめ込んだ腕輪。安価な日常用や新興富裕層向けに、このような装飾品が大量生産された。

ヴィクトリア期の腕輪

大量生産に逆らうように繰り広げられたアール・ヌーヴォー様式の腕輪。東洋的な自然物のモチーフと曲線が特徴。第1次世界大戦後に流行したアール・デコは下図のように直線的で男性的デザイン。

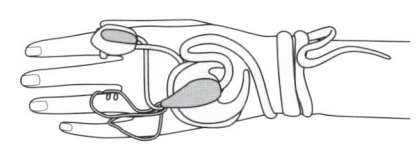

アール・ヌーヴォー様式 サラ・ベルナールの腕輪

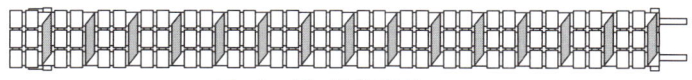

アール・デコ様式の腕輪

関連項目
- 腕輪、足輪の分類→No.005
- 金属加工技術→No.014
- ミノア、ミケーネ、エトルリアの装飾品の歴史→No.033
- 古代ギリシア・ローマの装飾品の歴史→No.035
- 中世以降のインドの装飾品の歴史→No.085

No.075 第3章●ヨーロッパの装飾品

No.076
近代の指輪

指輪もまた時代を映す鏡である。復古主義的な指輪から、アール・ヌーヴォーによる指輪の概念を超えたものまで様々だった。

●奔流するデザインの数々

近代（18世紀末〜20世紀初頭）初頭、指輪はエンパイア様式や歴史主義様式の影響を受け、古典的デザインが中心となった。左右対称のベゼル、飾り気のないショルダーとフープといった具合である。ベゼルには古代ローマ風の**カメオ**や**インタリオ**がはめ込まれることもあった。その後、首輪を模したフープの幅の広い指輪など実験的な指輪が登場するが、19世紀に入るとハートや草花といったロマンチックなモチーフにほっそりとしたフープ、**七宝細工**を特徴としたロマン主義様式の指輪、近世以前のデザインや**ルネサンス様式**、豪壮で華麗な**バロック様式**、優美で繊細な**ロココ様式**を模した歴史主義様式の指輪にとって代わられるようになった。

19世紀、豪商による大量生産の時代となったベル・エポックの時代になると、指輪のデザインは再び宝石中心のものに変化する。デザイン自体の画一化も進み、一粒石の**ソリティア**、指輪の上半分に宝石をはめ込んだ**ハーフ・フープ**、ベゼルの部分で指輪の両端が上下に交差する**クロスオーバー**などが一般化するようになった。ダイヤモンドや真珠、プラチナを用いたエドワーディアン様式、ガーランド様式でも冒険的なデザインは少なく、左右対称で端正な作りのものが多い。

職人による素朴な手造りを目指したアーツ・アンド・クラフトや、それに続くアール・ヌーヴォー様式の登場により、指輪のデザインは再び自由なものとなる。前時代の両端の尖った大ぶりなベゼルを持つパネル・リングが再び登場し、アール・ヌーヴォー様式では東洋的なモチーフ、デザインを取り込み、大ぶりで曲線的な指輪が多く作られた。また、ガラスや東洋的素材などが積極的に採り入れられている。続くアール・デコ様式では、モチーフは抽象化されデザインは直線的、幾何学的なものとなった。

近代の指輪

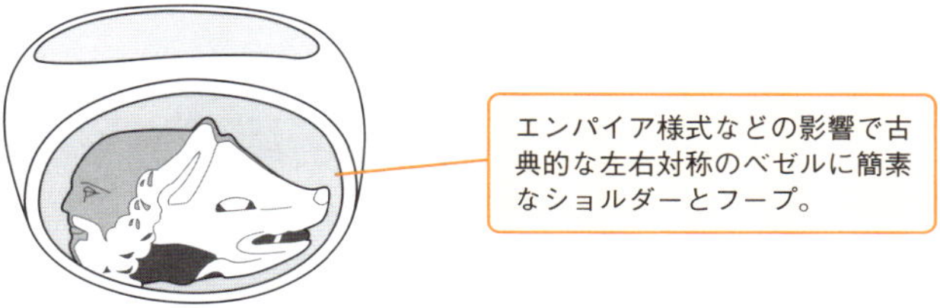

エンパイア様式などの影響で古典的な左右対称のベゼルに簡素なショルダーとフープ。

近代初期の指輪

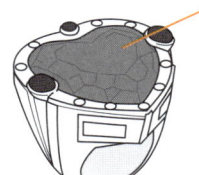

ハートなどロマンチックなモチーフを多用。

ルネサンスなど過去の様式を復活。

ロマン主義様式 　　首輪型の指輪　　歴史主義様式

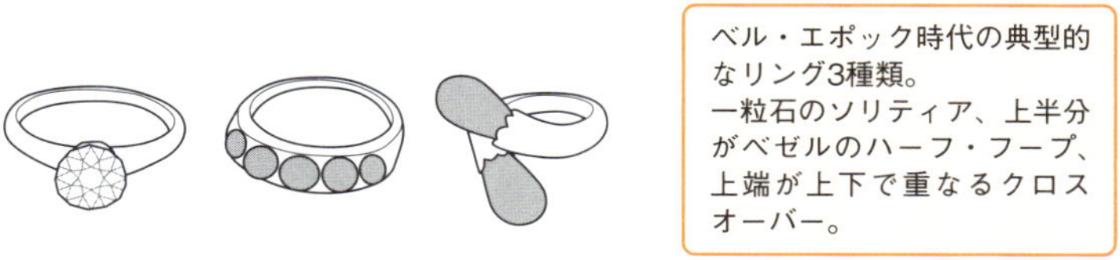

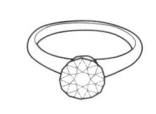

ベル・エポック時代の典型的なリング3種類。
一粒石のソリティア、上半分がベゼルのハーフ・フープ、上端が上下で重なるクロスオーバー。

東洋的モチーフと曲線を多用。

パネル・リング 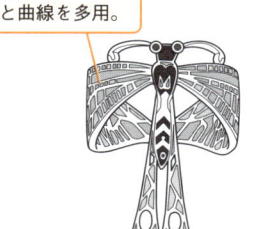　　アール・ヌーヴォー様式 　　アール・デコ様式

関連項目
- 指輪の分類→No.006
- 装飾品の素材4　ガラス・焼き物→No.011
- 宝石のカット技法→No.015
- 近世の装飾品の歴史→No.062

No.076　第3章●ヨーロッパの装飾品

No.077
近代のその他の装飾品

近世に生まれたステッキやハンカチといった装飾品たち。これらもまた、近代の革新の中でその存在感を強めていく。

●装飾品から実用品へ

近代（18世紀末～20世紀初頭）の装飾品は、**ステッキ、ハンカチ、扇、日傘、カフスボタン**など近世から引き続き用いられたものが多い。

ブローチもそのひとつで、流行を反映した様々な様式のものが作られた。動植物やハートを象ったロマン主義様式、古代の遺物を模倣する歴史主義様式、東洋趣味と曲線美にあふれたアール・ヌーヴォー様式、幾何学模様を多用したアール・デコ様式といった具合である。

時計も同様に流行の影響を受けたものが作られているが、一般的に流行していたのは重い金鎖をつけた金の懐中時計だった。しかし、第1次世界大戦後に腕時計の便利さが認識されると懐中時計は廃れるようになり、時計は腕時計が中心となっていく。

変わったものとしてはシャトレーヌがある。これはフックと多くの鎖、装飾板などで構成された装飾品で、時計などをつけてベルトから吊るして用いた。19世紀初頭に一時廃れるが、中期以降再び人気となっている。

近代から定着し、今も長く愛されている装飾品にはショールがある。ショールの存在は古くからヨーロッパでも知られていたが、盛んに用いられるようになったのは19世紀初頭にオリエント趣味が流行するようになってからだった。非常に高価であり、皇帝となったナポレオンは禁令を出したほどだったが、当のナポレオンの夫人ジョセフィーヌはショールを3～400枚ほども持っていたという。

19世紀後半に入ると、フランスを中心に再びエプロンやハンドバッグが流行するようになった。金属の装飾板や宝石類を縫いつけた布製バッグや、ビーズを連ねって作ったバッグ、色糸で刺繍を施した白リンネルのエプロンなどが人気だったようである。

近代のその他の装飾品

ブローチ各種

- 歴史主義様式
- ガーランド様式
- ロマン主義様式
- アール・ヌーヴォー様式
- アール・デコ様式
- スコティッシュ様式

この時代は流行に合わせて様々なブローチが作られた。

金時計を吊るす金鎖アルバート

第1次大戦を境に腕時計が人気に！

カルティエサントスモデル

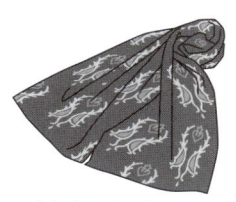

カシミール・ショール

オリエントブームによりショールが流行するように！

シャトレーヌ

ステッキ、ハンカチ、扇、日傘、カフスボタンなども装飾品として人気。エプロン、ハンドバッグも19世紀後半から再び用いられるように。

関連項目
- 古代エジプトのその他の装飾品→No.032
- 近世のその他の装飾品1→No.068
- 近世のその他の装飾品2→No.069
- 日本のその他の装飾品1→No.100

No.077　第3章●ヨーロッパの装飾品

宝石にまつわる話

　有名な宝石には様々な逸話がつきまとっている。それはその圧倒的な美しさもさることながら、金銭的価値の高さがどことなく暗い、怪しげな逸話を想像させるからであろう。こうした宝石の中でも特に有名なものが「ホープ・ダイヤ」である。

　呪われた宝石として名高いこの青いダイヤが歴史に登場するのは1668年のこと。タヴェルニエという宝石商が当時のフランス国王ルイ14世に売りつけたのである。実はこのダイヤはインドの女神像から盗賊が盗んだもので、呪われているという噂のあるいわくつきのものだった。タヴェルニエもその後インドで野犬にかみ殺されたといわれている。そんなことを知ってか知らずか、ルイ14世はこのダイヤを67カラットのハート形にカットさせ、「王冠のブルー・ダイヤモンド」と名付けて用いていた。彼自身には特にダイヤの呪いは効果を発揮しなかったようである。問題の呪いが効果を発揮するのはそのずっと後のことだった。

　このダイヤを継いだルイ16世と王妃マリー・アントワネットや、名前の由来となったヘンリー・フィリップ・ホープなど歴代の所有者が軒並み悲惨な最期を遂げたのである。もっとも、これは後世に作られた伝説にすぎないのかもしれない。現在ホープ・ダイヤはアメリカのスミソニアン博物館に静かに鎮座している。

　同じような経歴を持つ宝石に「オルロフのダイヤモンド」がある。このダイヤもインドの女神像から盗み出されたとされているが、こちらは持ち主に不幸を与えたという話は特に残っていない。唯一不幸であったのは、名の由来となったロシアの貴族グレゴリー・オルロフぐらいであろう。彼は当時のロシアの女帝エカテリーナの愛人であったが、その寵愛を失っていた。そこでこのダイヤを買い取り女帝の愛を取り戻そうとしたのであるが、女帝はダイヤこそ喜んで受け取ったものの、彼を再び愛人にすることはなかったのである。その後オルロフのダイヤモンドはロシア皇帝の王笏にはめ込まれた。王笏は現在でも、ロシアのクレムリンにある宝物庫で燦然と輝いている。

　イギリス王室に伝わる「コ・イ・ヌール」も一風変わった逸話を持つ宝石である。「光の山」と名付けられたこのダイヤモンドには、「所有者は世界を支配する」、「決して男性は身につけてはならない」という言い伝えがあるのだという。元々はインドの地方貴族の持ち物であったが、16世紀に入りムガール帝国皇帝のものとなった。しかし、18世紀のイラン帝国がムガール帝国に侵攻。コ・イ・ヌールはイラン帝国皇帝ナディール・シャーの手に渡る。しかし、それも長続きはしない。1747年ナディールは暗殺され、コ・イ・ヌールは彼の甥、そして孫のシャー・ルークへと次々と持ち主を変えていく。19世紀にはイラクから再びインドに持ちこまれ、当時勢力を誇っていたシク王国の持ち物となった。しかし、このシク王国もイギリスに敗北。そしてコ・イ・ヌールはヴィクトリア女王が手にすることとなった。その後、イギリスでは言い伝えが守られたのか、男性は一度たりとも身につけてはいないという。

第4章
アジア・
新世界の装飾品

No.078 中国の装飾品の歴史

悠久の歴史を誇る中国。装飾品の発展は、その広大な国土を支配した民族が常に牽引していた。

●王朝ごとに変わる流行

　中国の装飾品の歴史は、その時中国を支配していた民族の影響を強く受けている。中国大陸には漢民族を始め、様々な民族が暮らしていた。そして、彼らは独自の装飾品の文化を持っていたのである。

　中国の装飾品の変遷は、大まかに分けて8つの段階に分けることができる。第1の段階は紀元前1万年近くからの石器時代。その名の通り装飾品の多くは石が中心で、その他動物の**骨や牙**、ごく初期の段階の**焼き物やガラス**が用いられた。第2の段階は紀元前1600年ごろからの商周の時代。この時代から**金属**の装飾品が登場し始める。第3の段階は紀元前770年ごろからの春秋戦国時代から秦にかけての時代。この時代の装飾品の主役となったのは**軟玉**(なんぎょく)で、金や銅などとともに用いられた。第4の段階は220年ごろから始まる漢から南北朝の時代である。この時代は**鋳造**(ちゅうぞう)による装飾品が登場し、宝石類の**象眼**(ぞうがん)も盛んに行われるようになった。続く第5の段階、580年ごろから始まる隋唐から五代十国の時代は、宝石類や貴金属の装飾板を組み合わせた最も精巧な装飾品が用いられた時代である。しかし、五代十国の時代には国が乱れ、次第に装飾品も衰退し始めた。

　第6の時代、960年ごろから始まる両宋の時代は文化の発展に力が入れられた時代であり、装飾品も再び復興の兆しを見せ始めた。両宋と重なる900年ごろから始まる第7の時代、遼、金、元の時代は**北方騎馬民族**の時代である。装飾品もディフォルメされた動物をモチーフとする彼ら独特の装飾品の影響を受けたものが多い。第8の時代、1300年ごろからの明、清の時代は中国南方の影響の強い明の文化を北方民族の王朝である清が引き継いだ形となっている。そのため服装などに関しては大きな差異があるものの、装飾品に関しては比較的そのまま明のものが引き継がれている。

中国の装飾品の歴史

第1段階：石器時代
・石、獣骨、焼き物、ガラスなど。

第2段階：商周時代
・金属製の装飾品が登場。

第3段階：春秋戦国時代～秦時代
・軟玉、金、銅などが主流に。

第4段階：漢～南北朝
・鋳造による装飾品が登場。
・宝石類が盛んに用いられるように。

> 玉（翡翠）に巧みに金の装飾板や宝石類が組み込んである。

唐時代のベルト

第5段階：隋唐～五代十国
・最も精巧な装飾品が生み出された時代。五代十国の戦乱で衰退。

第6段階：両宋時代
・文化発展に力の入れられた時代。装飾品も次第に復興。

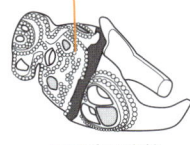

> ディフォルメされた動物がモチーフにされている。

元時代の指輪

第7段階：遼、金、元時代
・北方騎馬民族文化の影響の強い装飾品が多い。

第8段階：明、清時代
・南方系の影響が強い明の装飾品を清が引き継ぐ。

関連項目
- ●装飾品の素材2　半貴石1→No.008
- ●装飾品の素材3　金属→No.010
- ●装飾品の素材4　ガラス・焼き物→No.011
- ●装飾品の素材5　動物→No.012
- ●金属加工技術→No.014
- ●スキタイの装飾品の歴史→No.044

No.079 中国の頭飾り

西洋、地中海世界においては金属製が多かった冠だが、中国では主に布冠を基本として発展していく。

●髷を覆った布製の頭巾

　中国の**頭飾り**は時代によって大きく異なっていた。しかし、大まかには男性は冠、頭巾、帽子、女性は冠、簪、櫛などに分けることができる。

　男性の冠として有名なものには、冕冠と忠靖冠がある。冕冠は周代から用いられたもので、筒状の冠の上に前後に長い板を載せたもので、身分に応じた玉飾りを板の前後に下げた。忠靖冠は明代に登場したもので、冠の正面に3つの膨らみができるように金糸で縫いとりがされ、後ろに羽根状の2つの飾りがつけられている。頭巾には2枚の布の片端を額の中央に沿った線を描くように縫い付けもう片端を後ろで結んだ幅巾、幅巾の形が整えられ帽子のようになった幞頭などがあった。幞頭は明代になると烏紗帽と呼ばれるようになる。形状も結び目を羽根状にするように変化し、役人の服装に採り入れられるようになった。帽子としては元代の花弁のような瓦楞帽、清代の役人が用いた皿の上にお椀をかぶせたような温かい帽子、背の高い円錐形の涼しい帽子、庶民のかぶった頭にピッタリとした丸い瓜皮帽がある。

　女性の冠は宋代まで公的なものではなく、花冠のような動植物をモチーフにした様々な冠が用いられた。宋代以降は鳳冠と呼ばれる龍や鳳、花々を模した金細工に宝石類をはめ込んだ冠が公的な場で用いられるようになる。元代には顧姑冠と呼ばれる円筒状の飾りを立てた冠も用いられたが定着はしなかった。清代には朝冠が登場するが、これも鳳冠の一種である。

　簪や櫛は周代以前から用いられていた古い装飾品で、その素材も形も様々である。古くは**骨**や**竹**、**鼈甲**が、時代が下ると金や銀、宝石類などが用いられた。さらに季節の花々で髪を飾るということも行われている。もっとも、こうした頭飾りはあくまで裕福な人のものだったようである。

中国の頭飾り

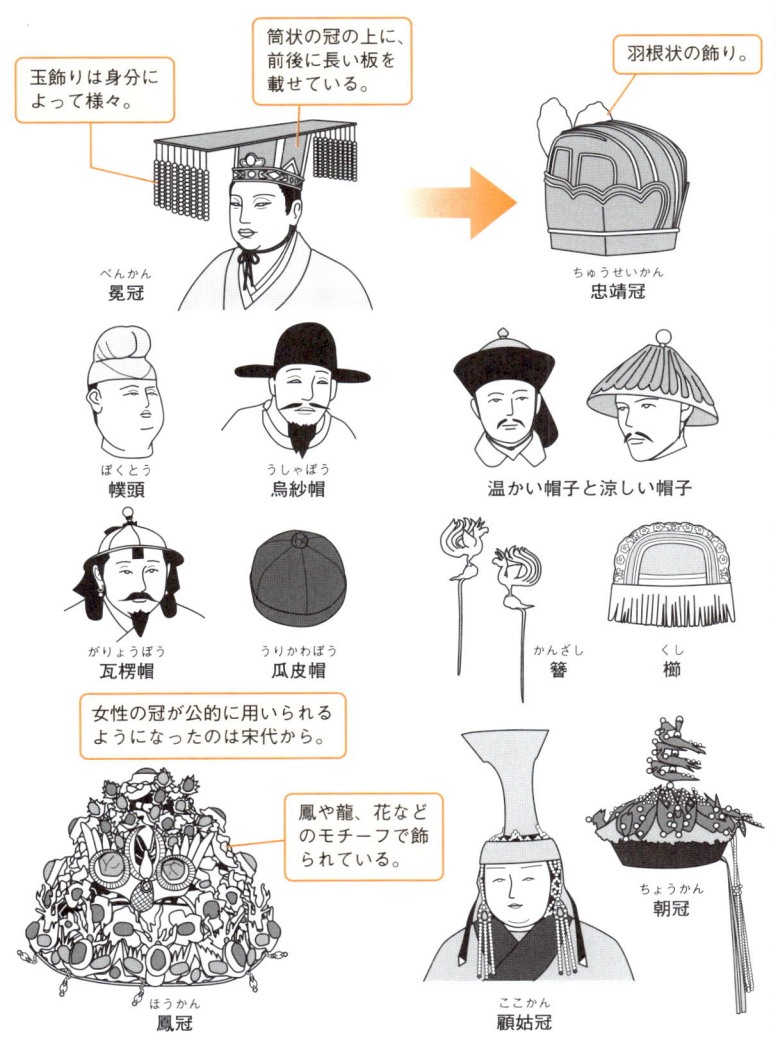

玉飾りは身分によって様々。

筒状の冠の上に、前後に長い板を載せている。

羽根状の飾り。

べんかん
冕冠

ちゅうせいかん
忠靖冠

ぼくとう
襆頭

うしゃぼう
烏紗帽

温かい帽子と涼しい帽子

がりょうぼう
瓦楞帽

うりかわぼう
瓜皮帽

かんざし
簪

くし
櫛

女性の冠が公的に用いられるようになったのは宋代から。

鳳や龍、花などのモチーフで飾られている。

ほうかん
鳳冠

ここかん
顧姑冠

ちょうかん
朝冠

関連項目
- 頭飾りの分類と各部の名称→No.002
- 装飾品の素材5 動物→No.012
- 装飾品の素材6 植物→No.013

No.080 中国の耳飾り

中国で長く主流であった漢民族は、肉体の欠損を嫌った。そのため、ピアスのような耳飾りは、主に異民族王朝によって持ち込まれている。

●耳を飾る玉環

　古代中国において**耳飾り**が用いられ始めたのは、紀元前5000年以上前の新石器時代からである。そのころ用いられた耳飾りは玉玦（ぎょっけつ）と呼ばれる玉や**象牙**、**トルコ石**などをC字形に加工したもので、耳たぶを挟むようにして身につけたとも穴をあけて通したともいわれる。両耳にそろえたものを身につけたわけではなく、片耳だけにつけたり、色や素材の違うものを2種類身につけたりすることもあったと考えられている。玉玦に並行する形で用いられた耳飾りに珥璫（じとう）がある。これは元来漢民族以外の周辺の異民族の風習で、男性も身につけていた。しかし、200年前後から中国でも用いられるようになり、主に女性のための装飾品となっていく。

　耳環（じかん）は珥璫から発達した耳飾りで、初期のものは主に青銅（せいどう）で作られている。金属製の輪の片端をラッパ状に、もう片端を尖らせて耳の穴に差し込んだ。時代が下ると金や宝石類など多種多様な素材が用いられ、モチーフや形状も動植物を中心として様々な工夫が凝らされたものが登場するようになる。唐の時代には耳に穴をあけることを嫌う身分の高い女性が身につけることはなかったが、宋の時代以降は再び身につけられるようになった。また、金や元といった異民族の王朝では男性にも盛んに用いられている。

　耳環の形状は金の時代に完成し、清の時代まで大きな変化はない。細線を編んで帯状にしたもので宝石類を巻いた飾りをつけたもの、C字形のものに飾りをつけたもの、装飾部分にフックをつけてそれを耳にかけて固定するものなど、主に3種類がある。さらに耳墜（じつい）と呼ばれるものもあり、これはフープに垂れ飾りをつけた**ドロップ・イヤリング**だった。身分の高い女性たちは、このフープ部分を耳に固定しておき、場面に合わせて垂れ飾りを交換した。

中国の耳飾り

この部分で耳たぶを挟んだとも、穴をあけて通したとも考えられている。

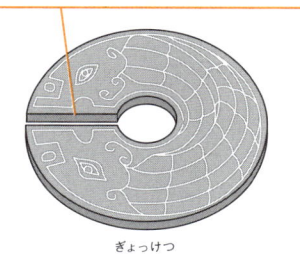

玉玦（ぎょっけつ）

主な素材	金、宝石類。
モチーフ	幾何学模様、動植物。
その他	珥璫、耳環は漢民族以外の異民族の風習で、耳に穴をあけて固定するため一時期嫌われ廃れた。

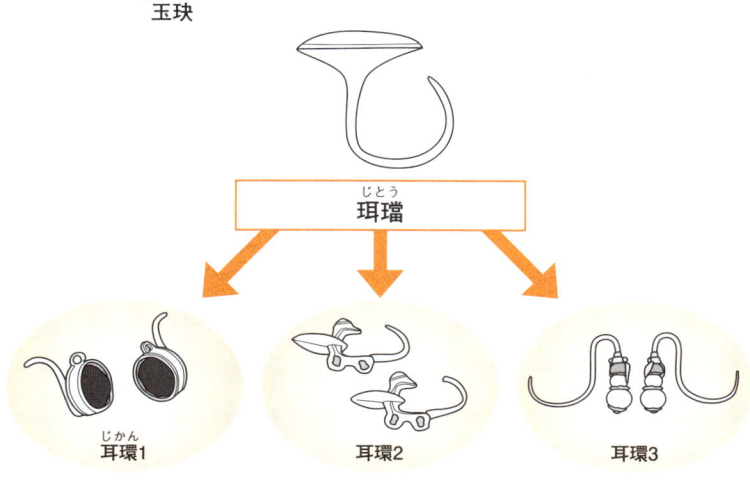

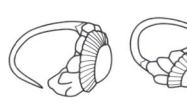

珥璫（じとう）

耳環1（じかん）

耳環2

耳環3

耳環は珥璫から発展したもの。漢民族以外の異民族の王朝では男性も身につけた。

関連項目
- 耳飾りの分類→No.003
- 装飾品の素材2　半貴石2→No.009
- 装飾品の素材5　動物→No.012

No.081
中国の首飾り

中国において、首飾りは女性が身につけるものだった。しかし、念珠などの宗教的な装飾品が誕生すると、男性も用いるようになっていく。

●貝殻から誕生した装飾品

　古代中国ではかなり古い段階から**首飾り**が用いられてきた。最も古いものとなると今から1万年以上昔のものが出土している。これらは**貝殻**を連ねたもので、貨幣同様の価値を持つものであった。また、貝殻が手に入りにくい地域では貝殻をまねた石や焼き物、金属製のビーズも用いられている。こうした首飾りは基本的に女性の装飾品であり男性は身につけなかった。時代が下ると首飾りには、金、銀、玉、水晶、アメジスト、**瑪瑙**、**琥珀**、**ラピス・ラズリ**、トルコ石、**翡翠**、**珊瑚**、焼き物、骨など様々な素材が用いられるようになり、ビーズも方形、台形、球形、楕円形、円柱形、動物形など様々な形のものが作られた。こうしたビーズは初期のうちは乱雑に連ねられていたが、やがて両端から中央に向けて次第にビーズが大きくなるように配したものや、規則的に配したものが登場するようになる。

　この他の首飾りとしては項鏈、念珠、朝珠、瓔絡、長命鎖などがあった。項鏈はいわゆるペンダントで、ビーズを連ねたものや鎖で垂れ飾りを吊るしたものである。念珠は仏教僧が経を念ずる際に用いたものだったが、明や清の時代に装飾品として用いられた。念珠を首にかける際は、その他の首飾りはつけないため、その他の首飾りはこの時代にはほとんど用いられなかった。朝珠は念珠から生まれた清の時代の身分の証で、男性も身につけている。瓔絡は仏像の胸元を飾る首飾りに由来する首飾りで、主に宮廷の女性たちに身につけられた。金属製の首飾りの周囲に飾り板や垂れ飾りを配し、胸の中央周辺に鎖状の飾りやビーズを連ねた飾りをつけ、さらに垂れ飾りを吊るすという豪勢なものだった。長命鎖はその名の通り長命を願う護符で、子供に身につけさせた。ビーズや鎖、紐などで錠前を象った垂れ飾りを吊るしたものである。

中国の首飾り

主な素材	金、銀、玉、水晶、紫水晶、瑪瑙、琥珀、ラピス・ラズリ、トルコ石、翡翠、珊瑚、焼き物、骨など。
モチーフ	様々。
その他	朝珠のような身分の証以外は女性のための装飾品。

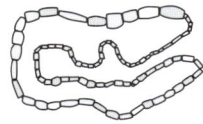

こうれん
項鏈 — 垂れ飾りが特徴。

初期の首飾り各種。単純に連ねたものから、規則性をもって連ねたものへと変化した。

ねんじゅ
念珠

ちょうじゅ
朝珠

念珠は経の数を数える仏教僧の道具が装飾品となったもの。朝珠は念珠から生まれた清王朝の身分の証。

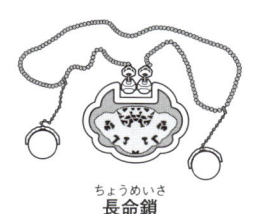

ようらく
纓絡

ちょうめいさ
長命鎖

纓絡は仏像の首飾りから発展したもの。長命鎖は子供の長命を守る護符として用いられた。

No.081　第4章●アジア・新世界の装飾品

関連項目
- 首飾りの分類→No.004
- 装飾品の素材2　半貴石1→No.008
- 装飾品の素材2　半貴石2→No.009
- 装飾品の素材5　動物→No.012

No.082
中国の腕輪

長い袖を持つ服を身につけることが多い中国であるが、腕輪は男女ともに好まれ、数多く身につけられていた。

●腕に連なる宝の輪

　中国の腕輪には手首につける手鐲（しゅしょく）と上腕部につける臂釧（ひせん）の2種類があった。手鐲の歴史は古く、紀元前5000年ほど前の新石器時代にまでさかのぼることができる。両腕に複数身につけるのが普通だったらしく、男女問わず多くの手鐲を身につけた遺体が発掘されている。

　当初は**骨**や石、**牙**、**玉（翡翠（ひすい））**などを用いたもので、形も単純な環が多い。とはいえ扁平（へんぺい）なものや円柱状のもの、半分に分けて紐で開閉できるようにしたもの、飾りを施したものなど様々な工夫が凝らされてはいる。その後しばらく、玉製の腕輪が主流であったが、200年前後の漢の時代に入ると金や銀、銅を用いた金属製のものが登場するようになった。600年ごろの唐の時代に入ると手鐲は玉製の本体に金などの留め金をつけ開閉するようにした精巧なものが登場するようになる。また、両端に紐を通す輪をつけ、中央部を太く両端を細くしたC字形の金属版にディフォルメした植物の模様を描いた金属製のものも盛んに用いられるようになった。紐によって径を調節し、着脱が楽なように工夫されていたのである。宋の時代にもC字形のものが用いられたが、単純な形状で全体に幅の広いものが多い。また金製の細線を用いた径を変えることのできるものも好まれた。元、明、清の時代になると、**細線細工（さいせんざいく）**で編み上げたものや宝珠をくわえた龍を象ったものなどより細かい細工を施した手鐲が登場する。中華民国時代になるとこうした手鐲の好みは一変し、金属の装飾板に宝石をはめ込んだものを鎖でつないだものや、装飾板自体を連ねたものが登場した。

　臂釧は跳脱（ちょうだつ）とも呼ばれ手鐲を多く身につけたところから発生したものである。紀元前400年ごろの戦国時代には金属板を叩き伸ばして螺旋形（らせんけい）のものが登場し、その後ほとんど形は変わらなかった。

中国の腕輪

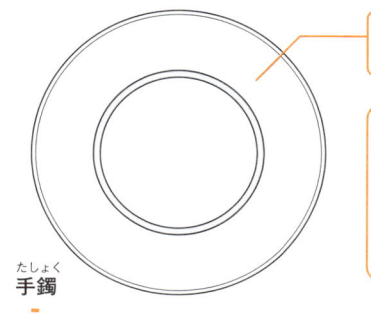

初期のものは扁平で単純なものが多い。

主な素材	金、銀、銅、玉、宝石類など。
モチーフ	ディフォルメした植物や、龍などの架空の動物など。
その他	男女ともに身につけた装飾品。数を多く身につけた。

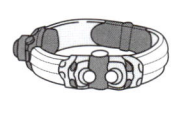

手鐲（たしょく）

唐の時代の手鐲。開閉するものや太さを調整できるようにしたものなど凝った作り。

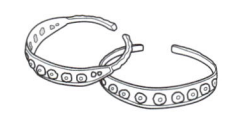

宋の時代の手鐲。幅広のものや太さを調節できるものなどもあるが作りは単純。

元の時代の手鐲。龍をモチーフにしたものなど凝った装飾が施されている。

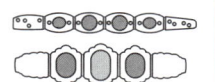

近代の手鐲。宝石を象眼した金属板を連ねたものなど今までにない作り。

臂釧（ひせん）は手鐲を連ねて身につけたことから生まれた腕輪。上腕部に身につけた。

第4章●アジア・新世界の装飾品

関連項目
- 腕輪、足輪の分類→No.005
- 装飾品の素材2　半貴石1→No.008
- 装飾品の素材5　動物→No.012
- 金属加工技術→No.014

No.083
中国の指輪

骨や石で指を飾ることで始まった中国の指輪。その思想は独自の爪飾りなどを生み出すことになる。

●エキゾチックなつけ爪、護指

　中国で**指輪**が用いられ始めたのは紀元前4000年ごろの新石器時代のことである。当初は動物の**骨**や石を加工したものであったが、紀元前17世紀ごろの殷（いん）の時代になると銅などの金属製の指輪が主流となっていった。紀元前700年ごろの春秋時代に入ると指輪に鉄が用いられるようになるが、200年ごろの後漢の時代になると指輪の素材は金や銀が中心となった。初期のうちフープは金属線を曲げたＣ字形だったが、時代が下ると**鋳造**（ちゅうぞう）や溶接（せつ）により円形になった。また、宝石類を**象眼**（ぞうがん）したものや、宝石そのものから削り出した指輪も用いられるようになった。

　中国では指輪を戒指（かいし）と呼ぶが、これは皇帝が后妃と夜をともにする際に、銀の指輪であれば大丈夫、金の指輪であれば無理などと確認するために用いたことに由来している。

　初期の中国の指輪の形状は、おおむね3種類に分類することができる。ひとつは管状のもので、これは骨を指輪に用いていた時代からの伝統であるとされる。次が単純に円を描いたもので、歯車状のギザギザを刻んだものもあった。最後が螺旋状のもので、これは金属製のものがほとんどである。変わったものとしてはベゼル部分に印鑑をつけた**印章指輪**（いんしょうゆびわ）があったが、こちらは後漢の時代に少数のものがあった他あまり見られてはいない。

　指輪同様に指を飾ったものとして護指（ごし）と呼ばれるつけ爪がある。600年ごろの唐の時代から、中国の女性に爪を伸ばすことが流行し始めた。護指はその爪を守るためのものが、装飾品として用いられるようになったものである。初期は**竹**などでできた単純なものであったが、時代が下るにつれ金や銀を用いた贅沢なものが登場するようになった。特に、清の時代には様々な装飾が施されたものが登場している。

中国の指輪

中国の指輪の基本形

管型

歯車型

螺旋型

印章型

漢代に一時的に用いられたが次第に用いられなくなった。

中国の指輪各種

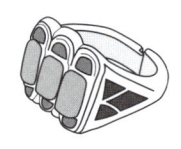

初期のフープは金属線を曲げた単純なものだったが、時代が下ると鋳造や溶接によって円形の指輪が作られた。宝石類から削り出したものもある。

本来は伸ばした爪を護るものだったが次第に装飾品として定着した。

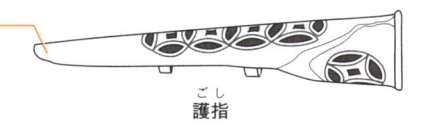

護指(ごし)

第4章●アジア・新世界の装飾品

関連項目
- 指輪の分類→No.006
- 装飾品の素材2 半貴石1→No.008
- 装飾品の素材5 動物→No.012
- 装飾品の素材6 植物→No.013
- 金属加工技術→No.014

No.084 中国のその他の装飾品

前開きの着物を帯で留める中国では、ベルトや帯、そしてそこに付属する小物が重要な装飾品となっていた。

●身分の証である玉佩

　ベルトとそのベルトに下げる帯下げは、中国では長く使われ続けた装飾品だった。ベルトは腰帯と呼ばれ、大きく分けて革製のものと絹製のものの2種類があった。秦や漢などの古い時代には、革製の腰帯は男性が、絹製の腰帯は主に女性が身につけるもので、身につけ方にも身分によって明確な違いがあったとされる。しかし、時代が下るにつれそうした決まりごとは曖昧になっていった。絹製のベルトは締めることで固定していたが、革製のベルトは留め具で固定している。初期のものは鉤でひっかけるタイプのものや、環に帯を通して固定するものであったが、次第に現在のベルトバックルに近いものになった。留め具の素材は金、銀、銅といった金属、**翡翠**の一種である**軟玉**などの宝石類、**象牙**、**獣骨**などがある。革製のベルトは固定用の器具の他に、様々な素材で作られた装飾板で飾られていることが多い。唐代のベルトなどは、軟玉に金の装飾板や宝石類を象眼した見事なものだった。こうした革製のベルトは、**石帯**として飛鳥時代から奈良時代にかけての日本でも服制に採り入れられている。

　帯下げは、大まかに分けて装飾品である**玉佩**と実用品の2種類があった。玉佩は身分を見分けるための指標でもあり、これも日本の服制に採り入れられている。玉の字の通り軟玉で作られたものが多く、その形状は大佩、玉璧など時代により様々だった。一方、実用品の帯下げには帯などの結び目を解くための鉤の觿、小刀の刀子、小物を入れる荷包、香料を入れるための香毬、手を拭く手巾がある。ベルトに実用品を下げるということはヨーロッパなどでも見られ、その内容もよく似ている。こうした帯、帯飾りは清代まで宮廷で用いられていたが、近代化に伴い次第に姿を消していくこととなる。

中国のその他の装飾品

留め具は初期には鉤状だったが、次第に現在のベルトバックル型になった。

軟玉に金や宝石類で象眼が施されている。

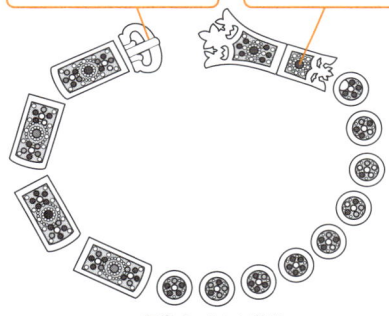

唐代のベルト装飾

主な素材	ベルトの本体は革、絹の2種類。留め具、装飾、帯下げは金、銀、軟玉、その他宝石類、角、獣骨など。
モチーフ	様々。
その他	飛鳥時代から奈良時代にかけ日本に伝わり、服制に取り入れられた。

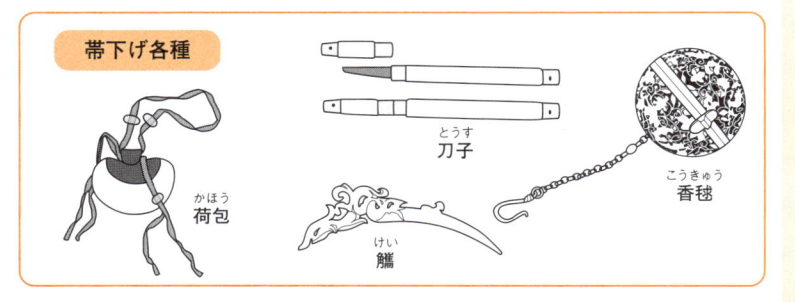

たいはい
大佩

ぎょくへき
玉璧

帯下げ各種

かほう
荷包

とうす
刀子

けい
觿

こうきゅう
香毬

関連項目
- 装飾品の素材2　半貴石1→No.008
- 装飾品の素材5　動物→No.012
- 装飾品の素材6　植物→No.013
- 金属加工技術→No.014
- 日本のその他の装飾品1→No.100

No.085 中世以降のインドの装飾品の歴史

インダス文明衰退後、インドはヒンドゥー教的価値観の下に発展を遂げる。その後の西アジア文化の流入は、更なる変化をもたらす。

●バラモンと神々の国へ

インダス川周辺の都市群が衰退した後、インドの装飾品は幾つかの変遷を経ている。紀元前10世紀ごろのアーリア人侵攻とバラモン教、カースト制度の成立。紀元前5世紀の仏教、ジャイナ教の成立と紀元前3世紀のマウリヤ朝によるインド統一。西アジア系のクシャーナ族によるクシャーナ王朝の成立と仏教美術の発展などである。しかし、この中で最も大きな影響となったのは4世紀のグプタ朝の成立であった。

ほぼインド全土を手中に収めていたグプタ朝ではバラモン教の保護に力を入れており、これによりヒンドゥー教の成立の下地が作られた。また、グプタ朝は文化的活動にも重点が置かれており、現在の純インド的文化の下地はこの時期に作られたといえる。装飾品もその例外ではなく、この時代には現在のものとほぼ変わらないものが作られている。8世紀に入り、グプタ王朝が倒れるとインドは諸国乱立の状態となった。これによりグプタ朝の美術様式は地方ごとに独自の発展を遂げていくこととなる。

11世紀に入ると、インド北部にイスラム勢力が侵攻するようになった。13世紀にはデリーを中心にムスリム王朝が成立する。これにより、インド北部ではイスラムとヒンドゥーの文化が入り交るようになる。男性の装飾品にも**イスラム文化圏**の影響が見られるようになった。16世紀、インド全土を支配したムガール帝国はイスラム国家であるものの、伝統的なインド美術を積極的に採り入れていた。装飾品に関しても例外ではなく、イスラム文化の影響があるものの、伝統的装飾品を身につけている人々も多い。もっとも、地域ごとの好みの差はあり、北インドでは彫刻をデザインの中心にしたものが、西インドでは宝石類や鏡が、東インドではビーズ細工が、そして南インドでは宗教的モチーフのものが好まれているという。

中世以降のインドの装飾品の歴史

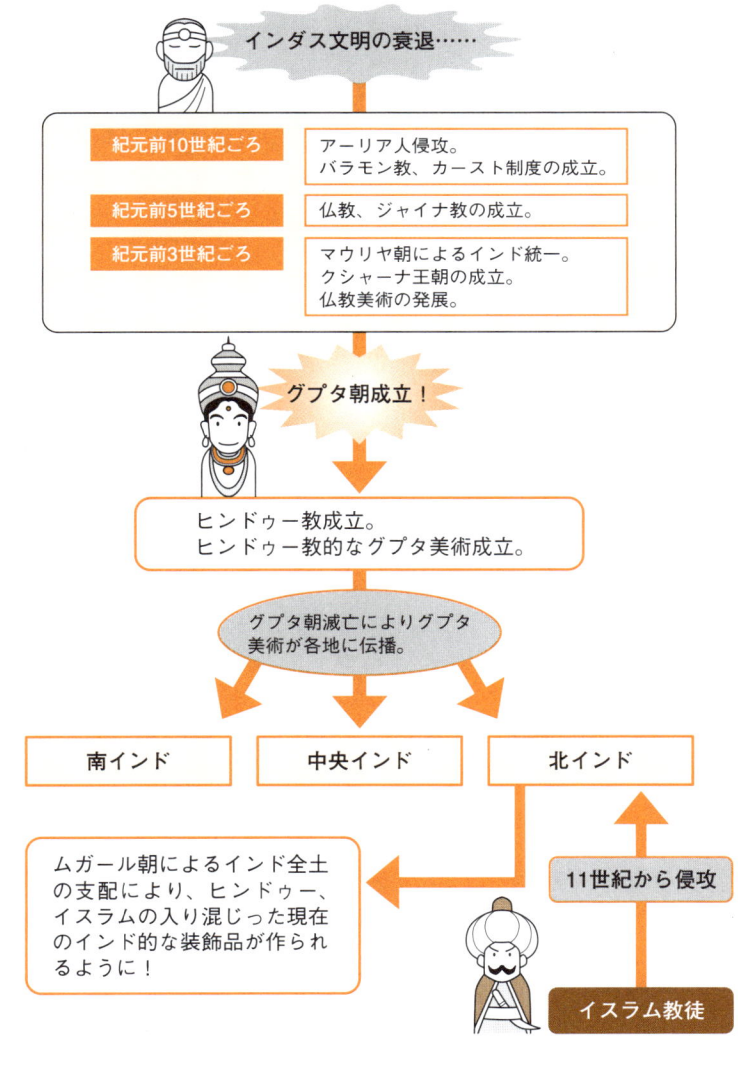

インダス文明の衰退……

紀元前10世紀ごろ	アーリア人侵攻。バラモン教、カースト制度の成立。
紀元前5世紀ごろ	仏教、ジャイナ教の成立。
紀元前3世紀ごろ	マウリヤ朝によるインド統一。クシャーナ王朝の成立。仏教美術の発展。

グプタ朝成立！

ヒンドゥー教成立。
ヒンドゥー教的なグプタ美術成立。

グプタ朝滅亡によりグプタ美術が各地に伝播。

南インド　　中央インド　　北インド

ムガール朝によるインド全土の支配により、ヒンドゥー、イスラムの入り混じった現在のインド的な装飾品が作られるように！

11世紀から侵攻

イスラム教徒

関連項目
●イスラム教文化圏の装飾品の歴史→No.092

No.086 中世以降のインドの頭飾り

ターバンや色鮮やかな冠を用いるイメージがあるインドであるが、それらを用いるのは一部のイスラム教徒や宗教者である。

●宗教的な象徴である頭飾り

インドの一般的な装飾品の原型ができるグプタ朝以前のインドの**頭飾り**は、地域ごと、時代ごとの影響が強く多種多様で実態を把握することは難しい。こうした頭飾り、特に冠に関しては当時の神像や地方の祭祀、演劇などからうかがい知ることができる。形状はそれぞれ特徴的であり、素材も一定ではない。

現在のインドの頭飾りは、正装する際に用いられることが多い。女性の頭飾りは宗教や地域によって差はあるものの、おおむね額飾り、側頭部に吊るす鎖を束ねた形状の飾り、そして後頭部を飾る円盤状の飾りと付け髪などである。もっとも、ヒンドゥー風とイスラム風では差があり、やはりイスラム教徒のものは**イスラム文化圏**と似たデザインである。素材は金、銀が中心で、**ダイヤモンド**や**ルビー**、**エメラルド**、**真珠**といった宝石類や鏡が象眼されたものと非常に豪勢な作りのものが多い。こうした頭飾りは結婚式ではより豪勢なものとなるが、金属製の装飾品の代わりに花を編んだガーランドが用いられることもある。この際、男性は正装として冠や帽子、ターバン、女性とおそろいのガーランドなどを身につける。

ヒンドゥー教の男性は正装以外で頭飾りをつけることは少ない。一方、イスラム教徒やシク教徒はターバンや帽子をかぶっている。イスラム教においては人前に頭を晒さないのがエチケットであり、イスラム教から派生したシク教も同様に頭を晒さない。イスラム国家であるムガール朝ではターバンは盛んに用いられていたが、現在のインドのイスラム教徒がかぶるのは円筒状の簡素な帽子トーピー帽である。ターバンはもっぱらシク教徒や労働階級によって用いられている。なお、ムガール帝国時代には、西欧式の**クラウン**や**コロネット**も王族に用いられていた。

中世以降のインドの頭飾り

グプタ朝以前の頭飾りの形状は地域、時代ごとに多種多様。
冠などは神像などからうかがい知ることができる。

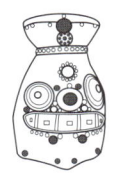

ミーナクシ寺院の宝冠
（19世紀）

カシミールのディアデム
（10世紀）

ディーダルガンジーのヤクシニ像
（紀元前3世紀）

男性も身に
つける。

側頭部の飾りは
鎖を繋いだよう
な形状。

ヒンドゥー教徒の頭飾り各種

結婚式のガーランド

つけ髪の表面は装飾
板や宝石類で飾られ
ている。

イスラム教徒の頭飾り

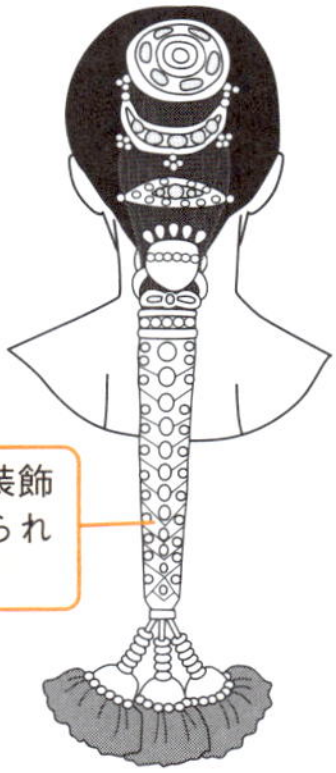

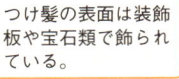

後頭部飾り
つけ髪をつけた女性

ムガール帝国時代に
は、西欧風の冠など
も用いられた。

ターバンの
羽根飾り。

ムガール帝国の王族

トーピー帽

ターバン

関連項目
- 頭飾りの分類と各部の名称→ No.002
- 装飾品の素材1　貴石→ No.007
- 近代の頭飾り→ No.072
- イスラム教文化圏の装飾品→ No.093

No.087 中世以降のインドの耳飾り

主にピアスが用いられるインドの耳飾り。その多くは、大きく印象的なボタン状のものであった。

●目を引く耳元の円盤

インドにおいて耳飾りには様々な意味がある。宗教や地域、属するコミュニティによって事細かく決まりがあるからだ。例えば、マラヴァール沿岸部では、女性の美しさの基準は耳たぶのピアス穴の大きさである。また、かつてヒンドゥー教の再生族の男性にとって、耳飾りをつけることは大事な成人儀礼であり特権だった。もちろん、現在は単におしゃれとして身につけることも多いが、伝統的な意味合いがなくなったわけではない。

耳飾りをつける個所は大まかに分けて7か所あり、形状や場所の組み合わせによって呼び名が違う。南インドのタミル・ナードゥ州を例にとると、耳たぶにカマルというボタン・ピアスをひとつつけるとパパナイケンパッティ、耳船にサットゥというボタン・ピアスをひとつつけるとアサンガッティ、耳船に棒状のコップゥ、対耳珠にサットゥ、耳たぶにプチクドゥという大型の耳飾りをつけるとシルマライという具合である。

北インドにおいて一般的な耳飾りは、耳たぶにつける大きな円盤形の**ボタン・イヤリング**である。円盤部分には隙間なく宝石、もしくはガラスイミテーションによる**象眼**や装飾が施されている。円盤の側面や下部に房飾りや2本の連なった飾りなどをつけることもあり、そのバリエーションは非常に多い。また、その大きさからか耳の上部にひっかけて固定するためのストラップがつけられることもあった。ストラップの素材として好まれているのは小さめの**真珠**を連ねたものや繊細な作りの鎖である。

この他には、単純な**フープ・イヤリング**や細線細工などで装飾を施したもの、小さな鎖と垂れ飾りをつけたもの、豪勢な装飾を施した垂れ飾りを吊るすもの、棒状の飾りを耳に貫通させたものなど、様々な形状の耳飾りが時代や地域の影響を受けながら作成された。

中世以降のインドの耳飾り

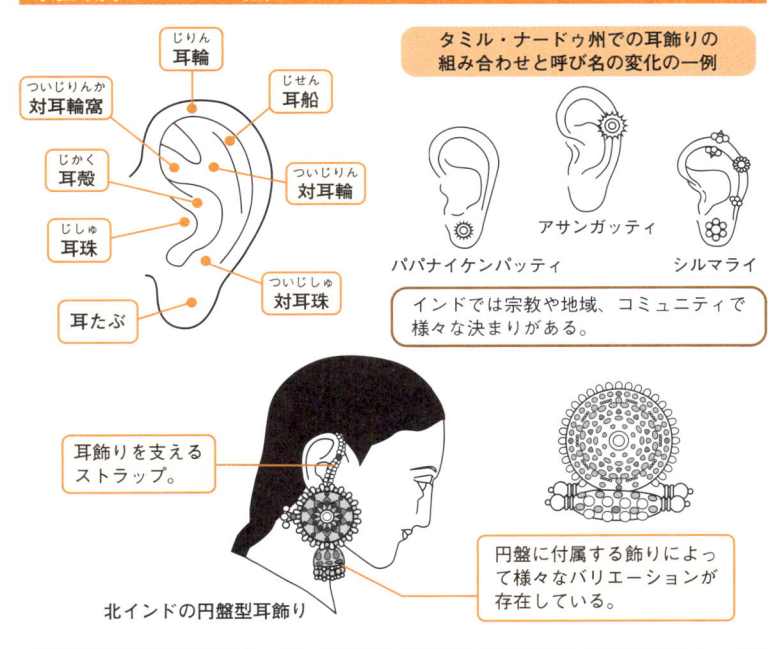

耳の部位名称
- じりん 耳輪
- ついじりんか 対耳輪窩
- じせん 耳船
- じかく 耳殻
- ついじりん 対耳輪
- じしゅ 耳珠
- ついじしゅ 対耳珠
- 耳たぶ

タミル・ナードゥ州での耳飾りの組み合わせと呼び名の変化の一例

- パパナイケンパッティ
- アサンガッティ
- シルマライ

インドでは宗教や地域、コミュニティで様々な決まりがある。

耳飾りを支えるストラップ。

北インドの円盤型耳飾り

円盤に付属する飾りによって様々なバリエーションが存在している。

インドの耳飾り各種

素材は金、銀、銅、真鍮、動物の牙や角、木材など。金属のものは鋳造、細線細工、線刻、粒金細工が施され、七宝細工や宝石、ガラスイミテーションを象眼したものも多い。

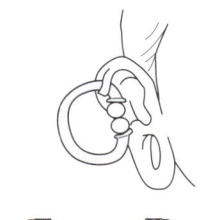

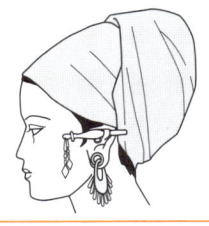

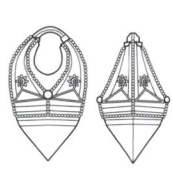

関連項目
- ●耳飾りの分類→No.003
- ●装飾品の素材1 貴石→No.007
- ●金属加工技術→No.014

No.088
中世以降のインドの首飾り

インドの神像の多くは豪華で重々しい首飾りを身につけている。しかし、民衆が用いるものにはごく単純な作りのものも多い。

●神聖なものを連ねて作った護符

　インドの首飾りは様々な形状のパーツやビーズを連ねたものが多い。その形状自体にも意味があり、鏃や虎の爪、魔法陣、聖人の足形、男性器、女性器、ヒンドゥー教の神々を描いた装飾板などは、護符としての効果を期待したものだった。さらに伝統的な形状として先の尖った種や丸い種、花、三日月などを象ったものもある。

　首飾りの形状自体も、首にぴったりとした**チョーカー**のようなものから、様々なビーズを連ねた数珠、4つの手を象った飾りや、神像を飾った伝統的な結婚式用の首飾り、宝石をはめ込んだ装飾板を数多く連ねたものなど多種多様である。さらに宗教的な物品を納める小箱や、コインを連ねて首飾りにしたような変わったものもあった。

　首飾りの素材も他の装飾品同様に豊富である。宝石類としては**ダイヤモンド、エメラルド、ルビー、サファイア、真珠、翡翠**などが、金属としては金、銀、青銅、錫、真鍮などが用いられた。なお、宝石類はヒンドゥー教でナヴァ・ラトナ（九陽）と呼ばれる9種1組の組み合わせやインドでは一般的に高貴なものとされるダイヤモンド、サファイア、ルビー、エメラルド、真珠の5種類の宝石の組み合わせで用いられることもある。また、翡翠はイスラム教のペンダント型の護符の本体として人気が高い。もちろん**貝殻、植物の種、木材**など、その他の素材も用いられている。

　加工技術も豊富で、**粒金細工、細線細工、透彫、彫金**などが用いられた。特に特徴的な技術が、宝石の表面に金属泊をはめ込むザワと七宝細工である。七宝細工はムガール帝国時代に盛んに用いられ始め、表だけではなく裏面にも施されている。首飾りも例外ではなく、ほぼ全てのパーツの裏面に美しいミニアチュールが描かれていた。

中世以降のインドの首飾り

インドの首飾りの主なモチーフ

この他、神の像や先の尖った種、丸い種、花、三日月などの自然物もある。

鏃  / 虎の爪 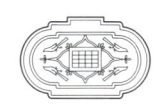 / 魔法陣  / 聖人の足跡 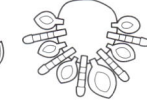 / 男性器、女性器

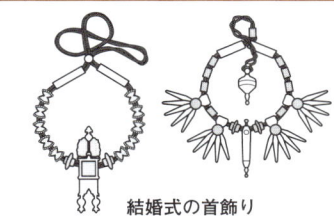

結婚式の首飾り

小箱

九陽の首飾り

ザワ

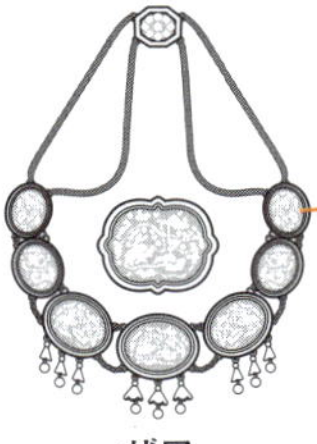

宝石の表面に金箔をはめ込んである。

イスラム教のお守り

イスラム教では翡翠がお守りとして人気が高い。

高貴なものとされる5つの宝石

ダイヤモンド

サファイア

ルビー

エメラルド

真珠

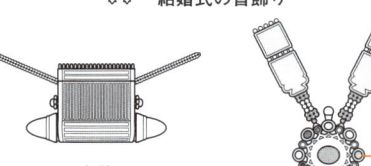

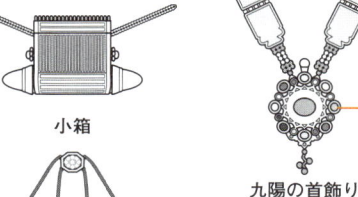

ナヴァ・ラトナ（九陽）

太陽：ルビー

月　：真珠

火星：珊瑚

水星：エメラルド

木星：イエローサファイア

金星：ダイヤモンド

土星：ブルーサファイア

羅睺（らごう）：ヘソナイトガーネット

計都（けいと）：キャッツ・アイ

関連項目
- 首輪の分類→No.004
- 装飾品の素材1　貴石→No.007
- 装飾品の素材2　半貴石1→No.008
- 装飾品の素材5　動物→No.012
- 装飾品の素材6　植物→No.013
- 金属加工技術→No.014

No.088　第4章●アジア・新世界の装飾品

No.089
中世以降のインドの腕輪、足輪

気候的な問題から露出の多い服装となるインドでは、むき出しになった手足を飾る腕輪や足輪の発展が著しい。

●護身用のものまであった腕輪

インドの腕輪、足輪は男女ともに身につけるもので、他の装飾品に劣らないほど種類が豊富である。上腕部につけるアームレットだけでも紐で腕に巻きつける帯状のもの、上下にS字を描くように捻れたもの、蝶番で稼働するもの、一体成型のもの、ビーズを連ねたものなど様々である。

手首につけるブレスレットもやはり様々な形状があるが、中でも特徴的なのが無数のトゲがついたブレスレットである。こうしたブレスレットは、そのものズバリ女性の護身用兼、持ち歩ける財産として作られたものだった。現在はその意味合いも薄れているが、装飾品としてはいまだに現役である。また、怪魚マカラやナーガを象ったブレスレットもある。マカラはヒンドゥー教の神話に登場する神の乗り物、ナーガは蛇の神で、そうしたものの力にあやかったものだった。

さらに、腕輪は結婚式の際の装飾品として一般的なものとされている。この際の腕輪は一体成形型のバングルで、金属製の他、**象牙**、**ガラス**、**巻貝**、**草**を編んだものなど様々な素材が用いられていた。腕輪はひとつだけではなく、ほとんど腕を覆うほどに身につけられることもある。

足輪も腕輪同様に多種多様である。腕輪と違う点は鈴をビーズとともに連ねたものや、三日月形のパーツを合わせたような分厚い本体が大型の鈴になっているものなど、鳴り物が多いことだ。

腕輪、足輪の素材には様々な宝石類、金属が用いられているが、普段から用いられているものは青銅や真鍮など安価な素材である。多くは本体を鋳造し、彫金を施したものだが、ムガール帝国のころのものには全体に大型の宝石をはめ込んだようなものもある。また、そうしたムガール帝国時代のものの多くは、裏面に**七宝細工**が施されていた。

中世以降のインドの腕輪、足輪

S字型アームレット

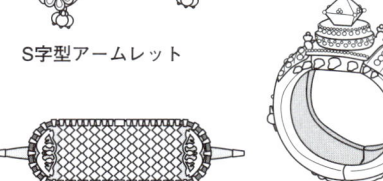

帯型アームレット

蝶番式アームレット

結婚式の装飾品として一般的。金属、象牙、ガラス、巻貝、草を編んだものなどがある。

結婚式の腕輪を身につけた女性

本来は女性の護身用。しかし、装飾品としても現役。

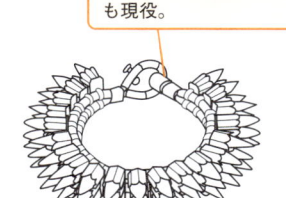

トゲつきブレスレット

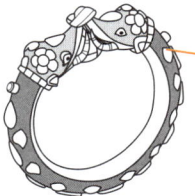

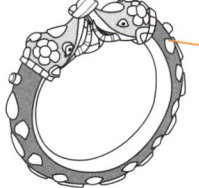

マカラのブレスレット

怪魚マカラを象ったもの。ナーガを象ったものもある。ムガール帝国時代の腕輪は表面に豪勢な宝石をはめ込み、裏面に七宝細工を施したものが多い。

鈴つきアンクレット

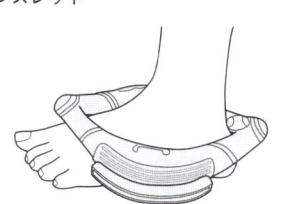

鈴のアンクレット

No.089　第4章●アジア・新世界の装飾品

関連項目
- ●腕輪、足輪の分類→No.005
- ●装飾品の素材3　金属→No.010
- ●装飾品の素材4　ガラス・焼き物→No.011
- ●装飾品の素材5　動物→No.012
- ●装飾品の素材6　植物→No.013
- ●金属加工技術→No.014

No.090
中世以降のインドの指輪

古代から様々な指輪が作られていたインド。西アジア文化の流入は、その中にユニークなスタイルの指輪を誕生させた。

●親指に光る鏡

　装飾品の豊富なインドでは、指輪の形状も様々である。他の地域でも一般的な**印章指輪**は、インドでは印章としての役割の他に護符的な役割を期待されていた。そのため、他の印章指輪のように表面の模様が左右逆転していない指輪もある。宝石を中心としたデザインの指輪は、西欧とは違い現在も金属箔を宝石の裏面に配したものが用いられている。また、全体が**七宝細工**で隙間なく装飾された指輪に宝石をはめ込んだものも多い。特にムガール帝国時代のものは、フープの内側にも七宝細工や象眼を施されるという凝った作りだった。

　一風変わった指輪には、アリシと呼ばれる北インドの指輪がある。これは飾り部分のベゼルに鏡をはめ込んだ親指にする指輪で、その周囲は大きな装飾で囲まれている。本来は**イスラム教徒**の指輪であったが、ムガール朝の時代にインドに持ち込まれてからは、ヒンドゥー教の女性にも受け入れられ現在にいたっている。このアリシは、他の指にも指輪をつけ、腕に巻いた鎖とつなぐという形で用いられることが多い。こうした身につけかたは、結婚式や既婚女性の装飾品として、女性の足を飾る足の指用指輪でも行われている。この他イスラム教徒の指輪としては、**弓を引く時に用いる親指用指輪**もムガール朝では用いられていた。

　ヒンドゥー教などで用いられる宗教上の指輪も、あまり他の地域では見られない形状をしている。生活上での使い勝手を無視したと思われるほど立体的な宗教的な彫像が、指輪の周囲を取り巻いているのだ。

　指輪の素材は金、銀、銅、真鍮などが中心で、インド産の豊富な宝石類やガラスのイミテーションがはめ込まれている。技術的には鋳造が中心で、宝石類には豊富なカット技法が施されていた。

中世以降のインドの指輪

鏡がはめ込まれた親指指輪アリシ。イスラム教徒のものだったがヒドゥー教徒の女性などにも受け入れられた。

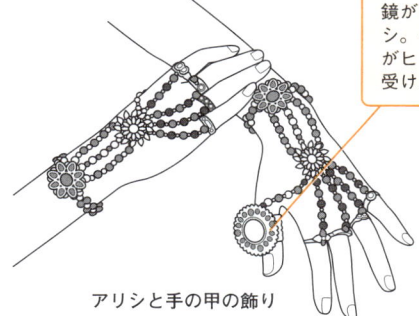

アリシと手の甲の飾り

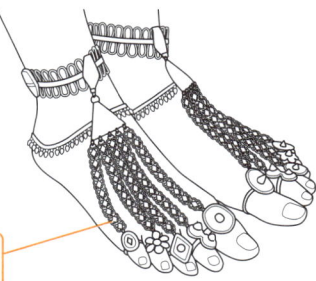

結婚式用の足の指輪。既婚女性にも用いられている。

足の指輪と足の甲飾り

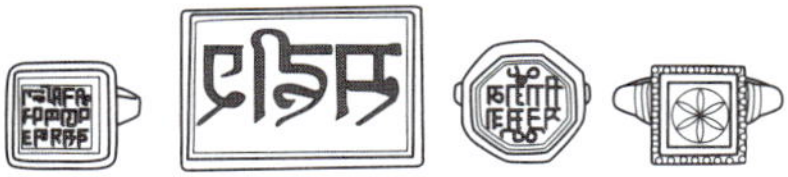

印章指輪各種

弓用指輪

表面全体、裏面にも七宝細工や象眼が施されている。インドでは宝石やイミテーションのガラスの後ろには金属箔をつけることが多い。カット技法は豊富。

ムガール帝国時代の指輪

宗教関係の指輪は、使い勝手を考えていないと思えるほど立体的。図はシヴァ神の乗りものの牡牛とそれを守る3匹のコブラを象ったもの。

シヴァ神の行者の指輪

関連項目
- 指輪の分類→No.006
- 装飾品の素材3　金属→No.010
- 金属加工技術→No.014
- イスラム教文化圏の装飾品の歴史→No.092

No.091
中世以降のインドのその他の装飾品

多くの民族と人口を内包するインドには、特徴的な装飾品も多い。中でも印象的なのは鼻飾りである。

●既婚者の証、鼻飾り

　鼻飾りは、インドにおいて既婚女性であることを示す装飾品のひとつである。一口に鼻飾りといっても地域ごとに差異があり、単純なリング型のものから鼻にピッタリとつくボタン型のもの、両の小鼻に埋め込むものなど種類は数多い。日常生活においては比較的地味で邪魔にならないものが身につけられているが、結婚式ともなれば顔の半分を覆ってしまうような大きく豪勢な装飾が施されたものも身につけられる。もっとも、長いインドの歴史において、鼻飾りは女性だけの装飾品というわけではなかった。ヒンドゥー教の英雄で美男子として知られるクリシュナの図像には、鼻飾りがつけられている。

　ベルトは衣服をまとめるというよりは、体のラインをより美しく見せ、純粋に体を飾るための装飾品として用いられていた。現在に残される石像や絵画には、素肌の上にベルトを身につけたものも少なくない。宝石類や金属製のビーズを連ねたものや、凝った作りのチェーン状のもの、金属製の装飾板を蝶番やチェーンなどでつないだものなど、その種類は豊富である。ベルトをつける場所も様々で、2本のベルトをクロスさせ胴体中央でまとめるもの、腰にピッタリと身につけるもの、腰から少し垂らす形で身につけるものなどがあった。現在は宗教関係者や踊り子などが身につけることが多い。

　ムガール帝国時代には、王族の男性も様々な装飾品を身につけていた。肩にピンで固定する肩飾りや胸飾り、帯剣のためにつけるベルトのバックルなどで、各種の勲章と合わせれば体の前面をほぼ覆ってしまうほどである。この時代のその他の装飾品と同じく、表面には数多くの宝石類がはめ込まれ、裏側には**七宝細工**が施されるという豪勢なものだった。

中世以降のインドのその他の装飾品

既婚女性の証となる鼻飾り。もっとも、男性が身につけていた時代もあった。日常生活では地味で邪魔にならないものが身につけられることが多い。

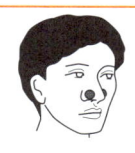

豪勢な鼻飾り

インドのベルトは衣服をまとめるというより裸体の美しさを強調するために身につけられた。現在は宗教関係者やダンサーなどに用いられている。

インドのダンサー

儀式に参加する男性

ムガール帝国時代の王族の男性は肩飾りや、胸飾り、帯剣のためのベルトのバックルなど数多くの装飾品を身につけた。

肩飾り(表)

肩飾り(裏)

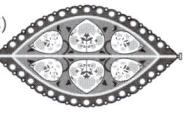

ムガール帝国のマハラジャ

関連項目
- 金属加工技術→No.014
- 古代ペルシアのその他の装飾品→No.025

No.092
イスラム教文化圏の装飾品の歴史

合理的精神の強いイスラム圏では、装飾品は再加工され古い時代の遺物は少ない。しかし、宗教的な制約などから類推することができる。

●西アジアに花開くアラベスク

　イスラム教文化圏の装飾品に関しては、歴史的、系統的に分類するのが難しい状況にある。イスラム教文化圏では、金や銀といった貴金属は溶かして再利用する傾向が強く、宝石類に関しても最新の流行に沿った形にカットし直してしまうことが多いからである。そのため、少なくとも15世紀以前の装飾品に関しては、何らかの形で隠された埋蔵品や死者のための埋葬品といった数少ない例からうかがい知るしかない。

　こうした出土品から、ごく初期のイスラム教文化圏では、**東ローマ帝国（ビザンチン帝国）**や**ササン朝ペルシア**といった周辺地域の装飾品をそのまま採り入れていたと考えられている。しかし、7世紀に入りウマイヤ朝やそれに続くアッバース朝といった統一王朝が誕生すると、装飾品のモチーフは、極度に発達した植物文様や幾何学文様、文字文様といったものに入れ替わっていく。これは、イスラム教の教義で人物や動物といったものの偶像を描写することを嫌ったためだった。

　10世紀から15世紀にかけて、イスラム教文化圏はムハンマドの血統を重視するシーア派と、共同体の団結を重視するスンニ派に分かれて争いを繰り広げるようになる。そうした動乱の中、イスラム教文化圏自体は確実にその版図を大きく広げていた。西は現在のスペインなどを含むイベリア半島、東は現在の中国西部、**インド北西部**までといった具合である。版図が広がるにつれて、イスラム教文化圏の装飾品は地域色の強いものへと変わっていった。その後、16世紀に入りオスマン朝、サファーヴィ朝といった強力な統一王朝が出現すると、装飾品はモロッコなど独立を貫いた一部の地域を除いて、権力者であるスルタンやカリフの好みを反映したものに統一されるようになる。

イスラム教文化圏の装飾品の歴史

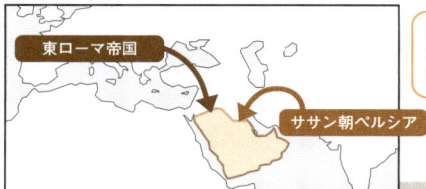

初期のイスラム教文化圏の装飾品は、東ローマ帝国、サザン朝ペルシアの影響が強い。

- 東ローマ帝国
- ササン朝ペルシア

＜主要王国の勢力範囲図＞

- オスマン朝トルコ
- 後ウマイヤ朝
- ウマイヤ朝
- コンスタンチノープル
- アッバース朝
- エルサレム
- バグダード
- カイロ
- ファーティマ朝
- メッカ
- サファヴィー朝ペルシア

強力な統一王朝の登場により、モチーフは植物文様、幾何学文様、文字文様といったイスラム教の教義に沿ったものに。

植物文様　　幾何学文様 　　文字文様

10世紀から15世紀
支配領域の広がりとともに、各地方の好みを取り入れた地域色の強いものに。

17世紀以降
強力な統一王朝の登場により、権力者の好みを反映した装飾品に統一されるように。

関連項目
- 古代ペルシアの装飾品の歴史→No.019
- 中世以降のインドの装飾品の歴史→No.085
- 中世前期から盛期の装飾品の歴史→No.050

No.092 第4章●アジア・新世界の装飾品

No.093
イスラム教文化圏の主な装飾品

イスラム文化圏でも、その他の国家で用いられたのと同じように様々な装飾品がある。しかし、成人の証の短剣など独自のものも多い。

●全身を飾る無数の装飾品

　イスラム教文化圏でも装飾品は現在とあまり変わらないものが揃っていた。もっとも、古くなった装飾品は新しいデザインに作り替えることが多かったため、15世紀以前のものはあまり残っていない。それでも各地で見つかる埋蔵物には、ベールにつける飾り、耳飾り、首飾り、腕輪、指輪といった当時の装飾品が残されている。装飾品の好みには地域によって差が大きい。例えば、12世紀のものと思われるファーティマ朝の耳飾りや首飾りには全体に**透彫**や**粒金細工**、**七宝細工**が施されている。一方、同じころのものと思われるスペインの腕輪は真珠などの宝石類、装飾が施された金属のビーズを連ねたものが多く、全体には**彫金**が施されている。

　男性の装飾品として重要だったのはターバン飾りとベルト、成人の証である短剣といった武器の類いだった。ベルトは彫金や**象眼**を施した金属板や象牙で装飾され、短剣の柄や鞘は丸ごと**珊瑚**や**翡翠**といった宝石類や**象牙**で作られ、さらに金や銀、宝石類の象眼が施されるといった具合である。

　イスラム教文化圏では、支配地域の優れた金属加工技術を受け継いでおり、打ち出しを始めとする鍛造、透彫を始めとする彫金、**鍍金**、七宝細工など様々な技術が用いられていた。その中でもベースの金属に他の金属や宝石をはめ込む象眼は特に発達しており、金属製の装飾品の表面は隙間がないほどに装飾が施されている。また、ニエロという黒い銀の合金なども装飾に用いられていた。イスラム文化圏の装飾品のモチーフは、蔓草をディフォルメしたアラベスク文様を始めとする植物文様、幾何学文様、イスラム教の経典などからとった文字文様などである。これはイスラム教の教えによるもので、初期の装飾品には人物や動物を扱ったものもあるものの、一部を除き時代を追うごとに少なくなっていった。

イスラム教文化圏の主な装飾品

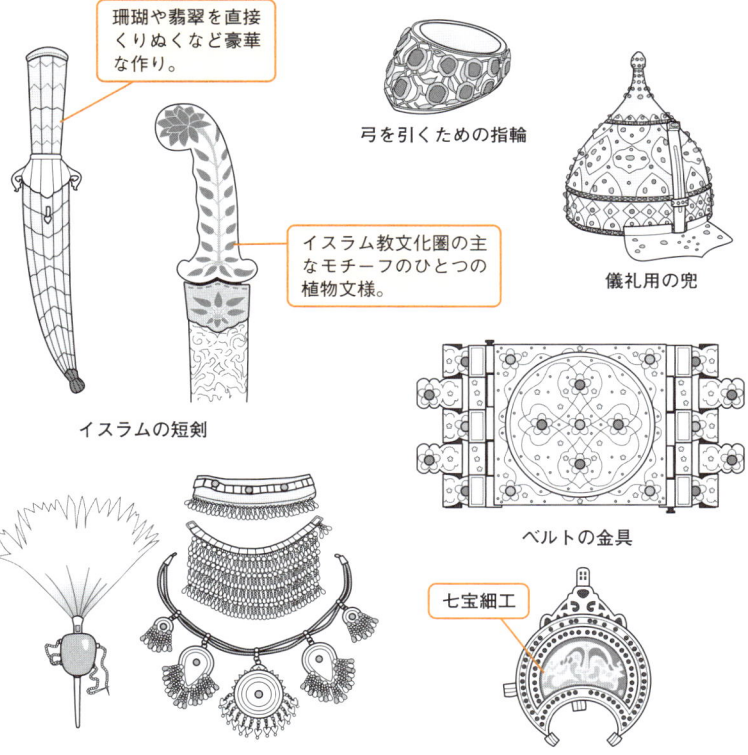

No.093

第4章 ● アジア・新世界の装飾品

珊瑚や翡翠を直接くりぬくなど豪華な作り。

弓を引くための指輪

イスラム教文化圏の主なモチーフのひとつの植物文様。

儀礼用の兜

イスラムの短剣

ベルトの金具

七宝細工

ターバンとベールの飾り

12世紀ごろのファーティマ朝の首飾り

11世紀ごろのスペインの腕輪

イスラム教文化圏の範囲は広く、地域による差が大きい。同じ11世紀ごろの装飾品でも、エジプトでは透彫や粒金細工、七宝細工が、スペインでは彫金を施した各種のビーズなどが用いられている。

関連項目
- ●装飾品の素材2　半貴石1→No.008
- ●装飾品の素材2　半貴石2→No.009
- ●装飾品の素材5　動物No.012
- ●金属加工技術→No.014

199

No.094 日本の装飾品の歴史

海で囲まれた日本は、大陸の影響を受けながらも独自の装飾品を発展させていった。特に、奈良以降の装飾品はそれが顕著になっていく。

●実用品に見出す和の美

　日本の装飾品の歴史は、諸外国の装飾品の歴史と比べて非常に特徴的である。一時期を境に首飾りや指輪、腕輪といった多くの装飾品が姿を消してしまうのだ。石器時代から縄文時代にかけて、骨製や石製、動物の骨や素焼きの装飾品が盛んに用いられていた。また、古墳時代や飛鳥時代には、金属や宝石類、ガラス製品を用いた国産の勾玉や鏡、鈴などの装飾品や大陸の装飾品を模倣したものも用いられている。しかし、奈良時代以降、そうした装飾品は廃れていく。装飾品の役割が大陸の影響を受けつつ独自の発展を遂げた服装にとって代わられたこと、実用品に装飾品としての価値を見出したことなどがその理由と考えられている。そのため、公家であれば華麗な服装に、武家であれば武具や甲冑に様々な技法が凝らされ、装飾品としての金属器、漆器、陶器、その他の工芸が大いに発展した。

　16世紀に入り、ヨーロッパ諸国との交流が始まると、日本でもロザリオなどの装飾品が流入しもてはやされる。しかし、それも一時的なもので定着しなかった。江戸時代も半ばを過ぎ、社会が安定すると髪飾りや帯留めといった装飾品が盛んに用いられるようになった。その牽引役となったのが経済的に力をつけた庶民である。さらに実用品である根付や煙草入れなども、粋な装飾品として用いられるようになった。

　幕末、明治になると日本は中国や**ヨーロッパ諸国**の文化を吸収しようと様々な試みが行われた。装飾品もその例外ではなく、天皇家や政府高官、その婦人たちのためにヨーロッパから盛んに装飾品が輸入されている。さらに、今まで伝統的な工芸に携わっていた職人たちによる装飾品の国内生産も盛んになった。その後、ヨーロッパ風の装飾品は指輪を中心に庶民にも広がり、大正時代以降は洋装の広まりとともに定着したのである。

日本の装飾品の歴史

中国などの大陸文化の影響。

第1段階：石器～弥生時代
・骨、石、素焼きの焼き物など。
・耳飾り、首飾り、腕輪、指輪など。

第2段階：古墳時代～飛鳥時代
・金属や宝石類、ガラスなど。
・勾玉、鏡、鈴、大陸の装飾品を模倣したものなど。

断絶！

装飾品が装束にとって代わられる。
実用品に装飾品としての価値を見出す。

第3段階：奈良～室町時代
・金属器、漆器、宝石類を用いた玉器、陶器、その他。
・装束、武具、甲冑などの実用品。

様々な工芸の技術が発展!!

ヨーロッパ文化の影響。

第4段階：戦国～江戸時代初期
・一時的にヨーロッパ風の装飾品が流行するが定着せず。

ヨーロッパ、中国文化の影響。

第5段階：江戸時代中期～後期
・髪飾り、帯留めなどの装飾品、根付、煙草入れなどの実用品が定着。

第6段階：幕末～明治以降
・ヨーロッパの装飾品を盛んに輸入。
・日本人好みの国産品も登場。
・大正時代以降は洋装の広がりとともに定着。

関連項目
●近代の装飾品の歴史1→No.070　　●近代の装飾品の歴史2→No.071

No.095
日本の頭飾り

ごく初期のうち、大陸の影響を受けていた日本の頭飾りであるが、烏帽子の誕生、髷の流行などにより独自色が強くなっていく。

●女性の髪を飾った簪

　日本の**頭飾り**の始まりは、櫛や簪といった髪をまとめるものである。材質は**木**や**骨**、**角**などに装飾を施したものだった。櫛は古墳時代までは縦に長い縦櫛で、古墳時代になって初めて横に長い横櫛が登場する。どちらも男女の区別なく用いられていた。古墳時代に入り、**大陸風**の服装と金属加工技術が流入すると、身分の象徴としての金属製の冠が登場する。

　ところが、こうした金の冠は冠位十二階などの服装規定の変化により、飛鳥時代に入ると姿を消してしまう。代わって登場するのが、男性が身につけた布製の冠や烏帽子であった。もっとも、櫛や簪は平額など新しい装飾品を加えつつ、公家の女性たちに長く用いられた。また、男性の冠でも冕冠など一部の冠は、金や宝石類を散りばめた豪勢なものが残っている。しかし、そうした装飾品は公家や武家などの権力者たちのもので、庶民の男性は萎烏帽子という一種の帽子を、女性は髪を結ぶ程度だった。

　庶民の間でも盛んに装飾品が用いられるようになったのは江戸時代も中期を過ぎてのことである。櫛、簪に加え、髷に差し込む笄が登場し、女性の髪を飾るようになった。一方、庶民の男性は、手拭いがおしゃれとなっている。さらに女性は髷を固定する元結などの留め具も飾りとしていた。

　明治時代に入っても、女性の髪飾りは櫛、簪、笄の3点セットが基本である。また、一部の身分の高い女性の洋風の礼装のために**ティアラ（小）**などが輸入されている。さらに、若い女性の間で髷を結わない束髪が流行し、専用の櫛や簪が作られた。素材も時代を反映し、江戸時代からの**鼈甲**や銀、**珊瑚**以外に、プラチナやセルロイド、宝石類、ガラス、漆に**螺鈿細**工を施したものなどが作られている。しかし、大正時代を経て昭和に入ると女性の髪形の変化により、櫛、簪、笄は次第に姿を消していった。

日本の頭飾り

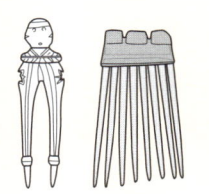

縄文時代の簪と縦櫛

古墳時代の金属冠

権力の象徴である冠は、古墳時代には金属製であった。しかし、飛鳥時代以降は冕冠など一部の例外を除き布製の冠や烏帽子が主流になる。

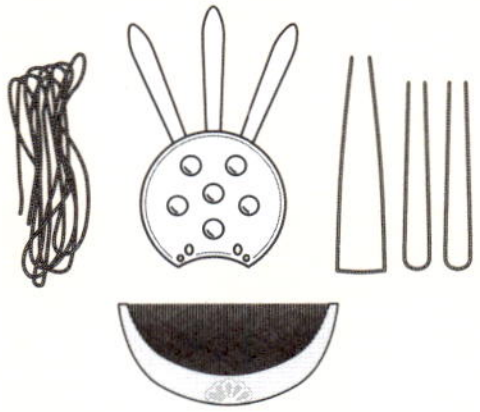

平額(中央上)、簪、櫛

冕冠

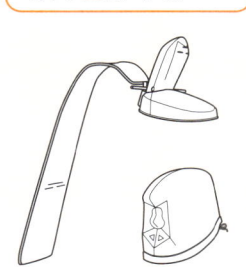

冠(上)と烏帽子(下)

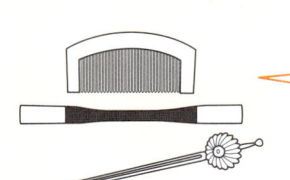

最も古い頭飾りである簪、櫛は、時代ごとに平額や笄などを加えつつ昭和まで生き延びた。しかし、女性の髪形の変化とともに次第に姿を消していく。

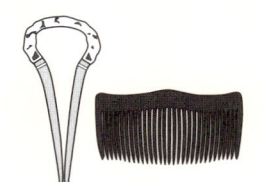

櫛(上)、笄(中)、簪(下)

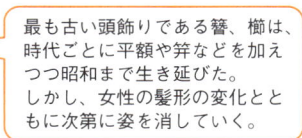

明治時代、一部の身分の高い女性の洋風の礼装のため、ヨーロッパからティアラなどが輸入された。

束髪用簪と櫛

西洋風のティアラ

関連項目
- 頭飾りの分類と各部の名称→No.002
- 装飾品の素材2 半貴石2→No.009
- 装飾品の素材5 動物→No.012
- 装飾品の素材6 植物→No.013
- 金属加工技術→No.014
- 中国の装飾品の歴史→No.078

No.096 日本の耳飾り

古墳時代までは日本でも用いられていた耳飾りだが、思想的変化から早いうちに姿を消す。再び姿を現したのは明治以降である。

●古墳時代の遺産

日本では**耳飾り**は縄文時代から既に盛んに用いられていた。中国に見られる**玉玦**にも似たC字形の玦状耳飾り、大きな車輪形の飾りを耳にあけた穴にはめ込む耳栓などかなりの遺物が残っている。玦状耳飾りには宝石類や動物の牙が、耳栓には素焼きの焼き物などが素材として用いられていた。しかし、弥生時代に入ると耳飾りの遺物はほとんど見られなくなる。そのため、まったく用いられなくなったか、あったとしてもごく一部で細々と用いられていたと考えられている。

古墳時代に入ると、大陸から凝った金属細工の耳飾りがもたらされるようになった。素材は金、銀、銅、鉛、青銅など様々で、鎖で筋彫りの施されたハート形の装飾板を吊るすものが多い。装飾板の数はひとつのものから複数のものまで様々である。ところが飛鳥時代に入ると耳飾りは急速に姿を消してしまう。これは当時の日本の文化に強い影響を与えていた中国の唐の時代に、耳飾りが野蛮なものと考えられたことの影響が大きいとされる。

明治時代に入り、ヨーロッパ式の装飾品が盛んに用いられるようになった中、耳飾りだけはあまり広がることはなかった。洋装に身を包み当時最新の装飾品を身につけた昭憲皇后の肖像画でも、耳の部分には何もつけられていない。その他の政府高官の子女などに関しても同様で、現在に残されている明治初期の肖像画や写真には洋装、和装どちらも耳飾りをつけたものはほとんど見られないのである。明治末期から大正時代にかけて身につけられたこともあるが、それはあくまで女優などのごく限られた人々の間のことであった。日本で再び耳飾りが広く用いられるようになるのは第2次世界大戦後で、ピアスにいたっては昭和50年代以降のことである。

日本の耳飾り

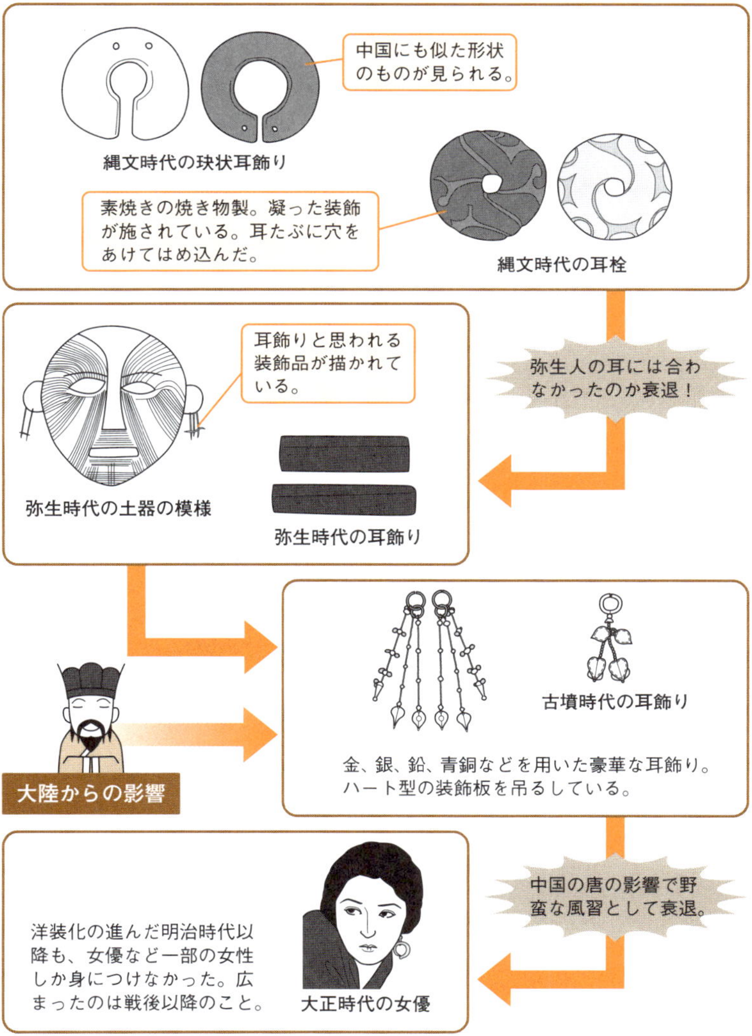

縄文時代の玦状耳飾り

中国にも似た形状のものが見られる。

素焼きの焼き物製。凝った装飾が施されている。耳たぶに穴をあけてはめ込んだ。

縄文時代の耳栓

耳飾りと思われる装飾品が描かれている。

弥生時代の土器の模様

弥生時代の耳飾り

弥生人の耳には合わなかったのか衰退！

古墳時代の耳飾り

金、銀、鉛、青銅などを用いた豪華な耳飾り。ハート型の装飾板を吊るしている。

大陸からの影響

中国の唐の影響で野蛮な風習として衰退。

洋装化の進んだ明治時代以降も、女優など一部の女性しか身につけなかった。広まったのは戦後以降のこと。

大正時代の女優

関連項目
● 耳飾りの分類 → No.003 　　　● 中国の耳飾り → No.080

No.096 第4章 ● アジア・新世界の装飾品

205

No.097
日本の首飾り

他の文化圏と同じく、古代日本でも様々な首飾りが用いられていた。しかし和装に合わせづらい首飾りは徐々にその姿を消していった。

●豪奢なビーズ細工と身近なお守り

　首飾りは日本における最も古い装飾品のひとつである。旧石器時代には既に小さな石に穴をあけたビーズを連ねた単純なものが作られていた。縄文時代には**貝殻**や**動物の牙**を加工したビーズを連ねた首飾りや、**翡翠**などの宝石類を加工した勾玉に似たビーズを連ねたものも作られるようになった。変わったものとしては人間の歯や骨を使ったものなども存在している。弥生時代の首飾りも宝石類が中心であったが、大陸から製法が伝わったガラス製のビーズも用いられるようになった。古墳時代になると、勾玉形、管玉形、丸玉形、そろばんの玉形といった様々な形状のビーズが用いられるようになる。素材も、翡翠や**瑪瑙**、水晶、ソーダライトなどの宝石類から、金、銀、青銅などの金属類、**ガラス玉**など様々なものが用いられた。

　それまでの装飾品の多くが姿を消した飛鳥時代、奈良時代にかけても首飾りは引き続き用いられている。多くは**中国の唐風のデザイン**で、それ以前の時代のデザインはあまり用いられていない。平安時代にはそれも姿を消し、護符を入れる懸守、今でいうお守り袋が長く用いられ続けた。

　室町時代後期に入り、ヨーロッパとの交流が始まると、一時的にではあるがロザリオ、特に外国産のものが首飾りとしてもてはやされるようになった。しかし、江戸時代に入りキリシタン禁令が始まると、キリシタンと誤解されることを恐れて身につける人はほとんどいなくなってしまう。

　首飾りが再び登場するのは、明治時代の西欧化が始まってからである。政府高官や富裕層の夫人の洋装化に伴い、その胸元を飾る首飾りがヨーロッパから大量に輸入されるようになったのだ。明治時代も半ばを過ぎると国内での生産も始まり、ダイヤモンドや真珠などの宝石類を中心とし、ヨーロッパのデザインを取り込んだ様々な形状の首飾りが作られた。

日本の首飾り

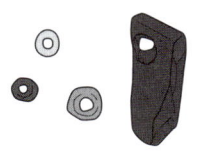

旧石器時代の石の首飾り

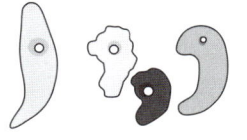

熊の犬歯（左）とそれを模した勾玉

人骨と歯の首飾り

縄文時代の勾玉、管玉

唐風の首飾りは飛鳥、奈良時代に用いられた。

首飾りの素材は当初、石、貝殻や動物の牙などが用いられた。しかし、時代が下るにつれ、海外からガラスや金属、宝石類など様々な素材がもたらされた。

古墳時代の金属ビーズ

飛鳥、奈良時代の首飾り

ヨーロッパ文化の流入によりもてはやされた。しかし、キリシタン禁令により姿を消すことに。

断絶！

再び断絶！

戦国時代のロザリオ

明治時代の首飾り

フランスから輸入されたダイヤモンドの首飾り。

昭憲皇后の肖像

江戸時代に姿を消した首飾りは、幕末から明治時代にかけての西欧化によって再び姿を現した。当初は輸入に頼った首飾りだが、次第に国産のものも作られるようになっていく。

関連項目
- 首飾りの分類→ No.004
- 装飾品の素材2　半貴石1→ No.008
- 装飾品の素材4　ガラス・焼き物→ No.011
- 装飾品の素材5　動物→ No.012
- 装飾品の素材6　植物→ No.013
- 中国の首飾り→ No.081

No.097 第4章●アジア・新世界の装飾品

No.098
日本の腕輪

腕輪もまた、失われていった装飾品である。しかし、江戸時代に入る意外な姿で復活を遂げることとなった。

●芸妓の用いた腕守り

　日本の**腕輪**は縄文時代には登場しており、その後は奈良時代まで用いられ続けた。縄文時代の腕輪の主な素材は**貝殻**で、貝釧、貝輪などとも呼ばれている。それ以外の素材には動物の**牙**、石、**素焼きの焼き物**などがあった。凝ったものとしては木製の腕輪に**漆**を塗って磨いたものなども出土している。弥生時代になると南洋から輸入された大型の巻貝を使った特徴的な鉤のある貝釧や、それを模した金属製の腕輪が北九州を中心に登場する。金属加工技術は大陸からもたらされたもので、同時に大陸製の腕輪を模したものも作られていた。関西以南は単純な円環形のもの、関東、東北地方では帯状に幅広のものが用いられている。また、関東地方では鉄製の腕輪も作られていた。古墳時代に入ると金や銀、青銅などの金属製の円環形の腕輪が登場する。その後、飛鳥時代には一時廃れるものの、唐の文化を採り入れた奈良時代には再び女性を中心に**大陸風の腕輪**が用いられた。

　しかし、それ以降腕輪は急速に姿を消していく。腕輪が再び姿を現すのは、江戸時代末期のことである。芸妓などを中心に用いられた腕守、肌守は、輪にした布地を金具で留めたもので、金具部分には彫刻が施され、香料を入れることができた。また、腕守の名の通り布地部分にはお守りが入っている。しかし、この腕守も明治時代に入ると刺青を隠すものであるといわれるようになり、次第に姿を消してしまう。

　代わって登場するのが、明治時代以降盛んに採り入れられた**ヨーロッパの腕輪**である。当初はヨーロッパからの輸入品が中心であったが、次第に国産のものも作られるようになった。国産の腕輪は当初、日本風のデザインが主流だったが、大正時代に入るころには西洋風のデザインも増える。なお、こうした腕輪は女性だけでなく富裕層の男性にも用いられた。

日本の腕輪

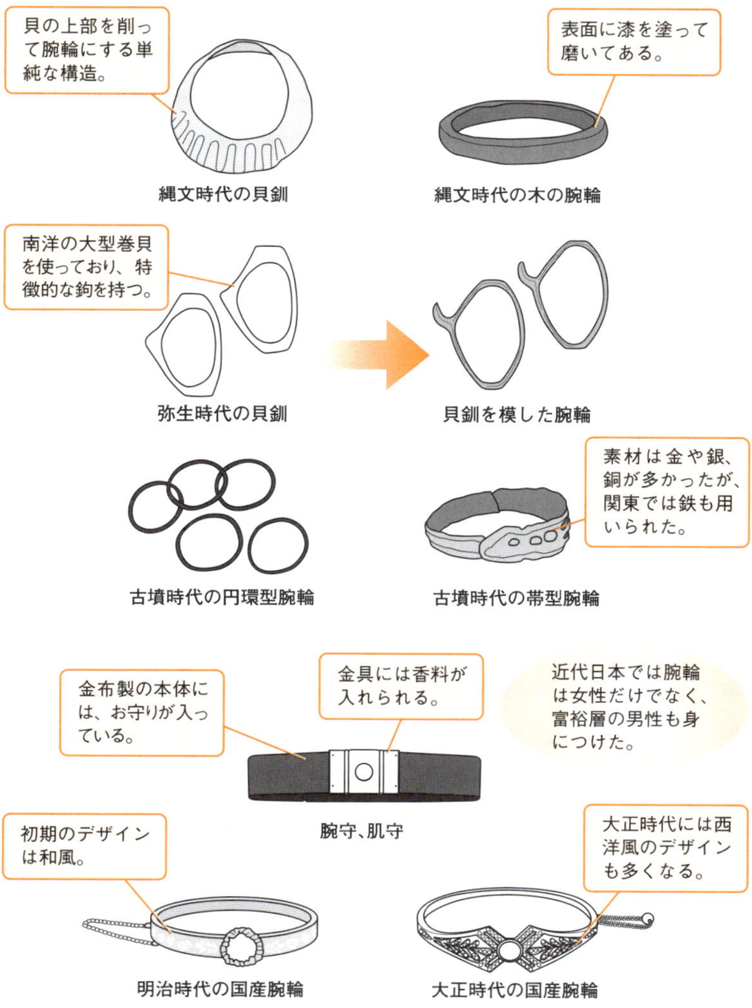

縄文時代の貝釧
- 貝の上部を削って腕輪にする単純な構造。

縄文時代の木の腕輪
- 表面に漆を塗って磨いてある。

弥生時代の貝釧
- 南洋の大型巻貝を使っており、特徴的な鉤を持つ。

貝釧を模した腕輪

古墳時代の円環型腕輪

古墳時代の帯型腕輪
- 素材は金や銀、銅が多かったが、関東では鉄も用いられた。

腕守、肌守
- 金布製の本体には、お守りが入っている。
- 金具には香料が入れられる。

近代日本では腕輪は女性だけでなく、富裕層の男性も身につけた。

明治時代の国産腕輪
- 初期のデザインは和風。

大正時代の国産腕輪
- 大正時代には西洋風のデザインも多くなる。

関連項目
- ●腕輪、足輪の分類→No.005
- ●装飾品の素材4　ガラス・焼き物→No.011
- ●装飾品の素材5　動物→No.012
- ●装飾品の素材6　植物→No.013
- ●近代の腕輪→No.075
- ●中国の腕輪→No.082

No.099 日本の指輪

身体を直接飾る装飾品があまり発達しなかった日本。しかし、指輪は相性が良かったらしく、海外からの流入後は大いにもてはやされた。

●刀装具職人も作った指輪

　日本における装飾品としての**指輪**の歴史は、諸外国に比べて非常に浅い。指輪自体は石や貝殻などで作られた指輪が縄文時代から用いられていたことを示す遺物があるが、どれもごく少数なのである。古墳時代には大陸製と思われる金属製の指輪などが数点見られるものの、その後指輪が装飾品として定着することはなかった。

　指輪が本格的に装飾品として定着するのは、江戸時代も末、幕末のころのことである。当初、指輪は「指はめ」と呼ばれ、長崎の出島周辺の遊女たちを中心に広まった。出島に出入りする中国人やヨーロッパ人たちを相手に商売をしていたためである。その後、江戸や大坂などの大都市を中心に流行したが、その流行は一時的なものにすぎなかった。本格的に指輪が広く用いられるようになるのは明治時代に入ってからのことである。

　着物との相性も良く、控え目な装飾品である指輪は日本人の好みに合っていたらしく、急速に広まっていった。また、廃刀令によって職を失った刀装具の職人たちがこの分野に進出したことも、これに拍車をかけている。もっとも、明治初期の指輪はもっぱら外国からの輸入品であった。明治2年ごろに薩摩、長州でダイヤモンドをはめ込んだ蒲鉾形の指輪が作られたと伝えられているが、はっきりしたことはわかっていない。

　明治後半になると日本産の指輪も増え、デザインも日本人好みのものが増える。これらは金や銀などの金属製の指輪に彫刻を施したもので、プラチナもいち早く採り入れられた。さらに、大正時代に入ると印台と呼ばれる実印を彫り込んだ印章指輪や、誕生石を用いた12カ月指輪などが流行している。また、海外の流行にも敏感であり、**アール・ヌーヴォー**、**アール・デコ**などのデザインも盛んに採り入れられた。

日本の指輪

古墳時代の指輪
輸入品と思われる金属製の指輪。その後、日本では指輪は定着していない。

弥生時代の指輪
巻貝の貝殻製の指輪。指輪自体は縄文時代から用いられていた。

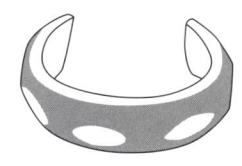

長崎の指輪
幕末、長崎の遊女を中心に「指はめ」と呼ばれる指輪が流行、江戸、大坂などの大都市でも指輪は流行する。

印台

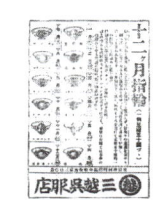

12か月指輪の広告

明治時代に入り、ヨーロッパから盛んに指輪が輸入された。その後、刀装具職人の流入などにより国内生産も始まり、日本人好みの指輪も作られるようになる。

明治中期の指輪

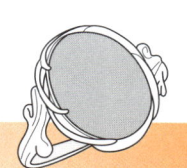

アール・ヌーヴォー様式の指輪

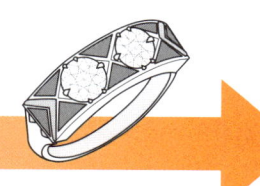

アール・デコ様式の指輪

関連項目
- 指輪の分類→No.006
- 装飾品の素材2　半貴石1→No.008
- 装飾品の素材4　ガラス・焼き物→No.011
- 装飾品の素材5　動物→No.012
- 近代の指輪→No.076
- 中国の腕輪→No.082

No.100 日本のその他の装飾品1

直接的な装身具が廃れた代わりに、日本では仕事や生活の道具に独自のこだわりを持つようになっていく。

●服制に取り込まれた装飾品

　日本の装飾品には、装束の一部に取り込まれてしまったものや実用品から装飾品に変化したものも多い。縄文時代から弥生時代にかけては、帯に鹿の角などで作った装飾品が身につけられていた。こうした帯に吊り下げる飾りには、時代が下るとともに鏡や鈴、日常品を入れた袋なども登場している。さらに、金属の飾りをつけた帯や、革のベルトが古墳時代ごろに大陸からもたらされた。

　その後、服装規定の大きく変わった飛鳥時代を経て、奈良時代には軟玉（翡翠）などの宝石類や、金、銀などの貴金属をつけた玉帯が公家の男性の礼装に用いられている。また、様々な腰の飾りも身につけられた。魚佩は魚の形を水晶やガラスなどで模したもので、一種の縁起物である。玉佩は身分の証として礼装の際に腰に吊るしたもので、単に宝石類を紐で固定したものから金の装飾板に宝石を象眼したものを連ねたものまで、時代によって形状は違う。笏は儀礼の席で官位を持つ人々が右手に持つ細長い板で、本来は儀礼の際のメモを貼りつけるものだった。しかし、時代が下ると威儀を正すために用いられるようになる。素材も象牙の贅沢なものから木製のものまで身分によって使い分けられた。

　この他の手に持つ装飾品としては扇がある。扇の原型は奈良時代に既に存在しており、そのころは檜の板を連ねた檜扇が主体であった。時代が下り平安時代になると木製の骨組みに紙を貼りつけた蝙蝠が登場し、冬は檜扇、夏は蝙蝠と使い分けられるようになる。本来は実用品であり男女ともに用いたが、そのうち女性の装飾品として用いられるようになった。末が広いものは末広、中ほどが広いものを中啓ともいう。扇は武家社会にも取り込まれ、男女ともに用いられた。

日本のその他の装飾品1

鹿角の帯飾り

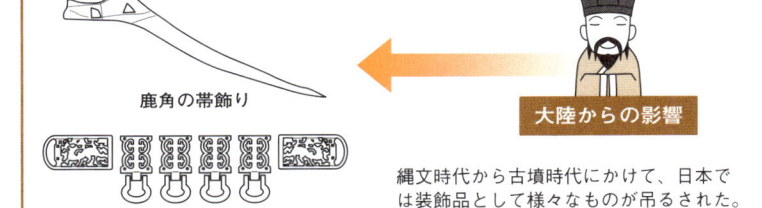

大陸風の帯飾り

大陸からの影響

縄文時代から古墳時代にかけて、日本では装飾品として様々なものが吊るされた。鏡や鈴、袋といったものもある。

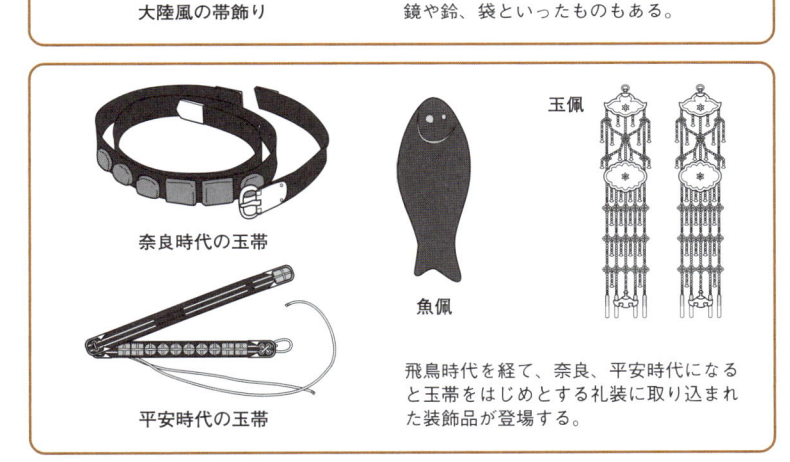

奈良時代の玉帯

魚佩

玉佩

平安時代の玉帯

飛鳥時代を経て、奈良、平安時代になると玉帯をはじめとする礼装に取り込まれた装飾品が登場する。

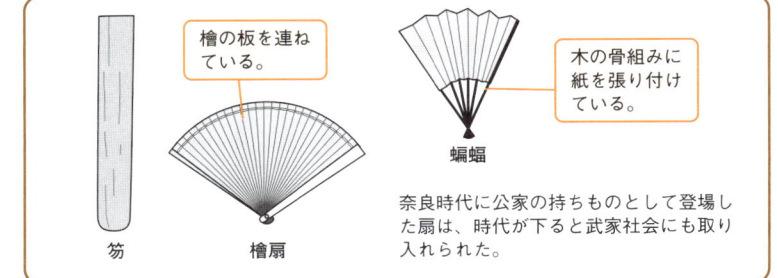

檜の板を連ねている。

木の骨組みに紙を張り付けている。

蝙蝠

笏　　檜扇

奈良時代に公家の持ちものとして登場した扇は、時代が下ると武家社会にも取り入れられた。

関連項目
- 近世のその他の装飾品1→No.068
- 近代の指輪→No.076
- 中国のその他の装飾品→No.084

No.100
第4章●アジア・新世界の装飾品

No.101 日本のその他の装飾品 2

文化が爛熟した江戸期以降、庶民は自分なりのしゃれっ気を、身近な道具で表現するようになる。そこには日本人的な独特の世界があった。

●こだわりの根付に煙草入れ

　江戸時代に入り政情が安定すると、装飾品は広い層に用いられるようになった。江戸時代の男性の装飾品として挙げられるのが、**印籠**、**根付**、**煙草入れ**である。印籠は木や**象牙**、**四分一**などの合金でできた楕円形の小箱に、漆地に金粉で装飾を施した**蒔絵**や**螺鈿**、**彫金**で装飾を施したもので、本来は朱肉入れや薬入れとして用いられた。しかし、時代が下るにつれ武士の身分を示す装飾品となっていく。根付は印籠や煙草入れなどを帯に吊るすためのもので、**緒締め**とともに用いられた。材質は象牙や**柘植**など様々である。煙草入れは煙草を入れる入れ物で、煙管を入れる筒とセットになったものなど様々な種類がある。

　一方、女性の装飾品としては、**紙入れ**、**帯留め**、**箱迫**があった。紙入れはその名の通り鼻紙を入れるもので、本来は男性も用いた実用品である。しかし、次第に装飾品化され女性の身を飾るようになった。箱迫は武家の女性の化粧品入れで、江戸時代後期に登場する。どちらも布製で、舶来の高価な布に刺繍が施されたものが用いられた。帯留めは、江戸時代に幅広になった帯を固定する帯締めに着脱を簡単にする金具がついたもので、江戸時代末期から明治時代にかけて流行する。明治時代のものは単に帯締めに通す飾りとなり、貴金属や宝石類をはめ込んだ豪勢なものが登場した。

　明治時代に入り、洋装が広まると、男性には**懐中時計**と鎖、**カフスボタン**、**シガレットケース**、**洋傘**が、女性には**ブローチ**と洋傘が用いられるようになった。しかし、相変わらず江戸時代の装飾品も使われている。

　大正時代、昭和以降は、服装の変化から男性の装飾品はカフスボタン、タイピン、腕時計などが中心となった。女性も洋装が広まるようになり、次第に江戸時代以来の装飾品は用いられないようになっていく。

日本のその他の装飾品2

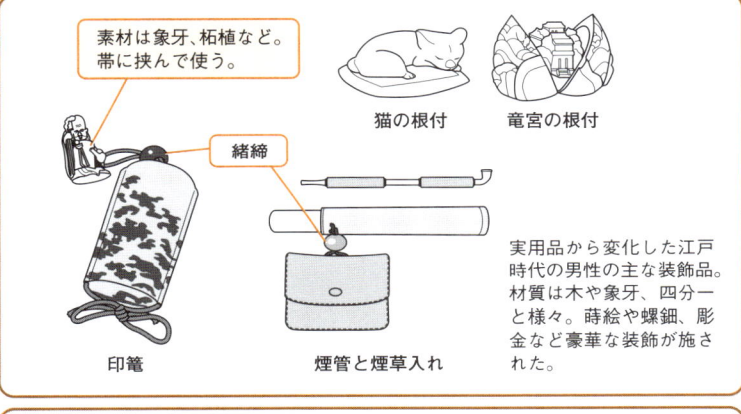

素材は象牙、柘植など。帯に挟んで使う。

猫の根付
竜宮の根付
緒締
印篭
煙管と煙草入れ

実用品から変化した江戸時代の男性の主な装飾品。材質は木や象牙、四分一と様々。蒔絵や螺鈿、彫金など豪華な装飾が施された。

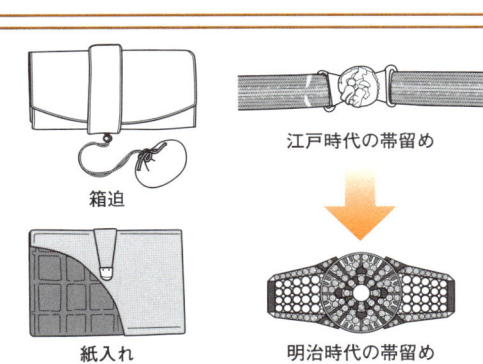

箱迫
江戸時代の帯留め
紙入れ
明治時代の帯留め

やはり実用品から変化した江戸時代の女性の主な装飾品。帯留は明治時代に入り、貴金属や宝石類を用いた贅沢なものに変化する。

懐中時計とシガレットケース
明治時代のブローチ 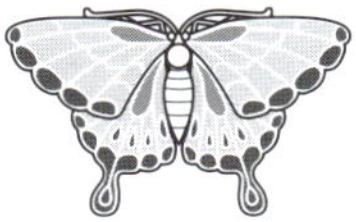

明治時代は洋装化に伴い、洋風の装飾品が登場。洋傘やカフスボタン、タイピン、腕時計など見慣れたものも装飾品に。

関連項目
- 装飾品の素材3　金属→No.010
- 装飾品の素材5　動物→No.012
- 装飾品の素材6　植物→No.013
- 近代のその他の装飾品→No.077

No.102 北米の装飾品の歴史

ヨーロッパ人の流入以前の北米は、先住民族たちが緩やかな部族社会を形成していた。金属器を用いない彼らの装飾品は、動物素材が多い。

●ヤマアラシのトゲのビーズ

ユーラシア大陸から北米大陸に人類が到達したのは、今から3万年以上前のことである。彼らは北米から中南米に散らばり、それぞれ独自の文化を築いていった。大規模な都市国家社会を構成した中南米と違い、北米の人々は小規模な部族社会を構成している。その部族の数は数百に及ぶが、おおむね北西海岸、カルフォルニア、北東部、南東部、大平原、高原、大盆地、南西部、北極、亜北極の10の文化圏に分かれていた。

西欧諸国との接触が始まった16世紀より以前は、北米の先住民の間ではごく一部の地域を除いて金属は用いられていなかった。当然装飾品の素材も金属以外のものが用いられている。一般的な素材は鷹の羽やヤマアラシのトゲ、なめしたバッファローの生革から作った紐、熊や山猫、アザラシといった大型動物の**爪**、**牙**、その他の動物の毛皮などで、地方によってアワビやツノガイなどの**貝殻**、**トルコ石**なども用いられていた。ヤマアラシのトゲはそのまま用いられることもあれば、細かく輪切りにしたものを唾液で軟らかくした後に潰してビーズとして用いることもあった。

16世紀以降、急速に普及していったのが**ヨーロッパ**からもたらされた**ガラス**製のビーズである。また、スペイン人や**南米**からもたらされた**金工技術**を用いた金属細工なども用いられるようになった。なお、現在インディアン・ジュエリーとして知られる銀細工は、19世紀以降に中南米からもたらされた技術を用いて作られたものである。

北米先住民の文化に馬や羊といった家畜が登場するのも、16世紀以降のことだった。それ以前は荷物の運搬などには犬が用いられていた。彼ら、特に大平原文化圏の先住民は、馬を「聖なる犬」などと呼んでこよなく愛し、馬の毛や馬の蹄につける蹄鉄も装飾品に採り入れている。

北米の装飾品の歴史

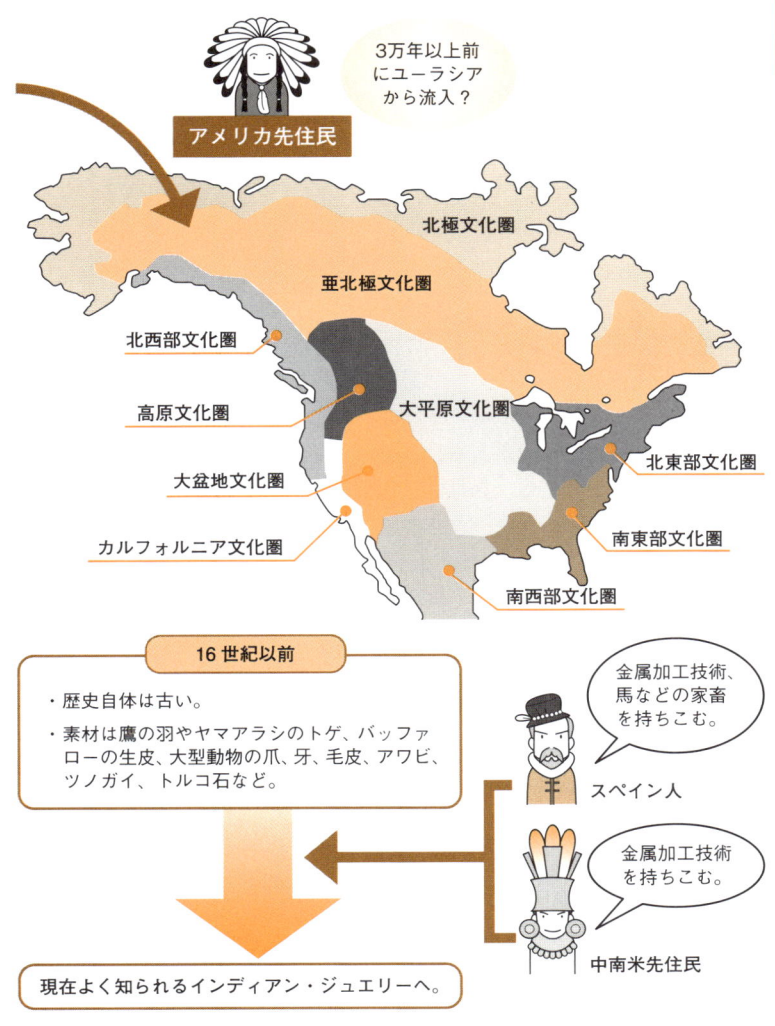

アメリカ先住民

3万年以上前にユーラシアから流入？

- 北極文化圏
- 亜北極文化圏
- 北西部文化圏
- 高原文化圏
- 大平原文化圏
- 大盆地文化圏
- カルフォルニア文化圏
- 北東部文化圏
- 南東部文化圏
- 南西部文化圏

16世紀以前

・歴史自体は古い。
・素材は鷹の羽やヤマアラシのトゲ、バッファローの生皮、大型動物の爪、牙、毛皮、アワビ、ツノガイ、トルコ石など。

スペイン人：金属加工技術、馬などの家畜を持ちこむ。

中南米先住民：金属加工技術を持ちこむ。

→ 現在よく知られるインディアン・ジュエリーへ。

関連項目
- ●装飾品の素材2　半貴石2→No.009
- ●装飾品の素材4　ガラス・焼き物→No.011
- ●装飾品の素材5　動物→No.012
- ●金属加工技術→No.014
- ●近世の装飾品の歴史→No.062
- ●中南米の装飾品の歴史→No.104

No.102　第4章●アジア・新世界の装飾品

No.103
北米の主な装飾品

ネイティブ・アメリカンのイメージとして、あまりにも有名な羽飾り。これは政治的な意図を持つフォーマルな装飾品だった。

●部族によって異なる頭飾り

　北米の先住民であるネイティブ・アメリカンの装飾品は、部族ごとに大きく異なっている。ネイティブ・アメリカンのイラストなどに用いられる大きな羽根飾りはウォーボンネットと呼ばれるもので、主に北米中央部の平原インディアンによって用いられた。一言で**羽根飾り**といっても形状は一定ではなく様々な種類がある。こうした髪飾りは日常身につけず、公的な場面で身につけられた。素材には鷲の羽根や梟の羽根などが用いられる。また、バッファローの角をつけた頭飾りやバンダナに羽根を差したものを使う部族もいた。北西海岸ではローチと呼ばれるヤマアラシや鹿の毛で作った毛房の飾りが用いられている。本来は髪形であったが、後に装飾品となった。モホーク族が用いたのは、現在のモヒカン刈りの由来となるものである。この他ビーズを連ねた頭飾りや、**樹木の繊維**、木綿で編んだ帽子、カワウソの革の帽子、動物を模した仮面を用いる部族などもあった。

　耳飾りは多くの部族で用いられた装飾品である。男性は耳たぶに切り込みを入れて延長することが多い。これは成人の儀式としても行われていた。18世紀後半からは金属製の耳飾りも登場するが、大抵は鳥の羽根やバッファローのなめし革に、カラフルな彩色を施して編んだ組紐である。また、部族によっては鼻飾りや唇飾りが用いられることもあった。

　男女ともに用いられたのはビーズを連ねた首飾りや胸飾りである。ビーズの素材は**ヤマアラシのトゲ**、**貝殻**、**木材**、熊や鹿といった動物の**牙**や**角**など様々で形状も部族ごとに異なる。16世紀ごろから中米との交流のある地域では金属も用いられ始め、ヨーロッパからの移民が本格的になると**ガラスビーズ**も用いられるようになっていく。さらに、腕や膝に巻く組紐、金属製の腕輪なども様々な部族で好まれた装飾品だった。

北米の主な装飾品

主に平原インディアンに用いられた飾り。鷲の羽根や梟の羽根で作られる。バッファローの頭飾りともども儀式の際などに用いた。

ウォーボンネット

バッファローの頭飾り

北西海岸周辺で用いられた毛房飾りはローチと呼ばれる。本来は髪形で、モヒカン刈りもローチから来ている。

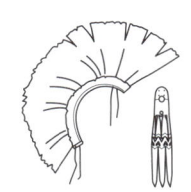

ローチ各種

アイオワイ族の酋長の装飾品

ネイティブアメリカンの男女の胸元を飾った首飾り、胸飾り。素材はヤマアラシのトゲや熊や鹿などの動物の爪や、牙、角など様々。16世紀以降は金属やガラスのビーズも用いられた。

ネイティブアメリカンの男性は、羽根や革の組紐の耳飾りをつける他、耳たぶの拡張も行っている。成人の儀式としても扱われた。

アラパホ族の女性の胸飾り

アラスカの女性の唇飾り

関連項目
- 装飾品の素材4 ガラス・焼き物→No.011
- 装飾品の素材5 動物→No.012
- 装飾品の素材6 植物→No.013

No.103 第4章●アジア・新世界の装飾品

No.104
中南米の装飾品の歴史

その独自の文化から、今なお人々をひきつける中南米の都市国家群。
今に残る黄金装飾や、宝石を用いた石器はその好例である。

●黄金と翡翠が織り成す独自の世界

　16世紀の**スペイン**による侵略以前、中南米には優れた独自の文明が繁栄していた。オルメカから続くメソ・アメリカと呼ばれる現在のメキシコ周辺の都市国家群、そしてチャビンから続く中央アンデスの都市国家群である。16世紀当時、メソ・アメリカではマヤ、アステカ文明が、中央アンデスではインカ文明がそれぞれ隆盛を極めていた。もっとも、彼らは強力な統一王朝を持っていたわけではなく、力を持った都市が他の都市の文化や政治に影響を与えるという具合だったようである。

　彼らの装飾品の歴史は、俗に四大文明と呼ばれる古代文明に負けないぐらいに古い。中央アンデスでは、紀元前2000年ごろから既に完成された様式の金属細工が作られていた。紀元前850年ごろにはメソ・アメリカにも技術が伝わり、紀元前1世紀には中南米全体で金属装飾品が作られるようになっている。主な金属は金、銀、銅、**プラチナ**、**黄鉄鉱**、磁鉄鉱などで、猛毒のヒ素を用いたヒ素青銅という金属も作られていた。加工技術的にも打ち出しや**線刻**、**細線細工**、**鋳造**、**鍍金**と多様である。もっとも、メソ・アメリカは中央アンデスに比べて金属資源に乏しく、宝石類を用いた装飾品のほうが発展していた。

　メソ・アメリカと中央アンデスでは宝石類の好みも異なっている。メソ・アメリカでは**翡翠**、トルコ石、**瑪瑙**、水晶など様々な半貴石が用いられた。特に重要視されたのは翡翠などの緑色の宝石類である。一方、中央アンデスで好まれたのは青いトルコ石、ラピス・ラズリ、そして豊富に産出するエメラルドだった。どちらも水を表現する意味合いがあったと考えられている。この他黒曜石などの石材、**珊瑚**や海菊貝などの海産物、美しい鳥の羽根は双方で珍重され、装飾品の素材として用いられていた。

中南米の装飾品の歴史

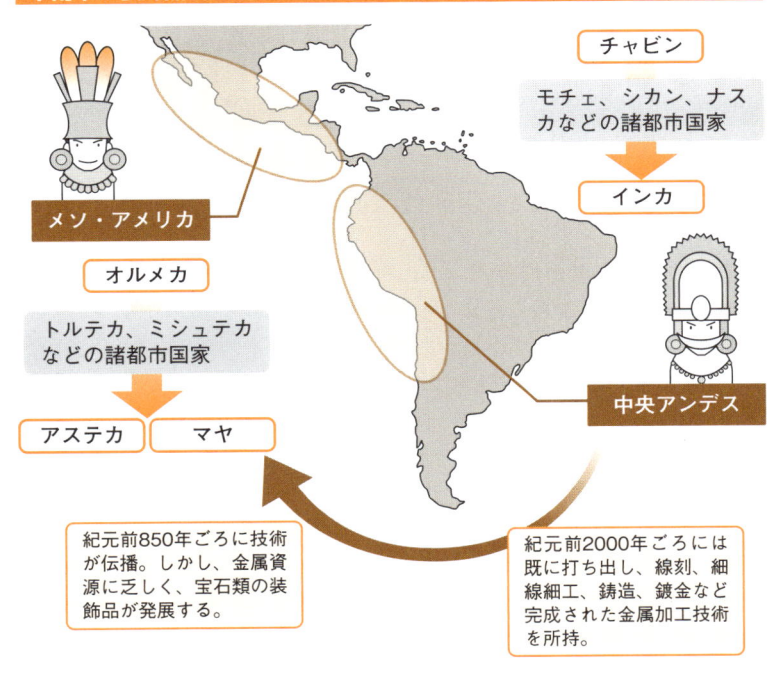

- メソ・アメリカ
- オルメカ
- トルテカ、ミシュテカなどの諸都市国家
- アステカ
- マヤ
- チャビン
- モチェ、シカン、ナスカなどの諸都市国家
- インカ
- 中央アンデス

紀元前850年ごろに技術が伝播。しかし、金属資源に乏しく、宝石類の装飾品が発展する。

紀元前2000年ごろには既に打ち出し、線刻、細線細工、鋳造、鍍金など完成された金属加工技術を所持。

宝石類の好みの違い

メソ・アメリカでは翡翠、トルコ石、瑪瑙、水晶が用いられ、特に翡翠が人気。

中央アンデスはトルコ石、ラピス・ラズリ、エメラルドが用いられトルコ石が人気。

金属素材

金、銀、銅、黄鉄鉱、磁鉄鉱、ヒ素青銅など。

その他の素材

黒曜石などの石材、珊瑚、海菊貝などの海産物、美しい鳥の羽根など。

関連項目
- 装飾品の素材2　半貴石1→No.008
- 装飾品の素材2　半貴石2→No.009
- 装飾品の素材3　金属→No.010
- 金属加工技術→No.014
- 近世の装飾品の歴史→No.062

No.104　第4章●アジア・新世界の装飾品

No.105 中南米の主な装飾品

中南米の装飾品は、主に王墓の副葬品などからその歴史や形状を知ることができる。そのモチーフは宗教儀式に関連したものが大半だった。

●異彩を放つ黄金の仮面群

16世紀の**スペイン**の侵略によって、中南米、メソ・アメリカと中央アンデスで栄えていた文明は滅亡した。しかし、略奪者の手を逃れた遺物や考古学的な発見物から、中南米では紀元前から高度な技術で様々な装飾品が作られていたことがわかっている。

中南米の装飾品は、頭飾り、仮面、耳飾り、首飾り、胸飾り、腕輪、足輪など多種多様だった。都市国家や時代ごとに様式が違うが、大まかに分けて**翡翠**などの宝石類や**貝殻**のモザイク、様々な動物素材で作られたものはメソ・アメリカ、黄金製のものや、黄金細工にトルコ石などの**象眼**を施したものは中央アンデスのものであることが多い。頭飾りは**鳥の羽根**や**動物の毛皮**、鳥の羽根やナイフを模した黄金など様々な素材で作られている。これらは身分の証であり、貴族や戦士階級が身につけていた。仮面は宗教儀式などに使われたものと、埋葬時の副葬品とされたものの2種類がある。首飾りや腕輪、足輪は様々な形状のビーズを連ねたものが中心で、都市国家ごとに様式が異なっていた。耳飾りや胸飾りも同様で様々な形状のものが作られている。

装飾品のモチーフは宗教的なものが中心で、神の姿や王族、太陽や雨などの自然現象を描いたものが多い。メソ・アメリカは写実的描写であり、中央アンデスのものは高度に抽象化されていた。

一風変わった装飾品としては、唇飾りと鼻飾りがある。唇飾りはT字形の装飾品で、上の横棒を歯茎と下唇に挟み、下に伸びる棒を下唇の中央にあけた穴から出す。翡翠製のものや、**黄金**製のものなど素材は様々である。一方鼻飾りは鼻に穴をあけて上唇の上に固定するもので、髭のように見える半月状のものや両端に分銅のような飾りのついたものなどもあった。

中南米の装飾品

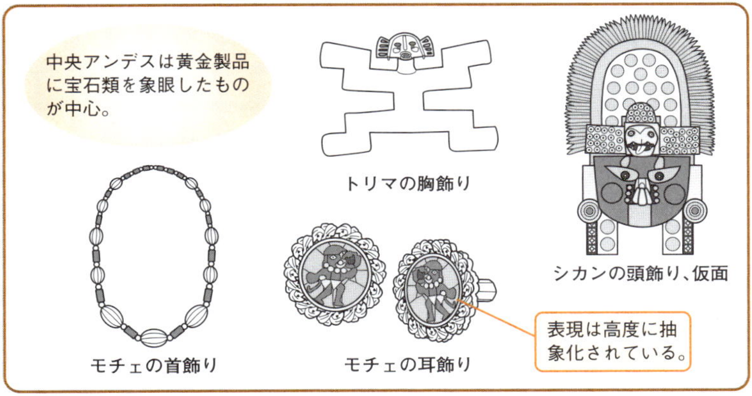

No.105 第4章●アジア・新世界の装飾品

中央アンデスは黄金製品に宝石類を象眼したものが中心。

トリマの胸飾り

シカンの頭飾り、仮面

モチェの首飾り

モチェの耳飾り

表現は高度に抽象化されている。

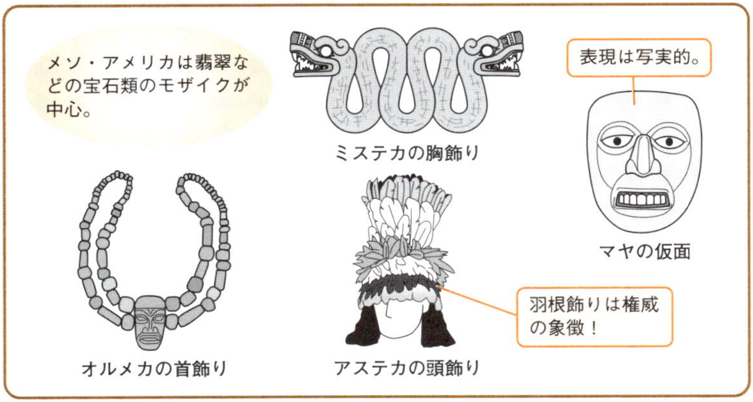

メソ・アメリカは翡翠などの宝石類のモザイクが中心。

ミステカの胸飾り

表現は写実的。

マヤの仮面

オルメカの首飾り

アステカの頭飾り

羽根飾りは権威の象徴！

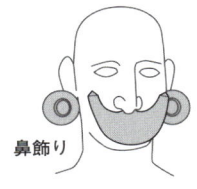

鼻飾り

唇飾り

装飾品のモチーフは宗教的なものが中心で、神の姿や王族、太陽や雨などの自然現象を描いたものが多い。

関連項目
- 装飾品の素材2　半貴石1→No.008
- 装飾品の素材3　金属→No.010
- 装飾品の素材5　動物→No.012
- 金属加工技術→No.014
- 近世の装飾品の歴史→No.062

No.106
東南アジア、オセアニアの装飾品の歴史

太平洋を臨む東南アジアとオセアニア。しかし、その立地で装飾品は大きく異なる。その鍵となったのは大陸の影響と金属資源だった。

●石器文化と南国王朝

　オセアニアの文化は、大まかに分けてオーストラリア、ニューギニア、メラネシア、ミクロネシア、ポリネシア、インドネシアの5つの文化圏に分類できる。東南アジアからオセアニアに人々が移住し始めたのは紀元前4000年ごろのことである。その中でも最も古いのがオーストラリアで、ごく初期の段階の石器を用いた採集、狩猟が中心の部族単位での生活が16世紀まで続けられていた。ニューギニアやメラニシアでは比較的新しい段階の石器が用いられていたが、生活自体はオーストラリアとあまり変わらない。そうした中、ポリネシア、ミクロネシアでは豊かな土壌を背景に農業が発展し、国家が形成されていた。とはいえ、ポリネシア、メラニシアも16世紀まで石器が生活の中心である。

　こうしたオセアニアの文化圏は鉱物資源に恵まれていなかった。そのため、装飾品の素材となったのも石、**貝殻**、**鳥の羽根**、**鼈甲**、**木**や**竹**、植物の繊維といった自然から採集されたものがほとんどである。染織の技術もないため、布地が装飾品に用いられることもほとんどなかった。装飾として自らの体にペイントや入れ墨を施すことも多かった。

　一方、インドネシアを含む東南アジアは早い段階から大陸の文化の影響に晒されていた。現在のベトナム周辺は**中国**、インドネシア周辺は**インド**の影響下にあり、2世紀以降はそれらの文化をアレンジした独自の文化を形成している。資源もその他のオセアニアの文化圏とは異なり豊富であり、高度な**金属加工技術**や染織技術も大陸からもたらされていた。そのため、装飾品にも金や銀、様々な宝石類が用いられている。モチーフはヒンドゥー教や仏教などの神話や草花、動物などが多く、技術的にも優れたものが多かった。

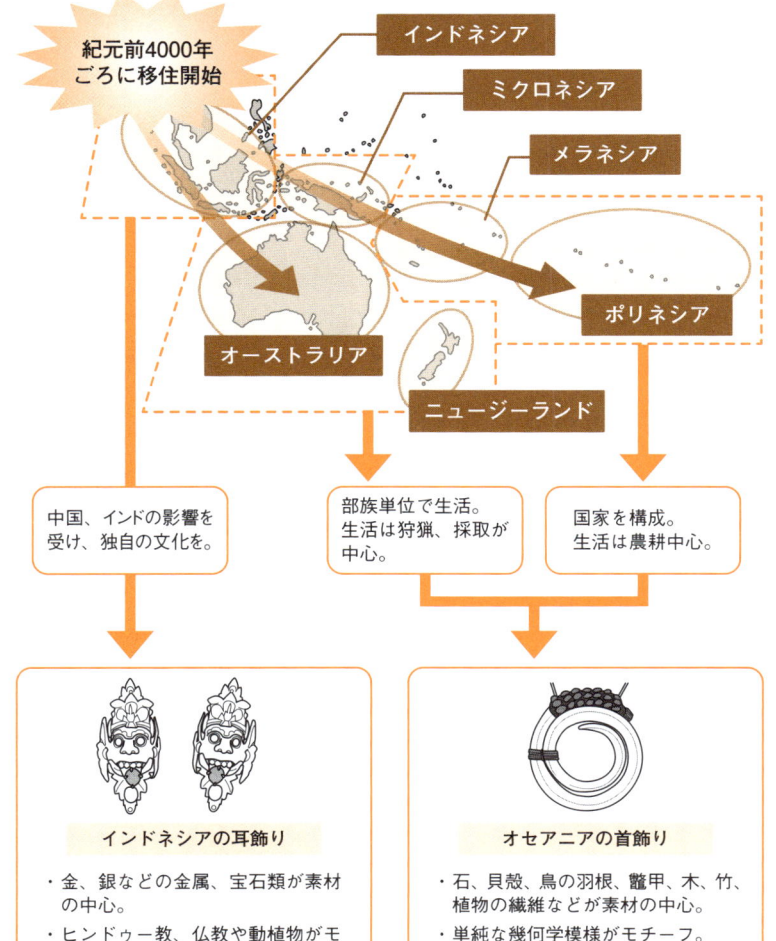

東南アジア、オセアニアの装飾品の歴史

- 紀元前4000年ごろに移住開始
- インドネシア
- ミクロネシア
- メラネシア
- ポリネシア
- オーストラリア
- ニュージーランド

中国、インドの影響を受け、独自の文化を。

部族単位で生活。生活は狩猟、採取が中心。

国家を構成。生活は農耕中心。

インドネシアの耳飾り

- 金、銀などの金属、宝石類が素材の中心。
- ヒンドゥー教、仏教や動植物がモチーフ。

オセアニアの首飾り

- 石、貝殻、鳥の羽根、鼈甲、木、竹、植物の繊維などが素材の中心。
- 単純な幾何学模様がモチーフ。

関連項目
- ●装飾品の素材5 動物→No.012
- ●装飾品の素材6 植物→No.013
- ●金属加工技術→No.014
- ●中国の装飾品の歴史→No.078
- ●中世以降のインドの装飾品の歴史→No.085

No.107
東南アジア、オセアニアの主な装飾品

石器や骨器を用いた採集生活を営んでいた多くのオセアニアの国家では、装飾品も石や動物素材、植物素材を用いたものがほとんどだった。

●宝となる貝殻

　大陸文化の影響から早い段階で織物や金属、宝石類が用いられていた東南アジアやニューギニア、織物が盛んだったポリネシアを除き、オセアニアでは装飾品の素材は自然から採集されたものがほとんどである。例えば、ニューギニア周辺で用いられる儀式用の頭飾りを飾るのは、オウムやインコを始めとする鮮やかな色彩の**羽毛**だった。一方、メラネシアでは、動物の**犬歯**や**貝殻**のビーズを連ねた一種のヘアバンドが用いられている。

　貝殻は、オセアニアの装飾品の素材としては最も一般的なもので、現在でも貨幣代わりに用いられることもある。タカラガイ、アコヤガイ、シャコガイ、ウミギクガイなどが主なもので、小さな貝殻はビーズとして首飾りや腰ミノに、大きな貝殻は上下を削って腕輪などに用いられた。

　貝殻同様に貨幣として用いられたものに、バヌアツ周辺の豚の牙がある。これは豚を大切に育て、ぐるりと輪を描くまでに牙を成長させたもので、大変な手間がかかるものだった。こうして作られた豚の牙は頭飾りや首飾り、腕輪など様々な装飾品の素材として用いられている。口にくわえる口飾りというものもあり、タカラガイや豚の牙を連ねて神や先祖を表す像が描かれていた。

　亀甲も装飾品の素材として好まれている。磨くと黒光りし、弾力があって加工もしやすい亀甲は、主に腕輪の素材として用いられた。

　ペニスケースや腰ミノには、**瓢箪**（ひょうたん）やヤシの実の殻、藤の繊維など植物系の素材が用いられている。これらは衣服として以上に装飾品としての意味合いが強く、様々な彫刻を施したり、タカラガイなどをはめ込んだりして飾り立てられていた。また、タパと呼ばれるクワ科の樹皮を叩いて伸ばした布の一種も腰巻として用いられている。

東南アジア、オセアニアの主な装飾品

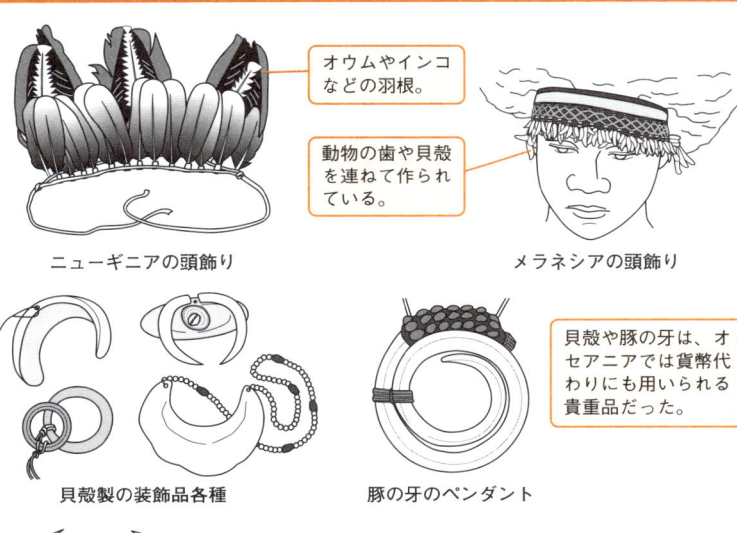

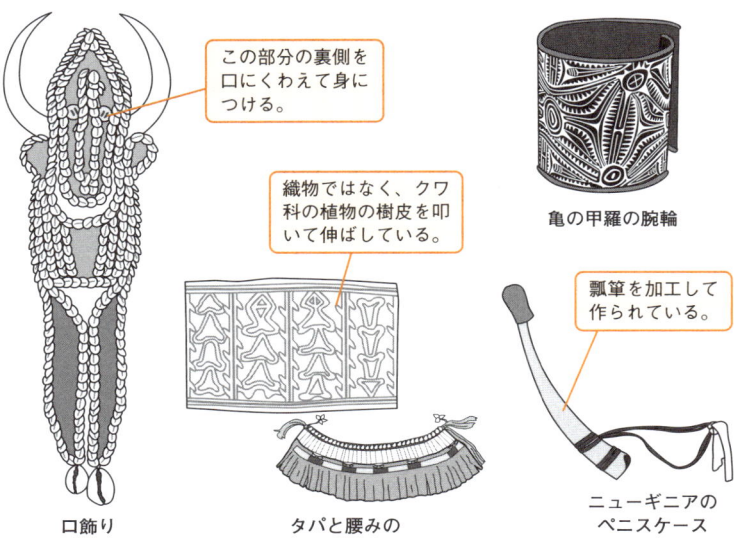

ニューギニアの頭飾り

オウムやインコなどの羽根。

動物の歯や貝殻を連ねて作られている。

メラネシアの頭飾り

貝殻製の装飾品各種

豚の牙のペンダント

貝殻や豚の牙は、オセアニアでは貨幣代わりにも用いられる貴重品だった。

この部分の裏側を口にくわえて身につける。

織物ではなく、クワ科の植物の樹皮を叩いて伸ばしている。

亀の甲羅の腕輪

口飾り

タパと腰みの

瓢箪を加工して作られている。

ニューギニアのペニスケース

関連項目

●装飾品の素材5 動物→No.012 　　●装飾品の素材6 植物→No.013

No.108 アフリカの装飾品の歴史

一般的に、近代以前のアフリカは原始的な部族社会とイメージされることが多い。しかし、高度な技術を持つ王朝も数多く存在していた。

●謎の多いアフリカの装飾史

サハラ砂漠以南のアフリカは、俗にブラック・アフリカと呼ばれている。その歴史は古く、一説には**古代エジプト王朝**成立に強い影響を与えたとされている。しかし、装飾品の歴史に関しては研究が進んでいない。部族間での差異が激しく、遺物として残りづらいものが多かったからである。

ナイジェリア周辺は、そうした中でも研究が進んでいる数少ない地域である。ナイジェリア美術の源流は、紀元前9世紀から紀元前2世紀ごろのノク文化にさかのぼることができる。この文化は**製鉄技術**や優れた美術様式を持っていた。もっとも、装飾品に関してはほとんどわかっていない。完全な形で装飾品が発見されるのは、9世紀から始まるイボ＝ウク文化の遺跡においてである。鋳造による優れた作品を残すこの文化では、輸入品と思われる銅や**色ガラスのビーズ**を連ねた装飾品が用いられていた。

12世紀から15世紀に栄えたイフェ文化では、当時身につけられていた装飾品についてハッキリしたことがわかっている。イフェ文化では写実的な美術様式が用いられており、王の全身像は輸入されたと見られるビーズ製の頭飾りや首飾り、ビーズや金属製の腕輪や足輪を身につけていた。

イフェ文化の美術様式の影響を受けたベニン文化がベニン王国で花開くのは15世紀のことである。ベニンは**ポルトガル**との交易により豊富な武器を得、周辺地域をその支配下に置いた。ベニンでは王家が**青銅**職人、**珊瑚**職人、**象牙**職人を管理しており、象牙職人を除いて王族以外の依頼を受けることはなかった。イフェ文化同様にビーズを連ねた装飾品が中心で、王族ともなると鎖帷子のようになったビーズ飾りを全身にまとっている彫像が残されている。こうした装飾品は、ベニン王国がイギリスに滅ぼされた19世紀以降のナイジェリアでも受け継がれている。

アフリカの装飾品の歴史

ブラック・アフリカの装飾品

・歴史自体は古い。
・部族間の差異が大きく、遺物が少ないため系統立てて美術史を追うことが難しい。
・ナイジェリア周辺は比較的研究が進んでいる。

紀元前9世紀

ノク文化
・現状、最古の美術品。
・製鉄技術を持つ。

イボ＝ウク文化
・青銅、ガラスビーズを輸入。
・優れた鋳造技術を持つ。

イフェ文化
・写実的な美術様式。
・全身に輸入品のビーズの装飾品を身につけている王の彫像が残されている。

ベニン文化
・イフェ文化の影響。
・ポルトガルとの貿易で国力を拡大。
・青銅職人、珊瑚職人、象牙職人を王が支配。

19世紀

関連項目
- 装飾品の素材3　金属→No.010
- 装飾品の素材4　ガラス・焼き物→No.011
- 装飾品の素材5　動物→No.012
- 金属加工技術→No.014
- 古代エジプトの装飾品の歴史→No.026
- 近世の装飾品の歴史→No.062

No.109 アフリカの主な装飾品

気候的な問題と素材的な問題から、ブラック・アフリカではビーズによる装飾品が好まれていた。また象牙を用いた大型の腕輪などもある。

●連ねられたビーズの鮮やかな色彩

　サハラ砂漠以南、俗にいうブラック・アフリカの伝統的な装飾品は、ビーズを連ねて作られたものが多い。ビーズの素材は様々で、**銅**や**青銅**（便宜上青銅と呼ばれているが、実際には真鍮に近い銅の合金）、宝石類、**色ガラス**、**珊瑚**、**宝貝**、**象牙**などの動物の角や牙、ダチョウやホロホロ鳥などの羽根、ダチョウの卵の殻といった様々なものがあった。色ガラスのビーズは古くは**古代西アジア**、**古代ローマ**、**イスラム教文化圏**から輸入されていたが、16世紀ごろからはヨーロッパからの輸入に頼るようになった。珊瑚や銅もごく一部の地域を除いて手に入れることが困難で、15世紀ごろからナイジェリアを支配したベニン王国などでは、珊瑚のビーズで作られた装飾品は、王族など一部の特権階級のものだった。装飾品の種類としては、頭飾り、首飾り、耳飾り、腕輪、足輪、腰ミノなど多種多様である。

　ビーズ以外の装飾品としては、金や青銅などの金属線を加工して作る耳飾り、腕輪、足輪、指輪などがある。こうした装飾品は大抵単純なフープ形や螺旋形であったが、中には精巧に動物を象り、王権の象徴として用いられていたものもある。ガーナを支配していたアシャンティ王国は金の産地であり、国王は金細工の装飾品を全身に身につけていた。

　象牙そのものを加工した豪勢な腕輪もブラック・アフリカの装飾品として有名なものである。特に王族が職人を支配していたベニン王国では2重構造で外側の環に透彫で王や武装したポルトガル人などの人物を描き、内側の環に幾何学模様を描いた豪勢な腕輪などが作られていた。

　装飾品の意味合いは部族ごとに大きく異なっていて一定ではない。例えば遊牧民のマサイ族では腕輪が男子の血統の証、スーダンのフラニ族では足輪が血統の証といった具合である。

アフリカの主な装飾品

> アフリカには古くは西アジアや古代ローマ、イスラム教文化圏から、
> 15世紀以降はヨーロッパからガラスビーズが持ち込まれていた。

宝貝のビーズ。

色ガラスのビーズ。

全身を覆う珊瑚のビーズの装飾品。

ビーズ飾りの女性

ベニン国王

2重構造。

アサンテの金の指輪　アサンテの金の飾り　ベニンの象牙の腕輪

装飾品の持つ意味合いは部族によって大きく異なる。

腕輪が男性の血統の証。

足輪が男性の血統の証。

マサイ族の男性

フラニ族の男性

関連項目
- 装飾品の素材3　金属→No.010
- 装飾品の素材4　ガラス・焼き物→No.011
- 装飾品の素材5　動物→No.012
- 古代ペルシアの装飾品の歴史→No.019
- 古代ギリシア・ローマの装飾品の歴史→No.035
- イスラム教文化圏の装飾品の歴史→No.092

No.109　第4章●アジア・新世界の装飾品

重要ワードと関連用語

あ

■インヴィジブル・セッティング
宝石の側面に溝を掘り、そこにワイヤーなどを通して宝石を固定するセッティング。ミステリー・セッティングともいう。

■インタリオ
宝石などの素材を彫り込み（陰刻）模様を描き出す技法。この技法で加工された装飾品をインタリオと呼ぶこともある。

■打ち出し
鍛金技法のひとつ。地金を叩いて模様を浮かび上がらせる技法。ルプッセともいう。

■オープン・セッティング
台座の裏や側面に穴が開けられており、宝石の下部からも光が入るようになっているセッティング。

■オールドマイン・カット
カット技法のひとつ。初期のブリリアント・カット。上から見た形状はほぼ四角形をしている。

か

■ガーランド
草花を編んだ花冠のこと。転じて草花を編んだ花綱をモチーフにした様式のことも指す。

■カボション・カット
カット技法のひとつ。宝石の表面を滑らかに丸みをつけて研磨する。

■カメオ
宝石や貝殻などの素材に浮き彫り（陽刻）で模様を描き出す技法。この技法で加工された装飾品もカメオと呼ぶことがある。

■カリブレ・カット
カット技法のひとつ。地金のデザインに合わせてカットする。

■ギロシェ
七宝技法のひとつ。線刻した地金の上にガラス釉薬を流し込む。

■クロウ・セッティング
爪で宝石を固定するセッティング。爪の間から光が入る。爪留ともいう。

■クローズド・セッティング
台座の裏が閉じたセッティング。金属箔などを宝石の下に敷くことでより輝くように工夫することもある。

■クロワゾネ
七宝技法のひとつ。金属線の仕切りで模様を描き、そこにガラス釉薬を流し込んで焼成する。有線七宝ともいう。

さ

■細線細工
針金状の細い金属線で模様を描く技法。線条細工、フィグリーともいう。より複雑に発展したカンティーユなどの技法もある。

■磁器
　白色の生地（素焼きにした器）に透明、もしくは半透明の釉薬を施して高温で焼き上げた焼き物。半透明でガラス質であり硬質。

■七宝（しっぽう）
　金属にガラス釉薬を焼きつける技法。琺瑯（ほうろう）、エナメルともいう。

■四分一（しぶいち）
　銅3に銀1の割合で混ぜ、特殊な溶液で煮沸して作る日本独特の合金。緑灰色。

■赤銅（しゃくどう）
　銅に少量の金と銀を混ぜ、特殊な溶液で煮沸して作る日本独特の合金。黒味を帯びた紫色。

■シャルンヴェ
　七宝技法のひとつ。地金を叩いてへこませた部分に釉薬を流し込む。

■透彫（すかしぼり）
　彫金技法のひとつ。地金から余計な部分を切り取って模様を描く技法。オープンワークともいう。

■素焼き
　粘土で形を作り、乾燥させたあとに焼いて固めただけの単純な土器。

■セッティング
　装飾品に宝石を固定するための地金部分、もしくはその方法。

■線刻（せんこく）
　彫金技法のひとつ。地金に線を刻み込んで模様を描き出す技法。イングレイヴィング、カービングともいう。連続した模様を刻むエンジンターンや粒状の模様を刻むミルグレインなどがある。

■象眼（ぞうがん）
　彫金技法のひとつ。地金に模様を刻み、その部分に別の材料をはめ込んだもの。

た

■鋳造（ちゅうぞう）
　溶かした金属を鋳型（いがた）に流し込んで成型する技法。キャスティングともいう。

■テーブル・カット
　ファセット・カット技法のひとつ。正八面体のダイヤモンドの結晶の上部を広いテーブル状に、下部を小さめに研磨する。15～17世紀まで用いられた。

■陶器
　多少吸水性のある生地（素焼きにした器）に釉薬を施して焼き上げた焼き物。透明ではなく磁器より柔らかい。

な

■魚々子（ななこ）
　彫金技法のひとつ。魚卵のような小さな丸い模様を打ち出したもの。

■ニエロ
　硫黄に銀や銅、鉛を混ぜた黒、もしくは灰色の合金。象眼や七宝のように地金に焼きつけることによって装飾品に模様を描くために用いられる。

は

■バゲット・カット
ファセット・カット技法のひとつ。上から見た形状は長方形で、4辺を面取りしている。

■パリュール
素材、デザインが共通したセットの装飾品。通常、耳飾り、首飾り、腕輪など3～4種の装飾品で構成される。2種以下の場合、ドミ・パリュール、スイートなどと呼ばれる。

■ファイアンス
石英の粉末に炭酸ソーダを混ぜ、アルカリ質の釉薬を施して焼き上げた古代エジプト特有の焼き物。軟質陶器全般を指す言葉としても用いられる。

■ファセット
平面に研磨された宝石の面。カット面ともいう。

■ファセット・カット
カット技法のひとつ。宝石の表面に角度の違う小さなファセットを作り、光の屈折によってまるで宝石が内側から輝いているように見せる。

■踏返鋳造（ふみかえしちゅうぞう）
鋳造技法のひとつ。土などに原型を押し付けできた窪みを用いて鋳造を行う。原始的な鋳造技法。

■ブリオレット・カット
ファセット・カット技法のひとつ。表面全体に小さなファセットを作る。涙滴形などの形状が多い。

■プリカジュール
七宝技法のひとつ。金属枠にガラス釉薬を流し込む。裏側に地金が無く、透き通って見えるが脆い。

■ブリリアント・カット
ファセット・カット技法のひとつ。一般的なダイヤモンドのカットで57（数え方により58とする場合もある）ものファセットを持つ。

■ポイント・カット
ファセット・カット技法のひとつ。正八面体のダイヤモンドの結晶の形状を生かしてそのままの形に研磨する。

ま・や・ら・わ

■蒔絵（まきえ）
漆を塗った上に金粉、銀粉や染料の粉を吹き付けて模様を描く技法。

■鍍金（めっき）
地金の表面に別の金属を付着させて覆う技法。古代においては水銀を用いた方法が一般的。現在は電子の移動を応用したものが主流である。

■螺鈿（らでん）
オウムガイやヤコウガイなどの貝の裏側を漆器や木地にはめ込んで模様を描く技法。

■粒金細工（りゅうきんざいく）
細かい金属の粒を本体にろう付けして模様を描く技法。グラニュレーションともいう。

■蝋型鋳造（ろうがたちゅうぞう）
鋳造技法のひとつ。蝋で作った原型を元に型を作成し、加熱するなどして

蝋の原型を取り除いた型を用いて鋳造する。ロストワックスともいう。

■ろう付け

融点の低い合金を接着剤にしてパーツを接着する技法。

■ローズ・カット

ファセット・カット技法のひとつ。元々はインドで用いられていた技法だったが、17世紀にオランダの研磨師によって完成された。三角形のファセットでドーム状の形を作る。

索引

あ

アーツ・アンド・クラフト 152,158,160
アームレット 16
アール・デコ....................152,158,160,210
アール・ヌーヴォー 152,158,160,210
アイアンジュエリー 156
亜鉛...26
アクセサリー...8
アゲート ....→瑪瑙(めのう)
アサンガッティ 186
足輪...16,68,190,230
頭飾り
　10,42,48,62,80,112,126,136,154,170,184,202
アッシリア..40
アップリケ..58
アテフ冠 ....→オシリス冠
アフリカ..228
アルフレッド・ジュエル......................106
アンクレット.......................................16,191
アンセーニュ 132
イスラム...182,196
イヤ・カフス 12
イヤリング...12,157
インヴィジブル・セッティング................232
印章指輪.............18,56,70,88,120,130,192
インダス..92
インタリオ...36,232
インド..92,182
印籠(いんろう)......................................214
ヴィクトリアン様式........................150,158
ウォーボンネット.....................................218
ウジャトの眼..70
烏紗帽(うしゃぼう)................................170
ウセク...66
打ち出し..34,232
腕守(うでまもり).....................................208
腕輪
　16,44,54,68,86,118,142,160,176,190,208
瓜皮帽(うりかわぼう)............................170
漆(うるし) 32

エイグレット 136,154
エジプト 60
エトルリア...74
エドワーディアン様式.............152,158,160
エナン帽 126,136
烏帽子(えぼし) 202
エメラルド...20
エレクトラム..26
円花文(えんかもん) 40,44
エンパイア様式 150,154,158
扇...72,146,212
王冠...136
王笏...72
オーナメント..8
オープン・セッティング 232
オーモニエール 132
オールドマイン・カット 232
オクサスの遺宝 54
オシリス冠 62
オセアニア 224
オパール 24
帯下げ..180
帯留め 214
お守り..14
オルロフのダイヤモンド 166

か

カーカネット 140
ガーターベルト 132
ガーネット 22
カーネリアン ....→紅玉髄(こうぎょくずい)
ガーランド.......................................10,232
ガーランド様式.........................152,158,160
貝釧(かいくしろ) 208
戒指(かいし)..178
鍵付き指輪..18
飾り櫛 154
カスケット 136
カチューシャ...10
滑石(かっせき) ....→凍石(とうせき)
カット技法 36,124
鬘(かつら)..136
荷包(かほう)..180
カフス..142
カフスボタン 148,164
カフリンク............................→カフスボタン
カプセル指輪..18

カボション・カット	232
紙入れ	214
カメオ	36,90,232
カメラウキオン	112
仮面	146
から竿	72
ガラス	28
カリブレ・カット	232
瓦楞帽(がりょうぼう)	170
カル	126
カルセドニー	→玉髄(ぎょくずい)
カロット	126
蝙蝠(かわほり)	212
カンカン帽	154
冠	10,48,112,136
簪(かんざし)	10,202
幾何学文様(きかがくもよう)	196
貴石	20
記念指輪	18
ギメルリング	144
キャップ	136
玉玦(ぎょっけつ)	172
玉髄(ぎょくずい)	22
玉帯(ぎょくたい)	212
玉佩(ぎょくはい)	180,212
玉璧(ぎょくへき)	180
魚佩(ぎょはい)	212
ギリシア	78
ギロシェ	28,232
金	26
銀	26
銀細工	48
金属	26
櫛(くし)	10,202
口飾り	226
唇飾り	222
首飾り	14,44,52,66,84,116,128,140,158,174,188,206
クラウン	10
クラスター	144
グラニット	24
クラフト	→ネメス冠
クロウ・セッティング	232
クローズド・セッティング	232
グローブ	16
クロスオーバー	162
クロワゾネ	28,36,232
艤(けい)	180
結婚指輪	88
玦状耳飾り(けつじょうみみかざり)	204
ケルト	100
ゲルマン	104
笄(こうがい)	202
香毬(こうきゅう)	180
紅玉髄(こうぎょくずい)	22
皇帝冠	136
鋼鉄	26
項鏈(こうれん)	174
顧姑冠(ここかん)	170
護指	178
ゴシック様式	110
腰ミノ	226
コスチューム・ジュエリー	8,120
琥珀(こはく)	24
護符	72
護符指輪	18
コランダム	20
ゴルジュラン	128
コロナル	10
コロネット	10

さ

サークレット	10
細線細工(さいせんざいく)	34,232
サファイア	20
珊瑚(さんご)	24
ジェット	32,150
耳環(じかん)	172
磁器	28,233
磁石	26
耳墜(じつい)	172
七宝	233
七宝細工	28
珥璫(じとう)	172
四分一(しぶいち)	26,233
笏(しゃく)	212
赤銅(しゃくどう)	26,233
ジャスパー	22
シャプロン	126
シャッポー	126,136,154
シャワー・タイプ	12
シャンルヴェ	28,233
十字架	116
ジュエリー	8

237

手鐲(しゅしょく)	176	短剣	198
シュメール	40	チェーン	140
ジョージアン様式	150,158	チェーンタイプ	14
ショール	164	中国	168
植物	32	忠靖冠(ちゅうせいかん)	170
植物化石	32	鋳造(ちゅうぞう)	34,233
植物文様	196	中南米	220
ショルダー	18	チョーカー	14,116
ジランドール・イヤリング	138	朝冠(ちょうかん)	170
シルマライ	186	彫金(ちょうきん)	34
真珠(しんじゅ)	24	朝珠(ちょうじゅ)	174
真鍮(しんちゅう)	26	長命鎖(ちょうめいさ)	174
人造宝石	108	チン・バンド	126
水晶	22	杖	72
透彫(すかしぼり)	34,233	ツタンカーメン	62
スカラベ	70	ディアデム	10
スキタイ	96	ティアラ	10
頭巾	10	テーブル・カット	36,233
スコティッシュ様式	165	鉄	26
ステッキ	148	手袋	16,54,142
ステンマ	112	銅	26
素焼き	28,233	陶器	28,233
スリー・ブラザーズ	128	トーク	126,136
青銅(せいどう)	26	刀子(とうす)	180
石英	22	凍石(とうせき)	24
赤冠	62	東南アジア	224
セッティング	233	トーピー帽	184
線刻(せんこく)	34,233	動物	30
線条細工(せんじょうざいく)	34,78	動物組紐文様	104
象眼(ぞうがん)	34,233	動物闘争文様	96
象牙	30,230	時計	164
双獣文(そうじゅうもん)	40	トップ・ハット	154
装飾品	8	トパーズ	22
装飾指輪	18,120	トリア	80
装身具	8	トリコヌル	136
ソフト帽	154	トリレグナム	126
ソリティア	162	トルク	102
		トルコ石	24
		ドロップ・イヤリング	12
た		トンボ玉	28,52
ターバン	136,184		
ターバン飾り	198	**な**	
大佩(たいはい)	180	ナヴァ・ラトナ	188
ダイヤモンド	20	魚々子(ななこ)	34,233
竹	32	鉛	26
盾形紋章	130	軟玉(なんぎょく)	168
煙草入れ	214	ニエロ	122,198,233
鍛金(たんきん)	34		

西ローマ帝国	110
日本	200
ネックレス	14
ネックロープ	14
根付(ねつけ)	214
ネメス冠	62
念珠(ねんじゅ)	174

は

バーバリアン・ジュエリー	104
ハープ・フープ	162
バゲット・カット	234
箱迫(はこせこ)	214
バシリク	98
肌守(はだまもり)	208
白冠	62
バックル	58,106,122
バッジ	132
ハット・バッジ	→アンセーニュ
鼻飾り	194,222
鼻輪	58
パパナイケンパッティ	186
バビロニア	40
パリュール	156,160,234
ハルシュタット様式	100
バルチスターン	92
バロック	134
バロックパール	140
ハンカチ	146
半貴石	22,24
板金	34
バングル	16
ハンス・ホルバイン	38,138
バンドー	10
ピアス	12,156,186
ビーヴァ帽	136
ビーズ	94,174,230
檜扇(ひおうぎ)	212
日傘	72,148
東ローマ帝国	110
ビザンチン帝国	→東ローマ帝国
ビザンチン様式	110,114
翡翠(ひすい)	22
臂釧(びせん)	176
ビビ	154
ビブ・ネックレス	14
瓢箪(ひょうたん)	32
平額(ひらびたい)	202
ビレット	136
ヒンドゥー	182
ファイアンス	28,234
ファセット	36,234
ファセット・カット	234
フィブラ	46,58,90,102,106
フィロニエール	136
フード	136
フープ	18
フープ・イヤリング	12,50,186
吹きガラス	28
武器指輪	19
幅巾(ふくきん)	170
副葬品	72
踏返鋳造(ふみかえしちゅうぞう)	34,234
プラチナ	26
フランボワイヤン	124
ブリオレット・カット	234
ブリカジュール	28,234
フリギュア帽	80,126
ブリリアント・カット	36,234
フルール・ド・リス	112
ブレスレット	16
ブローチ	90,122,164
フロー・ペルツヒェン	146
ヘアネット	10
ヘアバンド	10
ヘアピン	10
ペースト・ジュエリー	108
ベール	80,126,136
ペクトラル	98
ベゼル	18
ペタソス	80
鼈甲(べっこう)	30
ペニスケース	226
ヘラクレスの結び目	80,84
ベリル	20
ベル・エポック	150,158
ペルシア	46
ベルト	72,122,132,180,194
ヘレニズム	78
冕冠(べんかん)	170,202
ペンダント	14
ペンダント・ヘッド	14,116
ポイント・カット	36,234
鳳冠(ほうかん)	170

239

帽子 10
宝飾品 8
宝石 20,36
ホープ・ダイヤ 166
ボグ・オーク 32
幞頭(ぼくとう) 170
北米 216
黒子(ほくろ) 146
ボタン・イヤリング 12,64,186
ポマンダー 146
ボンネット 136,154

ま

勾玉 206
蒔絵(まきえ) 214,234
マフ 148
ミケーネ 74
ミトン 16
ミニアチュール 118,144
ミノア 74
耳飾り
　12,42,50,64,82,114,138,156,172,186,204
耳栓 204
眼鏡 148
メトビル 98
メソポタミア 40
鍍金(めっき) 34,234
瑪瑙(めのう) 22
メメントモリ 140,144
メモリアル・ジュエリー 150
モース硬度 20
モーニング・ジュエリー 18,32,150
文字文様 196
モヘンジョ・ダロ 95

や

焼き物 28
山高帽 154
指輪
　18,44,56,70,88,120,130,144,162,178,192,210
腰帯(ようたい) 180
瓔珞(ようらく) 174

ら

ラーヴァ 24
ライティングリング 144
螺鈿(らでん) 234

螺鈿細工(らでんざいく) 30
ラ・テーヌ様式 100
ラピス・ラズリ 24
粒金細工(りゅうきんざいく) 34,46,234
ルヌエラ 102
ルネサンス 134
ルビー 20
歴史主義様式 156,160,162
連タイプ 14
蝋型(ろうがた) 34
蝋型鋳造(ろうがたちゅうぞう) 35,235
ろう付け 34,235
ローズ・カット 36,235
ローチ 218
ローマ 78
ロココ 134
ロスト・ワックス ....→蝋型(ろうがた)
ロマネスク様式 110
ロマン主義様式 150,154,158,160,162

わ

ワイヤータイプ 14

参考文献

『1000 patterns 古代から現代まで世界の模様1000選』近藤修 訳 デザインエクスチェンジ
『NEWTO アーキオ ビジュアル考古学 Vol.11 大帝国ペルシア 古代オリエントの覇者』
吉村作治 編集主幹 ニュートンプレス
『NHK大英博物館1 メソポタミア・文明誕生』吉川守、NHK取材班責任編集 日本放送出版協会
『Insiders ビジュアル博物館 エジプト』
ジョイス・ティルズリー 著／鈴木豊雄 訳／樺山紘一 監修 昭文社
『「知」のビジュアル百科18 古代ギリシア入門』
アン・ピアソン 著／豊田和二 日本語版監修 あすなろ書房
『「知」のビジュアル百科25 中世ヨーロッパ入門』
アンドリュー・ラングリー 著／池上俊一 日本語版監修 あすなろ書房
『「知」のビジュアル百科8 古代エジプト入門』
ジョージ・ハート 著／吉村作治 日本語版監修／リリーフ・システムズ 翻訳協力 あすなろ書房
『「知の再発見」双書127 宝石の歴史』
パトリック・ヴォワイヨ 著／遠藤ゆかり 訳／ヒコ・みづの 監修 創元社
『すぐわかるヨーロッパの宝飾芸術』山口遼 著 東京美術
『アクセサリィの文化史』青木英夫、大橋信一郎 著 デザインセンター
『アンティーク・ジュエリー入門 優雅でロマンティックな宝飾品の粋』山口遼 監修 婦人画報社
『イエメンものづくし モノを通してみる文化と社会』佐藤寛 著 日本貿易振興会アジア経済研究所
『インドを知る事典』山下博司、岡光信子 著 東京堂出版
『ウィーン美術史美術館』マンフレート・ライテ＝ヤスパー ほか著／田辺徹,、田辺清 訳 みすず書房
『カラーイラスト世界の生活史10 ルネサンス』
ピエール・ミケル 著／福井芳男、木村尚三郎 監訳 東京書籍
『カラーイラスト世界の生活史1 人間の遠い先祖たち』
ルイ＝ルネ・ヌジエ著／福井芳男、木村尚三郎 監訳 東京書籍
『カラーイラスト世界の生活史27 イスラムの世界』
モクタール・モクテフィ 著／福井芳男、木村尚三郎 監訳 東京書籍
『カラーイラスト世界の生活史32 アメリカ・インディアンの生活』
フィリップ・ジャカン 著／福井芳男、木村尚三郎 監訳 東京書籍
『カラーイラスト世界の生活史9 アメリカ大陸の先住民』
ルイ＝ルネ・ヌジエ 著／福井芳男、木村尚三郎 監訳 東京書籍
『ガラス古代史ノート』丸山次雄 著 雄山閣
『ジュエリー・バイブル 基礎知識からビジネスまで』水野孝彦 ほか著 美術出版社
『ジュエリーの歩み100年 近代日本の装身具一八五〇－一九五〇』
関昭郎、露木弘、飯野一朗、松月清郎 著／関昭郎、大橋紀生 編 美術出版社
『ジュエリーの歴史 ヨーロッパの宝飾770年』ジョーン・エヴァンズ 著／古賀敬子 訳 八坂書房
『ジュエリイの話』山口遼 著 新潮社
『スキタイ騎馬遊牧国家の歴史と考古』雪嶋宏一 著 雄山閣
『ビジュアル博物館 第47巻 インディオの世界 アメリカ大陸に花開いたアステカ、マヤ、インカの文明』
エリザベス・バケダーノ 著／リリーフ・システムズ 訳／川成洋 日本語版監修 同朋舎出版
『ファッションの歴史 西洋中世から19世紀まで』ブランシュ・ペイン 著／古賀敬子 訳 八坂書房
『ブラック・アフリカ美術』内田園生 著 美術出版社
『メトロポリタン美術全集1 古代エジプト・オリエント』メトロポリタン美術館 原著 福武書店
『メトロポリタン美術全集3 ヨーロッパ中世』メトロポリタン美術館 原著 福武書店
『モードの生活文化史1 古代ローマからバロックまで』
マックス・フォン・ベーン 著／イングーリト・ロシェク 編／永野藤夫、井本晌二 訳 河出書房新社
『モードの生活文化史2 18世紀から1910年代まで』
マックス・フォン・ベーン 著／イングーリト・ロシェク 編／永野藤夫、井本晌二 訳 河出書房新社
『モノになる動物のからだ 骨・血・筋・臓器の利用史』中島久恵 著 批評社
『ヨーロッパ・ジュエリーの400年 ルネサンスからアール・デコまで』西日本新聞社
『ヨーロッパの文様事典』視覚デザイン研究所編集室 著 視覚デザイン研究所

『ワールドムック 245 インディアン・ジュエリー』ワールドフォトプレス
『ヴィジュアル百科 世界の文明 石器時代から産業革命まで』
ミック・アストン、ティム・テイラー 著／大出健 訳　原書房
『モードの歴史 古代オリエントから現代まで』
R・ターナー・ウィルコックス 著／石山彰 訳　文化出版局
『古代オリエントの衣裳 旧約時代の人々は何を着たか』
フィリップ・J・ワトソン 著／吹田和子 訳　新教出版社
『古代マヤ文明』マイケル・D・コウ 著／加藤泰建、長谷川悦夫 訳　創元社
『古代メソアメリカ文明 マヤ・ティオティワカン・アステカ』青山和夫 著　講談社
『古代ローマ帝国の遺産』青柳正規、芳賀京子 監修／国立西洋美術館、東京新聞 編　東京新聞
『指輪　古代エジプトから 20 世紀まで』東京都庭園美術館 監修　淡交社
『指輪の文化史』浜本隆志 著　白水社
『写真で見るアメリカ・インディアンの世界』
デヴィッド・マードック 著／スタンリー・A・フリード 監修／吉枝彰久 訳／富田虎男 日本語監修　あすなろ書房
『図説 黄金のツタンカーメン 悲劇の少年王と輝ける財宝』ニコラス・リーヴス 著／近藤二郎 訳　原書房
『図説 神聖ローマ帝国の宝冠』渡辺鴻 著　八坂書房
『図説 アステカ文明』リチャード・F・タウンゼント 著／武井摩利 訳／増田義郎 監修　創元社
『図説 ヴィクトリア朝百貨事典』谷田博幸 著　河出書房新社
『世界の衣裳 民族の多彩な装い』朝日新聞社 編　朝日新聞社
『世界の伝統服飾 衣服が語る民族・風土・こころ』文化学園服飾博物館 編　文化出版局
『世界の民族 第 2 巻 熱帯アフリカ』平凡社
『世界の民族衣装 装い方の知恵をさぐる』田中千代 著　平凡社
『世界の文様 1　ヨーロッパの文様』小学館
『世界四大文明ガイドブック ジュニア版』
NHK, NHK プロモーション 編／吉村作治、後藤健、松本健、近藤英夫、鶴間和幸 監修　NHK プロモーション
『世界風俗じてん 1 衣食住の巻 ヨーロッパ』
磯見辰典、崎山直、宮前安子、池田孝江、崎山小夜子、藤川徹 著　三省堂
『世界旅行 民族の暮らし 1 着る・飾る 民族衣装と装身具のすべて』
大丸弘 責任編集／梅棹忠夫 監修　日本交通公社出版事業局
『西アジア・中央アジアの民族服飾 イスラームのヴェールのもとに』文化学園服飾博物館 編　文化出版局
『西ドイツフォルツハイム装身具美術館 ヨーロッパのジュエリー アール・ヌーボーとその周辺』
フリッツ・ファルク 著／ジャン＝リュック・イゼリ 写真　紫紅社
『西洋服飾史　図説編』丹野郁 編著　東京堂出版
『西洋服飾発達史 1 古代・中世編』丹野郁 著　光生館
『西洋服飾発達史 2 近世編』丹野郁 著　光生館
『西洋服飾発達史 3 現代編』丹野郁 著　光生館
『西洋服装史 先史から現代まで』フランソワ・ブーシェ 著／石山彰 日本語版監修　文化出版局
『中国五千年女性装飾史』周汛、高春明 著／栗城延江 訳　京都書院
『日本装身具史 ジュエリーとアクセサリーの歩み カラー版』露木宏 編著　美術出版社
『服飾の世界史』丹野郁 著　白水社
『宝飾の文化史 プラチナ宝飾の華麗な世界』海野弘 著／田原桂一 写真　筑摩書房
『宝飾大全』読売新聞社
『宝石 All of Jewelry』山中茉莉 著　日本法令
『宝石』エルンスト・A・ハイニガー、ジャン・ハイニガー 編／菱田安彦 訳　平凡社
『宝石の写真図鑑 オールカラー宝石 130 完璧版』
キャリー・ホール 著／ハリー・テイラー 写真／宮田七枝 訳／ロジャー・ハーディング 監修／砂川一郎 日本語版監修　日本ヴォーグ社
『北米インディアン生活誌』C・ハミルトン 編／和巻耿介 訳／横須賀孝弘監修　社会評論社
『毛皮と皮革の文明史　世界フロンティアと掠奪のシステム』下山晃 著　ミネルヴァ書房
■洋書
『7000 Years of Jewelry』Edit by Hugh Tait　Firefly
『A History of Jewellery 1100-1870』Edit by Joan Evans　Faber

『A SHORT HISTORY OF BENIN』Edit by Jacob Egharevba　IBADAN UNIVERSITY PRESS
『Encyclopedia of American Indian Costume』Edit by Josephine Paterek　W W Norton & Co Inc
『Traditonal Jewelry of India』Edit by Oppi Untracht　Thames & Hudson
■展覧会パンフレット、その他
『オスマン朝の栄光　トルコ・トプカプ宮殿秘宝展』
東京国立博物館、㈲中近東文化センター、朝日新聞社 編　㈲中近東文化センター、朝日新聞社
『「ターラントの黄金展」カタログ』
日本ユネスコ協会連盟、朝日新聞東京本社企画第一部 編　朝日新聞社
『イタリア・トスカーナ「金の宝飾」エトルリアからルネサンスまで』
アレッツォ産業経済振興財団 編　アレッツォ産業経済振興財団
『オランダ国立ライデン古代博物館所蔵　古代ギリシャ・ローマ展』
東京新聞編　美術出版デザインセンター
『スキタイ黄金美術展図録　ウクライナ歴史宝物博物館秘蔵』
高станов秀、林俊夫、雪嶋宏一 編／江上波夫、加藤九祚 監修　日本放送協会
『ティグリス＝ユーフラテス文明展 バグダッド博物館の秘宝』東京新聞、中日新聞社
『ナイジェリア・ベニン王国美術展』西武美術館、朝日新聞社 編　西武美術館、朝日新聞社
『プリンセスの輝きティアラ展 華麗なるジュエリーの世界』
Bunkamura ザ・ミュージアム、日本テレビ放送網 編訳　日本テレビ放送網
『古代ペルシア展 シルクロードに栄えた工芸と王朝文化』古代オリエント博物館 監修　茨城県立歴史館
『国立カイロ博物館展古代エジプト文明と女王 女神イシスからクレオパトラまで』
吉村作治 監修　東京ルネッサンス推進委員会
『国立民族学博物館総合案内』国立民族学博物館 編　民族学振興会
『世界四大文明 インダス文明展』NHK、NHK プロモーション 編　NHK
『世界四大文明 エジプト文明展』NHK、NHK プロモーション 編　NHK
『世界四大文明 メソポタミア文明展』NHK、NHK プロモーション 編　NHK
『世界四大文明 中国文明展』NHK、NHK プロモーション 編　NHK
『大英博物館の至宝展 創立 250 周年記念』朝日新聞社事業本部文化事業部編　朝日新聞社
『大唐王朝の華 都・長安の女性たち』
兵庫県立歴史博物館、朝日新聞社 編　「大唐王朝の華 都・長安の女性たち」展全国実行委員会
『仏跡ボロブドールとその周辺 インドネシア古代美術展』
東京国立博物館、東京新聞、共同通信社 編　共同通信社
『古代ヨーロッパの至宝　ケルト美術展』朝日新聞社文化企画局編　朝日新聞社
『ヨーロッパ・ジュエリーの 400 年　ルネサンスからアール・デコまで』
ダイアナ・スカリスブリック、関昭郎監修、東京都庭園美術館、西日本出版社企画　西日本新聞社
■論文・レポート
『戸坂女子短期大学研究年報第 21 号』「ギリシアの装身具 —ヘレニズム文化と装飾品—」 清水智子
『戸坂女子短期大学研究年報第 22 号』「ローマの装身具（第一報）」 清水智子
『戸坂女子短期大学研究年報第 23 号』「ローマの装身具（第二報）」 清水智子
『戸坂女子短期大学研究年報第 24 号』「エジプトの装身具 —古代エジプト第一報—」 石川智子
『戸坂女子短期大学研究年報第 26 号』「エジプトの装身具 —古代エジプト第二報—」 石川智子
『戸坂女子短期大学研究年報第 27 号』「メソポタミア地域の装身具 —古代西アジアの諸国—」石川智子
『戸坂女子短期大学研究年報第 28 号』「ペルシアの装身具と服飾 —古代メソポタミア—」 石川智子
『戸坂女子短期大学研究年報第 36 号』
「ビザンティン帝国の装身具 —社会背景と生活文化が及ぼす装身具の変化—（サン・ヴィッターレ青銅のモザイク画による一考察）」 石川智子
『被服文化 No.120』「先史インドの装身具と髪形 1 バルチスターン初期農耕諸文化」 小西正捷
『被服文化 No.121』「先史インドの装身具と髪形 2 インダス文明」 小西正捷
『被服文化 No.122』「先史インドの装身具と髪形 3 アーリア世界と非アーリア世界」 小西正捷
『被服文化 No.123』「古代インドの装身具と髪形 1 —初期仏教彫刻に見られる—」 小西正捷
『平成女学院短期大学紀要 5 号』「民族移動気の装身具衣装に見るゲルマンの伝統の展開」 中井長子
『民俗藝術 24 号』「模倣される民俗芸術 —アメリカ先住民族ホピのジュエリーを事例として」 伊藤敦規

243

F-Files No.037
図解　装飾品

2012年6月9日　初版発行

著者	池上良太（いけがみ　りょうた）
カバー写真	Comugnero Silvana
本文イラスト	福地貴子
図解構成	福地貴子
編集	上野明信
	株式会社新紀元社編集部
DTP	株式会社明昌堂
発行者	藤原健二
発行所	株式会社新紀元社
	〒160-0022　東京都新宿区新宿1-9-2-3F
	TEL：03-5312-4481
	FAX：03-5312-4482
	http://www.shinkigensha.co.jp/
	郵便振替　00110-4-27618
印刷・製本	図書印刷株式会社

ISBN978-4-7753-0991-9
定価はカバーに表示してあります。
Printed in Japan